「海国」日本の歴史

世界の海から見る日本

宮崎正勝
Masakatsu Miyazaki

原書房

「海国」日本の歴史　世界の海から見る日本　◉　目次

はじめに

◉海から読み直す東アジア

日本文明のユニークさの根源は、「海」と「陸」が織り成す絶妙なバランスにある。しかし、政治史を中心とする従来の日本史は内向きの歴史で、対外関係も大陸と朝鮮半島にほとんど限定されてきた。しかし、それでは世界史の一部分として、日本の歴史を描くことが難しくなる。中国史の枠組みは、言うまでもなく世界史の枠組みではない。そこで本書は、「陸」の視点と「海」の視点を一体化した東アジアを想定し、「海国」日本の歴史を浮きあがらせようとする試みである。「海」の視点からの東アジア史の時期区分を考えてみると、大凡以下のように整理できる。

①ローカルな交易圏の併存の時期
②五胡の進出、漢人の大規模な移住により黄海・東シナ海域が一体化する時期
③隋・唐帝国の黄海への進出期
④ムスリム商人の南シナ海域への進出期

⑤宋のジャンク交易の拡張期
⑥モンゴル帝国の進出と「東アジアの大交易時代」
⑦明の海禁と朝貢による交易の縮小期
⑧大航海時代と「密貿易ネットワーク」の伸長期
⑨東アジアの「シルバー・ラッシュの時代」
⑩オランダの進出と鄭氏政権の時代
⑪清の海禁解除と日本の海運による「陸地自給圏」の成長期

鳥瞰的に見ると日本の歴史は、東アジア海域のそうした変化に概ね連動してきたと言える。そこで、日本を取り巻く東アジア海域の舞台を俯瞰することから始めてみることにする。

東アジアにおける太平洋の附属海は、北のカムチャッカ半島から南のスマトラ島に至る南北八五〇〇キロにわたる広大な海域に広がる。ユーラシア中央部を東西に連ねる大草原が八〇〇〇キロなので、ユーラシアの「草原の海」よりもかなり広大な空間と言える。

海域のユーラシア大陸側は、北からロシア、北朝鮮、韓国、中国、ベトナム、カンボジャ、タイ、マレーシアの諸国に区分され、太平洋側には千島列島、日本列島、南西諸島、台湾、フィリピン諸島、ボルネオ島、スマトラ島、ジャワ島が連なっている。そうした海域が、オホーツク海、日本海、東シナ海、南シナ海に区分されることは周知のことである。

つまり、オホーツク海は千島列島により、日本海は日本列島により、東シナ海は南西諸島により、南シナ海は台湾、フィリピン諸島、ボルネオ島、スマトラ島、ジャワ島などの島々により広大な太平洋から区切られている。さらに南シナ海は、狭隘なマラッカ海峡でインド洋世界を介して世界とつながるのである。

四つの海のうち世界史に頻繁に登場するのが、台湾海峡を境界とする東シナ海と南シナ海であり、そのふたつの海域が東アジアの中核海域ということになる。両者は対照的であり、北部海域（黄海・東シナ海）が中華帝国の意志が強く表れる「政治の海」だったのに対し、南部海域（南シナ海）は「夷狄《いてき》の海」（つまり多様な民族の共存の海）であり、「経済の海」だった。

日本人は、ローマ帝国・ギリシア、地中海・エーゲ海などの海に、情熱と呼んでいいような強い関心を持っているのに、なぜか東アジアの海には余り関心を示さない。地理的には「海国」だが、「海国」の民としての意識が低いのである。しかしそれは、歴史学や教科書の視点が列島内に偏りがちなためであり、東アジアの海の世界に蓄積がないからではない。

昨今、中国の強引な東シナ海、南シナ海への進出策で、東アジア海域はわが国でも注目を集めるようになったが、その海域は、決して中国が「核心的利益」を主張できるような歴史の積み重ねを持つ海域とは言えない。東アジア海域の歴史に、目を向ける必要がある。

中華帝国は、典型的な内陸帝国である。モンゴル高原、ゴビ砂漠、チベット高原などの自然の障害に北と西を塞がれ、「万里の長城」という大建造物によりユーラシアから自らを閉ざしただ

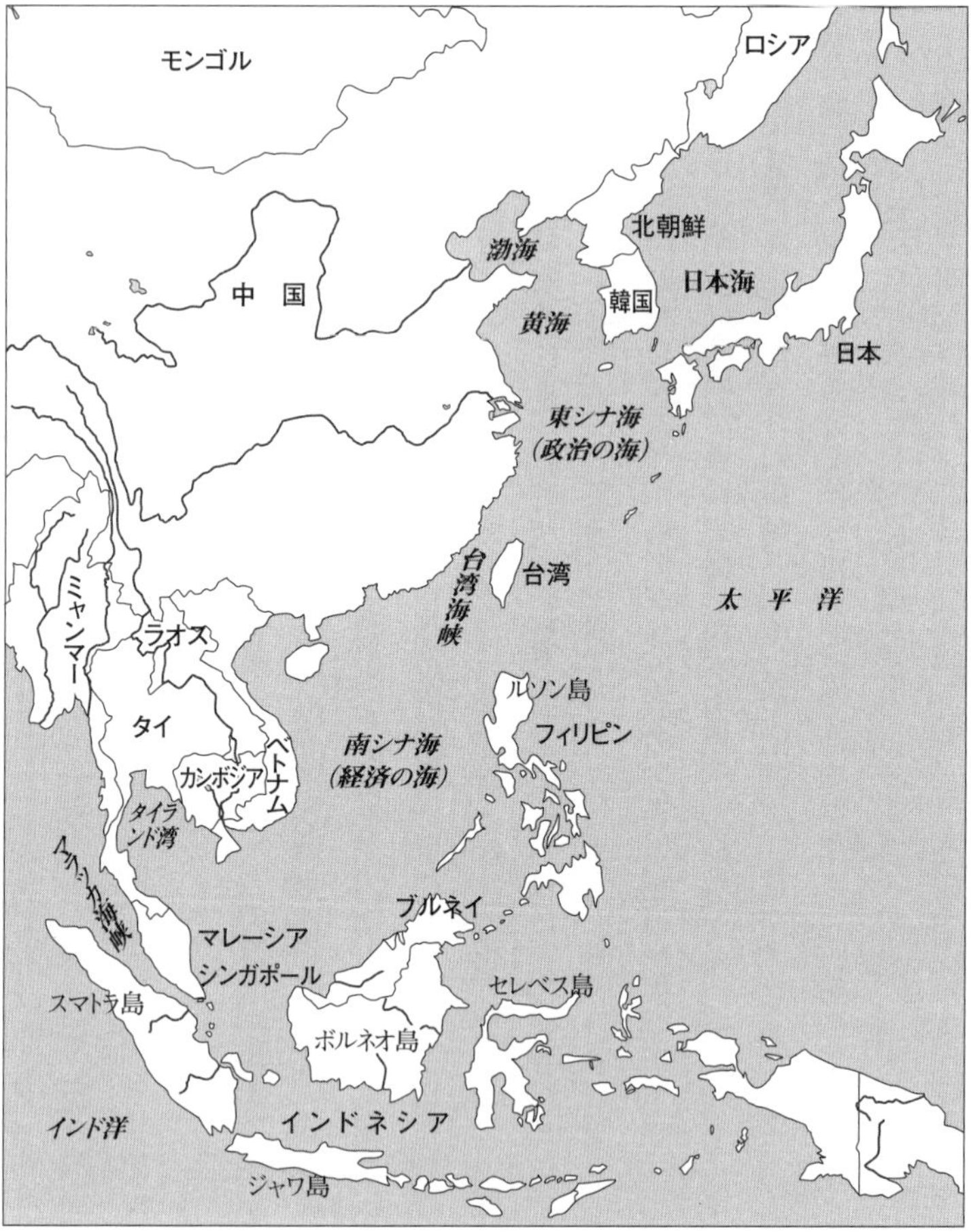

多様性を持つ東アジア海洋世界

けでなく、二年から三年に一度起こる黄河の大洪水により長い間海の世界から隔離されてきた。エジプト文明、メソポタミア文明、インダス文明が沖積平野で展開されたのに対し、黄河文明は黄河の中流域で展開されたのである。

しかし、鳥瞰的に考えてみると、海側から東アジアの歴史と世界史を融合させることが可能になることが分かる。「内陸帝国」とその周辺という閉ざされた歴史認識を世界史の一部に転換させるには、東アジアの海域からのアプローチが必要なのである。

海は、根強い日本の「ミニ中華思想」を転換させ、「海国」日本として日本史を相対化することを可能にする。世界がひとつにつながるグローバルな現代には、中華帝国と朝鮮半島と日本列島の狭い枠組みではなく、東アジアの海域世界の枠組みが必要になる。「海国」日本の発想が必要なゆえんである。

日本は、その地理的環境から中華帝国の周辺とみなされることもあるが、周囲を海に囲まれた六八五二の島々からなる群島国家、つまり「海国」である。現在、その排他的経済水域は国土面積の一二倍の四四七万平方キロに及ぶ。排他的経済水域を含めて比較すると、その面積は実に「内陸帝国」中国の面積の約四六・五パーセントにも達する。そうした事実は、国を成立させている地理的条件が、中国、韓国とは全く異なっていることを示している。現在の中国の強引な海洋進出は、日本、東南アジア諸国との間に大きな軋轢を生じさせているが、それ自体が海から切り離された「内陸帝国」の道を歩んできた中国の歴史性の何よりの証左である。

近代を牽引してきた「環大西洋世界」に代わり「環太平洋世界」が二一世紀を主導しようとしている現在、群島国家の日本はいまだかつて見られなかった世界史上の位置を占めるようになってきている。最近、森と海が織り成す独特な景観と食文化、近代的都市景観などが見直され、観光がアジアの成長を日本に取り込む役割を果たし得ると評価されている。東アジア海域世界の活力と交流が急速に力を増しているのである。台湾、フィリピン、ブルネイ、インドネシア、マレーシア、シンガポールは、日本の「海の隣国」なのであり、広大な太平洋はアメリカ、オーストラリア、ニュージーランド、はるかに離れたインド、西アジア、アフリカ、ヨーロッパにつながる。中華帝国と朝鮮半島の狭い史的枠組みを組み換えると、新しい歴史世界のイメージが広がることになる。

近年、高校の世界史と日本史を統合せよとの声が強まっているが、旧来の陸の視点に立つ日本史が中心になるのであるならば、統合により鳥瞰的な世界史の視点が失われかねない。日本列島に視点を固定する歴史はあくまでも「拡大された日本史」なのであり、客観的な日本史にはなり難いことを意識しておくことが必要になる。

◉「海洋史観」が結び付ける世界と日本

「海洋史観」は、地表の七割を占める海洋世界を、従来の陸地中心の歴史認識に積極的に組み込む歴史理論である。東アジアに関していうならば、既に「世界の近代」と「日本の近世」の起源をアジアの海洋世界に求める川勝平太氏の『文明の海洋史観』(中公叢書)がある。

川勝氏は、一九九七年、アメリカの社会経済史家ウォーラーステインの「世界システム論」をより所に、「近代はアジアの海から誕生した」とする当時としては斬新な見解を提示された。ご存じのようにウォーラーステインは、大西洋海域を一体化した空間とみなし、「長期の一六世紀(一四五〇年〜一六四〇年)」に、西ヨーロッパを中核とする「中核」・「周辺」・「半周辺」の三層構造からなる世界システムが形成されたと説いた。川勝氏はウォーラーステインが説いた「長期の一六世紀」が、日本史の画期をなす近世の成立期にあたっていることに着目し、ヨーロッパ近代と日本の近世を海洋アジアを媒介にすることで統一的にとらえることを試みた。銀などの貨幣素材を輸出し、海洋アジアから「東洋の物資」を輸入することで形成された日本の近世と、ヨーロッパの近代の類似する構造に着目したのである。

川勝氏は、海洋アジアとの貿易と結び付くことで、ヨーロッパの大西洋三角貿易が成長して「海洋自給圏」が形成されたのに対し、日本列島では海運により結び付く「陸地自給圏」が形成され、ヨーロッパの産業革命、日本の「勤勉革命」という対称的な経済の変革が引き起こされたと説いた。

「勤勉革命」というのはユニークな発想だが、日本人の勤勉さの源が江戸時代にあると説く経済史家速水融氏の「勤勉革命」説を引き継ぐ考え方である。川勝氏は「勤勉革命」について、「資本節約・労働集約型の生産革命であり、これによって(日本の)土地生産性が世界一の水準になった」と説明している。

世界が帆船で結び付いていた時代に、「海洋アジア」を世界システムが形成された「長期の一六世紀」の大西洋と直接的に結び付ける氏の説にはかなりの無理があるが、「海洋史観」が従来の「陸の世界史」を一変させる新しい見方であることは間違いない。「海洋史観」を取り入れることで、中華帝国の下で一貫して「夷狄」とみなされてきた東アジア海洋世界の評価が劇的に転換し、近代以降の歴史の動向との整合性が獲得されることにもなる。

中華帝国の同心円的世界認識は明らかに時代錯誤的であり、海洋世界で育った「異質性の共存」の認識こそが未来につながる発想なのである。

◉東アジア海域世界とは

「もうひとつの東アジア世界」を構成する海の広さを確認しておくと、以下のようになる。
①オホーツク海域（面積一五八万三〇〇〇平方キロ）
②日本海海域（面積一〇三万平方キロ）
③渤海（七万八〇〇〇平方キロ）・黄海（面積三八万平方キロ）・東シナ海（面積七五万二〇〇〇平方キロ）の三海域（全体で一二一万平方キロ）
④南シナ海海域（面積三五〇万平方キロ／地中海の面積の一・四倍）
海域世界を考える際には、勿論その周辺の陸地も含める必要がある。海域世界は、東アジアの

もうひとつの大きな世界なのであり、その先には世界の全陸地とアフリカを飲み込む太平洋がある。

海はただ茫漠と広がっているように見えるが、目には見えない歴史性、構造性を持っている。沿海で海と陸が結び付くローカルな小海域、小海域を複合する小交易圏、小交易圏を結合させた黄海・東シナ海のような大海域、複数の大海域をつなぐ東アジア海域というように、空間が連続的に拡大しているのである。

東アジアの主要なふたつの海は、歴史的に見ると対照的である。中華帝国の影響の強い渤海・黄海に接続する「東シナ海」は「政治優位の海」、タイランド湾、ジャワ海、マラッカ海峡につながる「南シナ海」は「交易の海」である。異質なふたつの海域を結ぶのが、台湾海峡ということになる。本書は、「海洋史観」に基づき、東アジア海域とそこに横たわる巨大な群島、日本列島の歴史（「海国」日本の歴史）を鳥瞰的に叙述しようとする試みである。

第1章 玄海灘交易圏と日本列島

1 「原鉄」がとりもった小交易圏

◉古代の日本列島を世界とつないだ海域

日本列島は、太平洋と黄海、東シナ海を隔てる、東アジアの巨大な群島である。その面積は、朝鮮半島の約一・七倍で、列島の西は、長江の河口に至る、黄海と東シナ海の境界海域である。長江デルタの沖合の約一三〇〇の島々からなる舟山《しゅうざん》列島、済州島、朝鮮半島南部に散在する約一七〇〇の島々があり、その海域とつながるように、北九州沿岸に約一一〇〇以上の島々、瀬戸内海に約七〇〇余の島々が散在する。

しかし、島々が密集する海域は離れており、互いにつながってはいなかった。例えば北九州の松浦地方から済州島は約二〇〇キロ、済州島と舟山列島は約四〇〇キロ隔っており、舟山列島からは中国本土が目視できた。そのために江南と朝鮮半島、日本列島を結ぶ航路が拓かれるのは九世紀になってからのことになる。

そうしたなかで、北海道と本州を結ぶ津軽海峡のような狭い海域に多くのローカルな交易圏が成長する。そのひとつが、鉄器の材料になる「原鉄」の交易により結び付く玄界灘交易圏だった。博多湾から壱岐、対馬経由で朝鮮半島南部に至る比較的視界に恵まれたルートは、津軽海峡の交易が活性化したのと同様に航路がおぼろげながらもイメージできるという好条件に恵まれていた。

冬の玄海灘の気候は厳しかったが、夏の天気の良い日には、九州からは壱岐が、壱岐からは対馬が、対馬からは朝鮮半島が望見できた。島影、山影が望めるということは、航路の成長を支える有利な条件である。距離的にみると、博多湾から壱岐が約三〇キロ、壱岐から対馬が約七〇キロ、対馬から朝鮮南部までが約六〇キロというように、程よい間隔で陸地が配されていたのである。しかし手漕ぎ船が用いられていた古代では、一〇日程度のかなりハードな航路だった。

◉広範に取り引きされた「原鉄」

最初に航海で用いられていたのは丸太をくりぬいた刳《く》り船だったが、四世紀後半になって波除けの側板を取り付け、波を乗り切るように舳先と艫を反らせた半構造船が登場するようになる。

そうした簡単な船でも石器を用いて造るのは大変で、手斧《ちような》、鑿《のみ》などの鉄製の道具が必要になった。しかし、鉄鉱石を溶解して鉄を作るには高温を生み出す特殊な技術が必要になった。タタラ

（フイゴ）である。当時は、タタラを使う製鉄技術が朝鮮半島南部の加耶《かや》地方（加耶諸国、任那、現在の慶尚南道）に限られていた。そこで、北九州や山陰ではその地で生産される「原鉄」をもとに、鍛造《たんぞう》により諸々の道具がつくりだされた。一世紀には北九州で鉄器が普及し、三世紀には農具の鉄器への転換が進んだ。

「原鉄」の生産地が限られたことが、北九州と洛東江を逆上る加耶地方との交易を盛んにした。しかし加耶地方では政治的分裂が続き、後に百済と新羅に分割されてしまう。

北九州と加耶の間の交易を仲介したのが、玄界灘中央部の対馬、壱岐の海人だった。両島は農地に乏しいために食糧の自給が困難であり、それが交易を活性化させる一因となった。有名な「魏志倭人伝」にも、それらの島が「南北に市糴《してき》（交易）」することで生活の糧を得ていると記されている。

加耶地方は、夏の時期に日本海経由で出雲、丹後、敦賀地方とも交易した。富山県の姫川流域で産出されるヒスイ（青玉）と原鉄の交易が行われたのである。古代の中華世界では金よりも玉が重んじられ、硬玉のヒスイも貴重な商品になった。後に述べるように航海技術が未熟で瀬戸内海航路が拓かれていなかった時期には、原鉄は出雲、丹後を経由して大和地方に至ったと推測されている。

◉補い合った鉄と青銅

『魏志』東夷伝には、弁韓（加耶諸国、後の任那）の豊富な鉄を韓・濊《わい》・倭が争ったこと、その海域でモノを買う際には中国の銭のように、鉄が用いられたと記されている。原鉄は斧の形をしていた（「鉄斧」）が、それが各地で鍛え直されて武器、農具に変えられたのである。

しかし、青銅器の原材料となる銅・錫・鉛については、日本列島が豊かだった。加耶諸国には、前一世紀後半に楽浪系の漢鏡、貨幣、帯鉤《たいこう》（バックル）などとともに倭系の青銅器が大量に流入し、後一世紀後半には、倭製の小型仿製鏡《ぼうせいきょう》までもが出回っていたとされる。

教科書でも明らかだが、銅・錫を豊富に産出する日本列島西部では青銅器が大型化・形式化して、首長の権力のシンボルになった。近畿地方の丘陵地から多数出土する銅鐸は朝鮮半島で祭事に用いられた「かね」に起源を持つとされるが、一〇数センチから一三〇センチと大型になり、本来つるされて使われていたものが地面に置く様式の祭器に変化していた。滋賀県の小篠原《こしのはら》遺跡からは、二四個の製作場所や製作年代の異なる銅鐸が出土している。

同様に、銅剣・銅矛《どうほこ》・銅戈《どうか》などの青銅製の武器も、日本列島では大型の祭器となった。島根県出雲の荒神谷《こうじんだに》遺跡からは、三五八本もの銅剣の外に、銅鐸、銅矛も発掘されている。また一九八九年二月に発掘された佐賀県の吉野ケ里遺跡からは、青銅器を作るのに欠かせない錫のインゴットも出土した。

2　海が見えなかった中華帝国

◉陸地に偏った中華世界

中華帝国と海の関係は、どうだったのだろうか。秦・漢帝国（前二二一〜後二二〇）は、内陸部に閉じ込められた「井のなかの蛙帝国」だった。二、三年に一度繰り返される黄河の大洪水が、中華帝国と海を遠く隔てていた。山東半島と廟島《びょうとう》群島、遼東半島で黄海から隔てられた渤海が、古代における唯一の海だったのである。

中華世界はもともとは「中原」という黄河中流域の極めて狭い範囲であり、「同化」により広域化した。しかし中華世界では海が視野に入っておらず、世界は限界のない万里（無限に広い）四方の茫漠たる陸の空間（天下）としてイメージされていたのである。

周（前一〇四六頃〜前二五六）以降になると天下（世界）の支配が、全天の星がその周りを回る北極星の近くのかすかに見える紫微宮《しびきゅう》に住まう唯一神（天帝）が地上の天子（王、後に皇帝）に委ねられたと考えられた。天子は、その取り巻き（王族、貴族、官僚、軍人）とともに、人民を思いのままに支配する権限を持つと説明されていた。天帝（神）が主権者で、皇帝は天帝にのみ責任を負い、人民を思うがままに支配できるというのである。

他方で天帝が皇帝を見限ると帝国が崩壊し、新たな皇帝が選ばれて帝国が再建されるとも考え

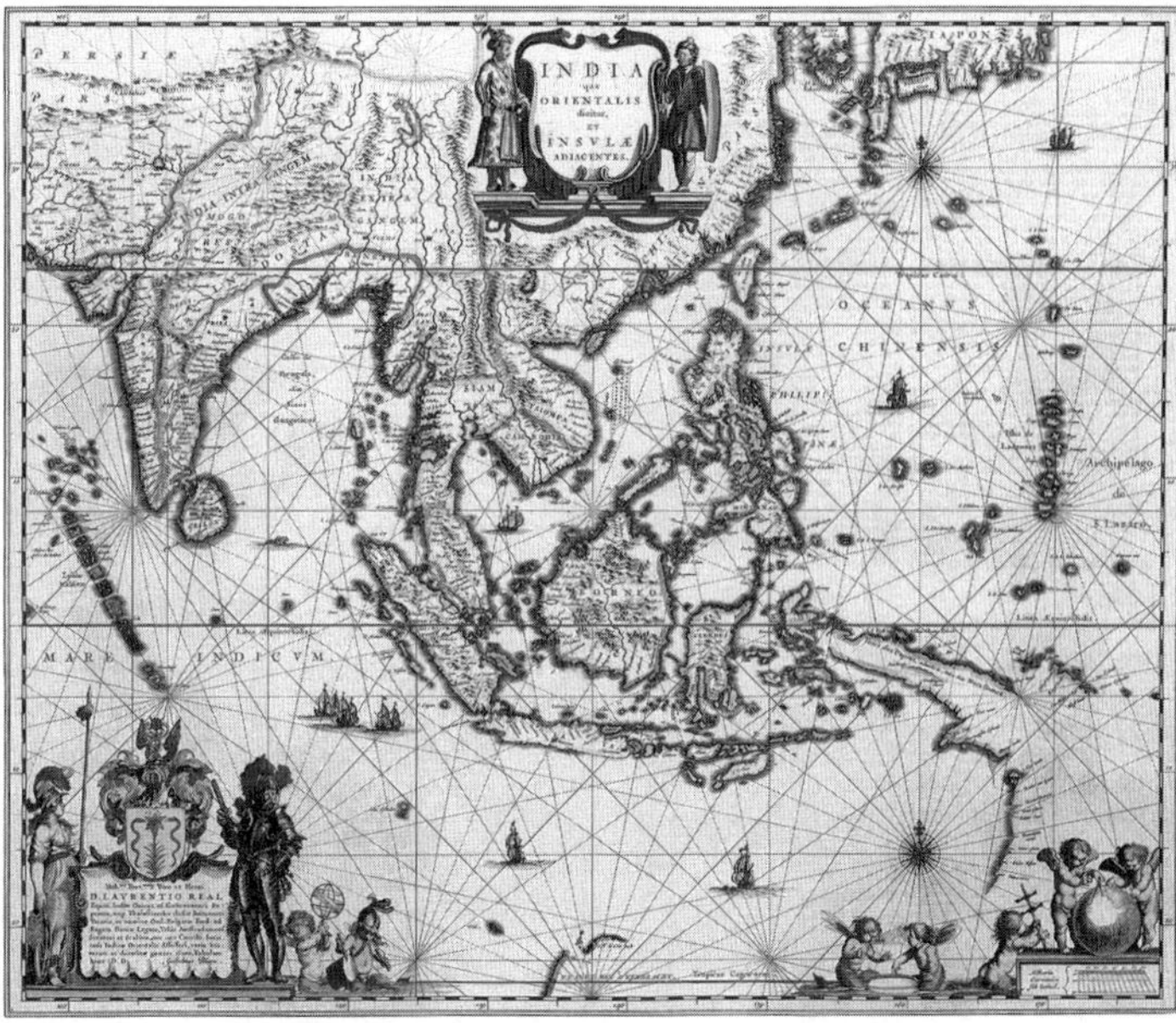

南から見た東アジアの海洋世界［W. ブラウ　1635年］

られた。「天命が革まり、（皇帝の）姓が易《か》わる」という意味から、王朝の交替は「易姓革命」と呼ばれていたのである。それ故歴代王朝は、天帝の意志の説明と自らの正統性にこだわり続け、天帝の委託を受けていることを示す証拠（歴史）作りに専念した。そうした権力の性向は今も変わらず、独特な「歴史問題」の主張として現在に引き継がれている。

　中華帝国の宗教的世界観は、空間的には同心円的な「華夷秩序」として具現化された。「中華の地」を中心に周辺諸地域を格付けし、異質な価値認識は認められなかった。天下（世界）は、皇帝の仁徳が直接及ぶ「中華の地」（文明化された地域）とそれが及ばない「夷狄の地」（開化されていない未開人の土地）に二分され、

「夷狄の地」がさらに序列化された。「海の世界」は僻遠の地として分類され、倭人も「東夷」とされた。海域世界は、「わけが分からない世界」だったのである。

◉冊封とは・朝貢とは

中華帝国の皇帝は、「夷狄」の首長に官位や職階を与えることで序列化を図った。

皇帝が、「夷狄」の首長に対して官位や職階を与えることを「冊封《さっぽう》」と言い、「冊封」で組み立てられた秩序が「冊封体制」だった。ちなみに「冊封」は、冊（文書）を授けて封ずるという意味になる。

「冊封」された各地の首長は臣下として「信義を示す品」を皇帝に献上し、皇帝からは体面を保つための数倍の「返礼の品（下賜品）」が下された。また首長の使節団に対しては、交易も認められた。それが、「朝貢貿易《ちょうこう》」である。

帝国の周辺の首長の代替わりの際に、皇帝は冊封使《さっぽうし》を送って儀式を執り行い、新首長を承認。それにより、冊封関係が更新された。使節の往来による結びつきが「朝貢関係」、使節が行う儀礼的な物資のやりとりが「朝貢貿易」ということになる。中華帝国が定めた元号（年の呼び名）と「暦」の使用を条件に、諸地域の支配が周辺首長に委ねられたのである。

「朝貢」は皇帝が恵みとして呼びかけるもので、強要されるものではないとされた。朝貢国は「礼」に基づく君臣関係の下での属国とされたが、内政面では自主が認められた（「属国自主」）のである。このように「冊封」に基づく外交儀礼と朝貢は、中華帝国と周辺諸地域をひとつの世界にまとめあげる装置として長い間機能し続けた。

◉「神仙の海」に消えた徐福

話を、海の世界に戻すことにしよう。渤海に面した山東半島には、東方の海中（黄海）に「蓬《ほう》萊《らい》」・「方丈《ほうじょう》」・「瀛州《えいしゅう》」という仙人の住む三つの神聖な島があり、そこで不老不死の仙薬が得られるという噂があった。

春先に現れる「蜃気楼」が、そうした発想の源になった。暖かい気流と冷たい気流が光を屈曲させて水平線上に都市や市の幻影を浮かび上がらせ、神秘的な幻想を生み出したのである。ちなみに蜃気楼の「蜃《しん》」は、巨大なハマグリの意味である。「蜃気楼」は巨大なハマグリが気を吐いて海上に楼閣（高い建物）を出現させると説明され、海上に浮かび上がる幻の市場は「海市《かいし》」と呼ばれた。

奥深い内陸部の四川から国を興した秦は、海の彼方に日本列島が横たわっているなどとは、知る由もなかった。山東半島に行幸し、初めて海を見た始皇帝（在位前二二一〜前二一〇）は、子供のように海の広さに舞い上がった。始皇帝は、膠州湾《こうしゅうわん》の三方を海に囲まれた瑯邪台《ろうやだい》（現山東省膠南市）に別荘を作り、三カ月間にわたり滞在したとされる。帝は一二年間の税を免除するという条件で、その地に三万戸を呼び集めて町を築かせた。海が気にいったのである。

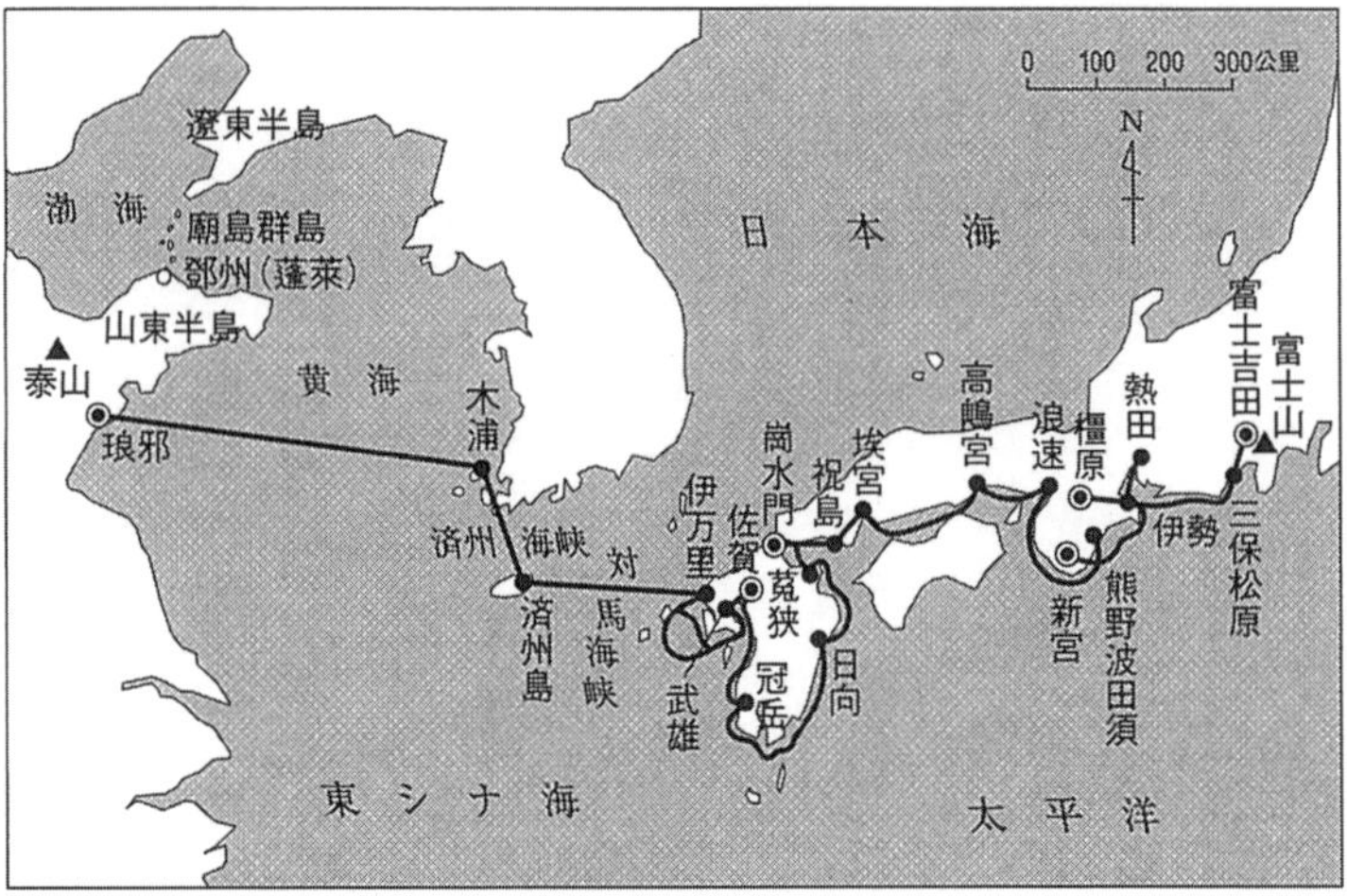

徐福の推定航路（台湾の彭双松市の説による）〔茂在寅男『船と古代日本』PHP研究所1987年より〕

永遠の生命を渇望した始皇帝は、海の彼方の「仙人の世界」に胸を弾ませた。そこで帝は、仙人の世界の実在を説く「方士」と呼ばれるいかさま師の言説に簡単にたぶらかされてしまう。始皇帝は、不老不死の仙薬を海の彼方から得るために、方士の徐福に数千人の童男・童女、技術者、五穀、種、金品を与え、瑯邪台から船出させたという。徐福の船は多分平底の川船だったと思われるが、実際にどのような船だったかは知る由もない。現在、瑯邪には、海を指さす始皇帝と徐福の像が建てられている。

徐福の航海について『史記』は、「不老長寿の霊薬をもとめた始皇帝が、斉の国の道士、徐福を東海の三つの神山に派遣した。大船八五隻に三〇〇〇人の童男、童女を乗せ、財宝・五穀を積み込んで船出した徐福は蓬萊山に達し、平原広地を得て住みつき、故郷に戻ることはなかった」と記している。徐福はあらかじめ予定していた通りいずことなく姿をくらましてしまい、仙薬は得られなかったのである。

徐福は、前漢の五銖銭、王莽時代の貨泉が発掘されている済州島に住み着いたとする説がある。また後に、日本列島でも佐賀、三重県の熊野、和歌山県の新宮、鹿児島県の串木野、宮崎県の延岡、山梨県の富士吉田など二〇カ所以上に、徐福と関わる伝承が残されている。日本列島では、どうやら徐福伝説が大陸からの新技術の伝来と結び付き、伝承化されたようである。

そのなかで紀伊半島の熊野は、徐福とのかかわりが特に深い。新宮市には徐福町があり、阿須賀《あすか》神社の裏の蓬萊山には、徐福が採取したと云われる天台烏薬《てんだいうやく》という薬草が見られる。ちなみに中国の江蘇省にも、徐福の子孫の一族が住むという徐福村が現存している。

◉史書に初めて登場する倭人

中華帝国が朝鮮半島、黄海と直接的な関係を持つようになるのが、始皇帝の時代から一〇〇年が経過した前漢の武帝の時代である。征服好きの武帝は、前一〇八年に朝鮮半島北部を征服し楽浪郡などの四郡を設置するが、それにより中華帝国と朝鮮半島の結び付きが本格化した。楽浪郡（前一〇八～後三一三）の郡都、楽浪が、朝鮮半島に移住した漢人の商業拠点になったのである。

黄海南部、東シナ海の海洋民は、「倭人」と総称された。「倭人」に言及する最古の文献が、後漢の歴史家の班固《はんこ》（三二一～九二）が編纂した『漢書』地理志であることは、周知の事実である。玄海灘交易圏が、朝鮮半島北部を中心とする漢人の交易圏とつながったことにより、「倭人」について の記述がなされることになったのであろう。

『漢書』地理志は、東の「夷人」(倭人を含む東夷)は北・西・南の三地方の「夷狄」と比較すると性質が柔順であるとした後、「夫れ楽浪海中に倭人有り、分かれて百余国を為す、歳時を以て来たりて献見すと云う」と記している。

ここに記された「国」は「地域」という程の意味なので、楽浪郡の南の海域に倭人の多くの集落があるという意味になる。「倭人」は、玄界灘周辺の朝鮮半島南部、日本列島に居住する「海民」を漠然と指す言葉と考えられる。「献見」は本来は使節が貢物を献上し謁見する意味だが、それは政治が優先される中華社会固有の役所用語であり、実際には「交易」を意味する。つまり『漢書』地理志の「倭人」に関する簡単な記述は、漢人交易圏が拡大して玄界灘交易圏とリンクした事実を指しているのである。

この時期には漢人の商業圏の拡大を反映し、北九州の甕棺墓《かめかんぼ》の副葬品に銅鏡などの漢製品が増え、武器も素環頭《そかんとう》鉄刀などの前漢系の鉄製武器に替わっている。楽浪が玄界灘交易圏にリンクすることで、漢の製品が北九州にも及んだのであろう。「倭」が、日本列島のみを指すようになるのは五世紀になってからである。

◉金印秩序に組み込まれた奴国

後漢が滅亡した三世紀初め、楽浪郡（前一〇八〜後三一三）が廃れ、南の帯方郡（現ソウル付近。二〇四〜三一三）に交易の拠点が移った。帯方郡が設置された後、漢人商人と玄海灘交易圏、倭人との間の交易の頻度が増すようになるのは当然である。

五世紀に編纂された『後漢書』東夷伝には、「建武中元二年（五七年）に倭の奴国が奉貢朝賀し、使人は自ら大夫と称した。倭国は極南の地にあり、光武帝は印綬を賜った」と記されている。倭人世界の南端に位置する「奴国」が、光武帝（在位二五〜五七）の下に使節を派遣したという内容であり、奴国が何らかのかたちで漢帝国に認識されるに至ったことを意味している。後述するように江戸時代に博多湾の志賀島《しかのしま》で金印が発見されたことから、奴国が博多湾付近に存在したとする説が有力である。

漢帝国では周辺の首長に官職を与えた証しとして、金印などの印綬《いんじゅ》を与えるしきたりがあった。ちなみに「綬」とは、印章を吊り下げるための紐のことである。光武帝が洛陽に朝貢した奴国の使者に印綬を与えたということは、奴国が朝貢先として認知されたことを意味する。印綬は粘土（封泥）が柔らかいうちに封緘するために使われた。

一七八四年、筑前の志賀島（現在の福岡市東区の志賀の島）で、甚兵衛という農民が、土中から「漢委奴国王」と刻まれた、約二・四センチ四方、厚さ約〇・九センチ、重さ一〇八・七二九グラムの金印を発見し、『後漢書』の記述が実証されることになった。金印については根強い偽作説があったが、同型の「滇王之印《てん》」が雲南で発見されたことから金印が『後漢書』東夷伝に記された印綬と見なされるようになり、一九五四年に国宝に指定された。金印は、現在福岡市博物館で展示されている。

『後漢書』東夷伝は、「安帝永初元年（一〇七年）倭国王帥升《そつしょう》等、生口一六〇人を献じ、請見を願う」と、現在の福岡県の糸島市にあった伊都国《いと》の王が使節を派遣し、生口（奴隷）を一六〇人献上し、「請見」を願い出たことを記している。

しかし手漕ぎの丸木舟での往来がなされていた時代に、船団を組んで奴隷一六〇人の輸送はかなり難しかったのではないかと思われる。しかし、「倭」と帯方郡を結ぶ交易圏がかなり緊密化したことを示す証左になるとは思われる。

3　旅行案内書だった魏史倭人伝

◉玄海灘交易圏と倭人世界

三世紀末に西晋の歴史家、陳寿により著された『魏志』東夷伝は、邪馬台国についての記述があることで有名である。

東夷伝では朝鮮半島諸国と倭人の記述が区別されており、倭人の条が「倭人伝」、韓人の条が

「韓伝」とされる。それらの記述は、外交記録のような内容も含まれているが、基本的には商人などの見聞に基づく情報が総合されたものと考えるのが妥当であろう。

東夷伝の起点になるのは、帯方郡である。「韓伝」では、「韓は帯方郡の南にあり、東西は海を限界とし、南は倭と接し、四方は千里ばかり」と記され、「倭人伝」では、倭は「帯方東南大海の中にあり、山島に依りて国邑《こくゆう》をなす」と記されている。そこでは「倭」が「日本列島」の意味で使われ、朝鮮半島南部の「韓」とは区別されている。朝鮮半島では「高句麗」・「扶与」・「韓」などの政治集団が区別されているが、玄界灘の先の「倭」については広域が一括して扱われた。日本列島についての情報が不足し、漠然としたイメージしか結べなかったのであろう。

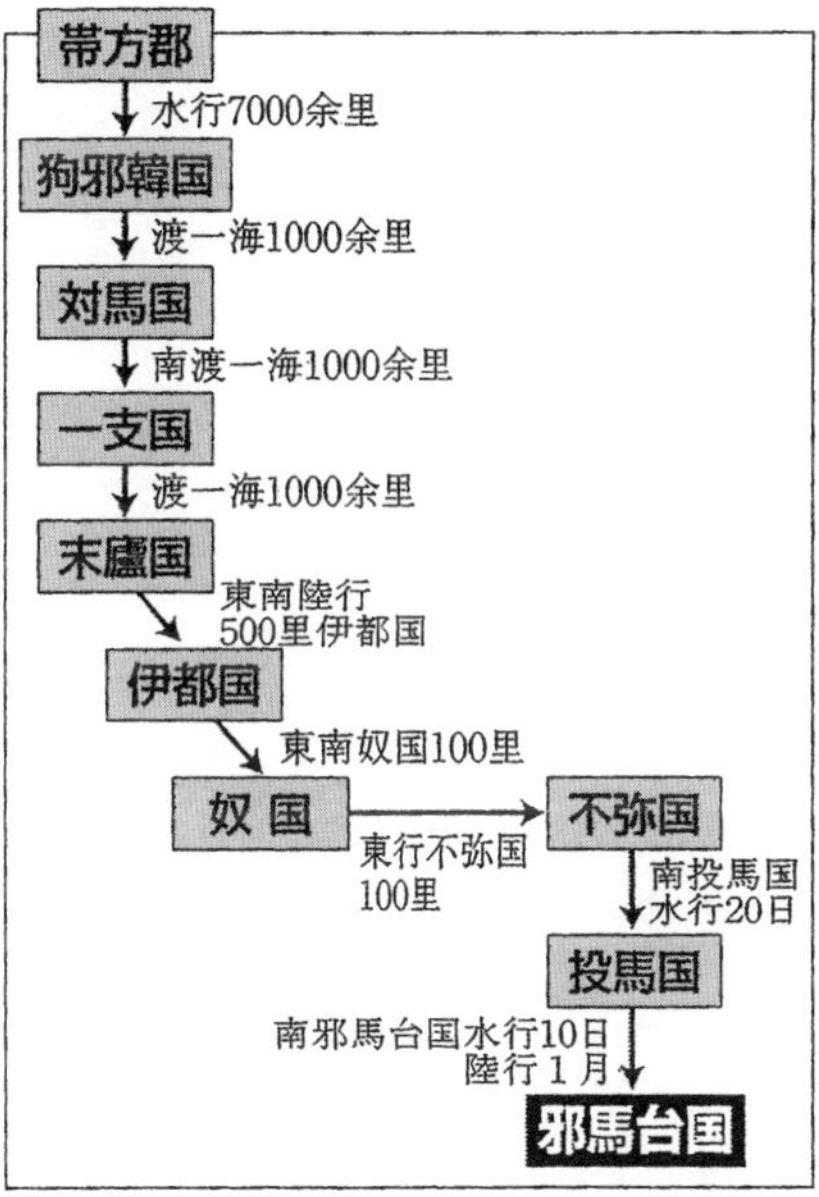

帯方郡から邪馬台国に至るルート（「魏史倭人伝」による）

「倭人伝」では、帯方郡から「倭」に至るルートの概要が、以下のように記されている。

①帯方郡から狗邪《くや》韓国までは水行、

あるいは陸路で南し東して七〇〇〇里で至る。

鉄の産地の弁韓（加耶）が「韓」の外れの地域に位置する「狗邪国」であることが強調され、陸続きの韓人社会と海を隔てた倭人社会が区別されている。帯方郡から「倭」へのルートは、朝鮮半島を西に航行し、狗邪国の金海あるいは釜山を経由して対馬、壱岐に至ることになっているが、それはローカルな玄海灘交易圏を踏襲したためと考えられる。

②朝鮮半島南部の狗邪韓国から海を一〇〇〇里渡ると対馬国（対馬）である。

③そこから「瀚海《かんかい》」と呼ばれる南の広い海（玄界灘）を一〇〇〇里航海すると一大国（壱岐）がある。

④そこからさらに海を一〇〇〇余里渡ると末盧《まつろ》国（現在の伊万里湾周辺）に至る。そのように狗邪韓国から末盧に至る航程は、極めて大ざっぱである。

⑤そこから東南に五〇〇里行くと倭の交易拠点、伊都国（糸島市周辺）に着く。

⑥そこから先の記述は極めて曖昧であり、東南百里で奴国（福岡市南部）、東行百里で不弥国（福岡市東南部）、南に水行し二〇日で投馬国、そこから水行一〇日、陸行一月で邪馬台国とされる。伊都国の先は、伊都国での伝聞と考えられる。

「国家」「民族」は明治時代に西欧のnationを翻訳した和製漢語であり、『魏志倭人伝』の「国」は「集落」「集落群」程の意味である。日本では明治以来、「魏史倭人伝」の政治的な読み方が続いているが、当時の中華世界と日本列島の位置関係を考えれば、先に述べたように商人情報に基づく「案内記」として読むのが妥当であろう。

◉特産品だった朱砂・ヒスイ・真珠

日本列島では最初に唐津湾、博多湾周辺が、玄界灘交易圏のひとつの中心として東アジア交易圏の中に組み込まれたようである。

「魏志倭人伝」に記される倭の産品のうち、遠隔地の商人が扱ったと考えられる高価な商品は、①「丹《に》」②「青玉」③「真珠」である。それらの商品については、次のように説明できる。

①不老長寿の仙薬づくりの原料であり、徳島平野、大和の宇陀山地などで産出された硫化水銀を主成分とする赤色顔料の「朱砂（辰砂、丹砂、水銀の原料）」

②生命の再生をもたらすと信じられた糸魚川の支流、姫川の「翡翠《ひすい》」

③粉にすると薬効があると信じられていた熊野の「真珠」

もっとも『魏志倭人伝』の記述は、列島に「真珠・青玉を出だす。其の山には丹有り」と言うようにいとも簡単でそっけない。しかし、こうした商品情報が、商人にとっては最もベーシックな情報だったはずである。

三つの倭の産品のうちで、最も注目されるのが「丹《に》（朱砂）」である。弥生時代後期には徳島平野が最大の「丹」の産地だったとされるが、後になると『万葉集』に「大和の宇陀の真赤土《まはに》のさ丹《に》つかばそこもか人の我が言《こと》なさむ」という歌が収められていることで分かるように、瀬戸内海のどんづまりに位置する奈良県中央部の宇陀《うだ》山地の「丹」が有名になる。

「丹」（朱砂）は、四〇〇度から六〇〇度で加熱すると水銀蒸気と亜硫酸ガスが生じ、その水銀蒸気を冷却すると水銀が精製できた。「丹」は、固体、気体、液体に姿を変える特殊な金属だったことから、「不滅性を持つ金属」として珍重されるようになる。『史記』に、始皇帝陵の底部に膨大な量の水銀を敷き詰め、陸、河、海を描き出したという記述があることからも分かるように、水銀は永遠性と関わる物質とみなされていたのである。

西晋（二六五〜三一六）末の道士、葛洪《かっこう》が三一七年頃に著した『抱朴子《ほうぼくし》』には、朱砂を焼いて得られる「金丹」の服用が、不老長寿につながるという伝統的な見解が記されている。唐代に、水銀を調合した不老長寿の薬を飲んだ六人の皇帝が命を落としたとされている。

◉北九州の「交易の拠点」伊都国

「魏志倭人伝」では、北九州の交易の窓口の伊都国についての説明が特に丁寧である。

伊都国（現在の福岡県前原《まえばる》市）について、「（帯方）郡使の往来、常に駐まる所なり」と記されていることから、狗邪韓国から伊都国に至るルートが実際の交易路であり、伊都国が商業センターだったと推測される。

魏、帯方郡、諸韓国に派遣した使節が帰還したり、帯方郡使が到着した際には、伊都国で文書と物品が点検された。

特に伊都国に「一大率《だいそつ》が置かれた」という記述は、注目される。「一大率」が倭国の役人なのか、帯方郡の役人なのかは説が分かれるが、その役人は諸国を巡検し、中華帝国で郡の政情を中央に報告した刺史のように権勢を誇ったのであろうと推測とされる。

平原遺跡出土の「内行花文鏡」

伊都国自体は戸数が一〇〇〇余戸であり、戸数四〇〇〇余戸の末盧国、二万余戸の奴国、七万余国の邪馬台国などと比べると小規模だったが、枢要な位置を占めていたようで、「倭人伝」には「世世王あり」と記されている。伊都国の王墓と見なされる三世紀の平原王墓（一号墓）からは、直径四六・五センチという中国にも残されていない世界最大クラスの大きさをもつ同じ型の内行花文鏡《ないこうかもんきょう》（銅鏡）が五面も副葬品として出土。同じ型の方格規矩四神鏡《ほうかくききしんきょう》も一四面が埋葬されている。まだ十分な検証が進んでいないが、内行花文鏡は中国に例がなく、方格規矩四神鏡には色を塗ったものが多く見られる。こうした銅鏡は伊都国で独自に鋳造されたもので、伊都国の抜きん出た経済力、技術力を示すという見方もなされている。

しかし、伊都国の繁栄は長くは続かなかったようである。東アジア海域の変動により中心が志賀島、博多湾の東側に移り、さらに大和地方が成長を遂げ、瀬戸内海航路が活性化すると、宗像地方（福岡地方東部から北九州地方西部に跨がる地域）に移っていく。

第2章

騎馬遊牧民の進出と東アジア海域世界の広域化

1　黙殺された大規模移住の時代

◉史書は循環を重んじた

黄海海域は四世紀から六世紀に、「五胡」と呼ばれる騎馬遊牧民の「中原」占領により激変した。ユーラシア世界では、遊牧民が仕掛けた戦争、征服が社会変動の一大契機になっているが、東アジアもその例外ではなかった。漢帝国の長期にわたる崩壊過程のなかで起こった激動が、海域を含む東アジア世界への漢人の大規模な移住を生み出したのである。

「中原」から追い出された漢人の江南、朝鮮半島、黄海周辺への移住が、黄海を「民族の移住と交流の海」に変えた。世界史で大きく取り上げられる「ゲルマン民族の大移動」をはるかに上回る漢人の移住の波が黄海周辺に及び、玄界灘交易圏などの黄海、東シナ海のローカルな交易圏が相互に結び付きを強めていくのだが、天命と易姓革命に基づき天下（世界）を描く中国の史書にはその意義をくみ取る視点がない。

世界史の視点で見ると、三世紀から五世紀は、騎馬遊牧民がヨーロッパ、西アジア・インド、東アジアを激変させた時代だった。つまり、①ゲルマン民族大移動がローマ帝国西部をゲルマン社会に変え、四七六年に西ローマ帝国が滅亡、②五世紀から六世紀のエフタルの侵入により、西アジアのササン朝が弱体化し、インドのグプタ朝が滅亡、③「五胡」（北方の五つの騎馬遊牧民）の黄河中流域進出に伴う東アジア世界の混乱と拡張が、ほぼ同時に展開されているのである。

東アジアでは、五胡十六国時代（三〇四～四三九）が約一三〇年間続き、同地域から押し出された漢人が長江流域、朝鮮半島、黄海海域などに波状的に移住し、中華帝国のタガが一時的に外れた。そうした中で、日本列島の面貌も一新されていく。

◉古墳に映し出された黄海世界の広域化

従来の日本史ではローカルな玄界灘交易圏の海域認識がそのまま引きずられてしまっているが、東アジアの海域史の分水嶺となる五胡十六国時代以後の変化が意識される必要がある。海域世界は、大変動を遂げるのである。

三世紀後半から七世紀前半に至る日本列島の古墳の変化は、隔靴掻痒の感はあるものの大規模な移住による海域世界の変動を反映している。日本列島の古墳が大きく姿を変えるほど、変動が激しかったということである。この時期の倭国に関する中国側の文献がないため、「倭人世界」、倭国の状況は列島の古墳の変化から推測するしかなく、「古墳時代」と呼びならわされている。教科書などにも記されていて周知のことだが、簡単に記しておこう。

「漢人の大規模移住」以前の古墳時代前期（三世紀末から四世紀末）には、弥生期の伝統社会が依然として続いていた。副葬品も銅鏡、玉などが主で、被葬者は、司祭者としての性格を強くもっていた。三世紀後半に造営された最古の前方後円墳は、卑弥呼の墓ともいわれる奈良県桜井市の箸墓《はしばか》古墳で長径は約二七八メートルである。

海域世界が激変した四世紀から五世紀には瀬戸内海航路の開発が進み、政治の中心が北九州から河内《かわち》（現在の大阪府南東部）に移った。この時期には、同一規格の巨大な前方後円墳が多数造られる。奈良盆地の大和川沿いの巨大古墳は、長径二〇〇メートルから三〇〇メートルにも及ぶ。

四世紀には、遺跡からのウマの骨の出土が増加する。「倭人伝」にはウマの記述がないため、ウマはこの時期に列島にもたらされたものと考えられている。四世紀後半の福岡市の老司《ろうじ》古墳からは、馬具の「轡《くつわ》」も出土する。騎馬技術の伝入の証しである。

五世紀、前方後円墳がさらに巨大化し、長径四八六メートル、高さ三四メートルの大阪府堺市の大仙《だいせん》古墳も築造された。この古墳の完成には、延べ六八〇万人の労働者が必要と計算され、一日に二〇〇〇人を動員しても一五年八カ月の歳月が必要だったと推測されている。強大な権力の出現である。副葬品も祭器から鉄製武具、馬具などの武器に変わり、多数の馬形埴輪が作られた。

馬曳きの埴輪（奈良県田原本町笹鉾山２号墳）

遊牧民の進出による変動の波が列島に及んだことの証左とみなされている。

この時代、南は九州南部から北は東北地方中部の広い地域で巨大古墳が築造された。瀬戸内海沿岸でも、長径三六〇メートルの岡山市の造山《つくりやま》古墳が造営されている。

六〜七世紀になると、古墳の石室が竪穴式から大陸風の横穴式に変わった。有力農民の群集墳も造られている。奈良県高市《たかいち》郡の極彩色の壁画で知られる高松塚古墳、四神図と天井の天文図で知られるキトラ古墳（キトラは北浦に由来）は、ともに七世紀の古墳である。

◉製鉄技術の拡散

この時代に注目されることは、文明の大規模な交流を背景に製鉄技術が日本列島で拡散し、ローカルな玄海灘交易圏が崩れていったことである。もっぱら加耶地方の原鉄に頼っていた列島西部の鉄器生産だが、五世紀頃にはタタラ（フイゴ）を使った製鉄（たたら製鉄）技術が普及することにより列島での原鉄生産が進んだ。列島の製鉄は、古墳時代に始まると考えられている。

日本列島での原鉄の生産は加耶の地位を低下させ、玄界灘の航路を変更させた。山陰と山陽の各地での製鉄の拡散により、博多湾が原鉄供給の輸送センターだった時代が終焉を迎えるのである。

製鉄が盛んになるのは石見《いわみ》から吉備の中国山地、丹後などだが、その製鉄の方法は互いに異なっていた。山陰地方では砂鉄、山陽側と琵琶湖の周辺では鉄鉱石が原料として用いられるなど、別系統の製鉄がなされたのである。炉の形状も円形、楕円形、方形と、まちまちだった。

有名な出雲のヤマタノオロチの伝説についても、八世紀初めにつくられた『出雲風土記』に、奥出雲の四郡で生産される鉄が「堅くして、尤も雑具を造るに堪う」と記されていることから、山間で製鉄のために燃やされた「たたらの炎」を例えたのではないかとする説がある。

五世紀半ばになると、広島県の庄原市の大成《おおなり》遺跡から大規模な鍛冶集団が出現したことが分かっており、加耶地方が新羅に征服された六世紀後半になると、広島県の世羅町のカナクロ谷製鉄遺跡、京都の丹後半島の遠所《えんじょ》遺跡群というような大規模な製鉄遺跡も現れた。

原鉄の比重が低下するとともに、加耶と博多湾を結ぶルートが直接帯方郡から対馬を経て北九州、瀬戸内海に入るルートに移った。

◉丸木舟から準構造船への変化

ここで、北九州と朝鮮半島南部を結ぶ海域で使われた船について、簡単に述べておく。

古墳時代の玄海灘交易圏では丸木舟が主で、それほど大きな変化は生まれなかった。丸木舟は全長五メートルから八メートルが一般的で、なかには一〇メートルを超すクスノキ製の巨船もあった。船が大型化するにつれて、船底部分が丸木で側面に外板を付けた準構造船が出現するが、ヨーロッパの船のような竜骨や肋材は使われず、シンプルなつくりだった。

宮崎県の西都原《さいとばる》古墳から準構造船の形をした船形埴輪が出土（東京国立博物館蔵）しており、新羅の地にも同型の埴輪の出土がある。前漢時代の中国の模型船も同様の形状をしていることから、この船型が黄海で共通していたものと考えられている。こうした造船技術は、一三世紀、一四世紀まで継承された。海が荒れやすい偏西風海域だったために帆船の発達が遅れ、それが交易のスケールを制限する大きな要因になった。

かつて角川春樹氏が「野生号」という三世紀の倭船を想定した木造船を造り、大学ボート部の漕ぎ手（交代要員も含む）二〇名で、帯方郡から末盧国に至る一二〇〇キロの移動実験をした。角川氏は、野生号は四七日かかったが韓国沿岸は時間の関係で半分近くを曳航しており、自力航海すれば一〇〇日前後かかったと述べている。

平安時代になると、一五〇人が乗り組む遣唐使船のような一本マストの帆船も出現した。しかし、一般の船で「帆」が用いられるようになるのは、江戸時代になってからのことである。

◉開拓が困難だった瀬戸内海航路

古墳時代に交易圏は、北九州から東の瀬戸内海方面に中心を移動させた。瀬戸内海航路が成長し、本州西部が広い範囲で東アジア海域に組み込まれたのである。

内海で島が多い瀬戸内海は航海にとって理想的な海域と見られがちだが、手漕ぎ船にとっては手ごわい海域だった。手漕ぎ船が前に進める限度（二ノット、時速三・八キロ）を超える強い海流が、航海を困難にしたのである。流れの速い関門海峡、山口県南東部の大畠《おおはた》瀬戸、愛媛県北部の来島《くるしま》海峡、瀬戸内海最狭部の備讃《びさん》瀬戸、明石海峡、鳴門海峡が連なり、岩礁も多いため、瀬戸内海航路の開拓には航海技術の一段の進歩が必要だったのである。

瀬戸内海航路の開発が進んだのは、五世紀から六世紀のことと考えられる。六世紀に瀬戸内海沿岸の播磨、備前、備後、安芸などに多くの屯倉《みやけ》が置かれたが、屯倉は瀬戸内海沿岸の穀物輸送の経由地、船の補給基地と推測される。日本列島の中核水域の瀬戸内海も、最初は困難な水路だったのである。玄界灘と瀬戸内海がつながると、危険に満ちた長大な航路の管理が、専門技術と知識を持つ海人に委ねられることになる。

◉航路の変更を物語る海神信仰の推移

ここで少し視点を変えて、古代の海上輸送に携わった海人と海洋信仰について考えてみたい。海人とその信仰は、かつての奴国に当たる博多湾の志賀島《しかのしま》と「海の中道」一帯に住まう海人集団を取り仕切る海人の宰《つかさ》だった、ワタツミ（綿津見）の三神を祭る安曇《あずみ》氏の時代と、後述するムナカタ三女神を祭る宗像地方の宗像《むなかた》氏とツツノヲ（筒男）三神を祭る瀬戸内海の住吉氏の二者が管轄を分担した時代に分けられる。

それぞれの海人が祭る神について谷川健一氏は、ワタツミの「綿」は朝鮮語のパタ（海）に由来し、ムナカタは海人の胸の入れ墨、ツツヲの「筒」は航海の目印として利用された「星」にそれぞれ由来すると解釈されている。

まずワタツミだが、『古事記』上巻には綿津見神は阿曇連《あずみのむらじ》などの祖神とある。ワタツミは一般的に、ワタが海、ツが「の」、ミが「神霊」の意味で、海の神とみなされる。その阿曇氏の守護神を祭るのが、志賀島の南側にある志賀海神社《しかうみ》である。かつてその社殿は島の北側にあり、表津《うわつ》宮《ぐう》、仲津宮《なかつぐう》、沖津宮《おきつぐう》がそれぞれ設けられていたとされる。海神社とは、全国の海人の海神社を統括する総本社の意味になる。

ところが瀬戸内海航路が成長を遂げると、朝鮮半島南部と九州北部を結ぶ主要航路も博多湾経由から瀬戸内海に近い北九州に直行するルートに移る。それに伴って海上輸送の主たる担い手が、安曇氏から宗像氏・住吉氏に変わったと考えると分りやすい。

イザナギが「黄泉」から帰り禊《みそぎ》をした時に生まれたとされる、ソコツワタツミ（底津綿津見神）、ナカツワタツミ（中津綿津見神）、ウワツワタツミ（上津綿津見神）の三神を祭る安曇氏は、『魏志』倭人伝の交易拠点、伊都国の航海を継承して博多湾の志賀島を中心に交易に従事する海人だった。しかし海路が瀬戸内海寄りに移ると、全国各地に散らばっていく。現在長野県に「安曇野《あづみの》」の地名が残るが、それはかつての信濃川がサケが遡上する最大の川であり、遡上するサケを追って安曇氏が同地に住みついたためとみなされている。安曇氏は、朝鮮半島南部の原鉄を唐津湾、博多湾にもたらした有力海人と推測されるのである。

　それに対し、大和地方に強大な政治勢力が成長する時期に瀬戸内海ルートで活躍した海人が、ソコツツノオノミコト（底筒男命）、ナカツツノオノミコト（中筒男命）、ウワツツノオノミコト（表筒男命）の三神を祭る住吉氏だった。『古事記』上巻には、「底筒之男命、中筒之男命、上筒之男命の三柱は墨江《すみのえ》の三前《みまえ》の大神なり」とある。瀬戸内海の入り口に位置し、「穴門《あなど》（穴戸、長門）」と呼ばれた関門海峡には、住吉三神を祭る神社のうちで最も古い時期の神社が設けられていた。住吉は古くは「スミノエ」と読み、「澄んだ入り江」の意味である。

　長野正孝氏は、それらの祭神は、雄略天皇の時期に瀬戸内海航路の整備のために呉から使者が連れ帰った技術者で、中筒男命は、航路と港の深浅の測量、底筒男命は航路の掘削、表筒男命は潮流の調査に当たったのではないかと推測している。瀬戸内海に航路が拓かれるには多くの技術が必要であり、技術者が神格化されたのではないかと考えられているのである。

　穴門に建てられた住吉神社は、難波の住吉津に建てられた住吉大社、博多の住吉神社とともに「日本三大住吉」と呼ばれている。ちょうど博多湾と大阪を結ぶ海上交通の要路に三つの神社が位置しているのは、決して偶然ではないであろう。関門海峡は水路が狭いため玄界灘、響灘《ひびきなだ》からは入るのが難しく、航路を見つけ出すには経験と技術の蓄積が必要だったのである。

　神功皇后の三韓征伐の際には、住吉大神の「荒魂《あらたま》」が突風となって皇后の船団を後押しし、

「和魂《にきたま》」が身辺警護に当たったとされている。伝承では、凱旋の後に神託により「荒魂」を穴門（長門、関門海峡）に祭る住吉神社が建てられたとされる。

瀬戸内海ネットワークの成長とともに玄海灘交易圏の中心は東に移動し、朝鮮半島南部、対馬、沖ノ島、大島、神湊（玄界町）を結ぶ宗像氏の新ルートが中心になった。宗像氏の前身である筑紫の宗像君《むなかたのきみ》は、天武天皇の皇妃を出す程の豪族として権勢を誇ったとされる。長門の住吉神社や筑前の宗像神社は、中世まで寄船《よりぶね》（漂着または漂流する船）の船材、積み荷を神社の修理造営に当てることができるという特権を保持していた。

服部英雄氏は、宋代になっても宗像大宮司は、筑前国宗像郡津屋崎（福岡県福津市）、玄海灘の孤島、小呂島《おのろ》を拠点に交易を行っていたと述べている。宗像氏は博多湾を経由しない、独自の交易ルートを開拓したのである。宗像氏の交易船は、小呂島から壱岐に至り、生月島《いきつき》を経て五島列島の北端の小値賀島《おぢかじま》に至り、さらに済州島を経て舟山列島から杭州湾南岸の寧波《ねいは》（ニンポー）に達したという。宗像氏は、新たな航路を拓くことで権勢を維持したのである。

◉台頭する宗像氏

宗像氏は、荒れすさぶ海と交易の海を神格化した、タゴリ姫、イチキシマ姫、タギツ姫の三女神を祭った。それぞれ、海水を凝《こ》る女神、海水を鎮めて交易を護る女神、海水がたぎる女神である。宗像氏の祭神は、安曇氏や住吉氏が海の形象を神格化したのに対し、交易の要素が入り、より具体的である。

『古事記』に、「其の先に生れし神、多紀理毘売命は、胸形の奥津宮に坐す。次に市寸島比売命は胸形の中津宮に坐す。次に田寸津比売命は、胸形の辺津宮に坐す。此の三柱の神は、胸形君等の以伊都久三前の大神なり」とあるように、三女神は現在、一番年長のタゴリ姫が沖津宮（沖ノ島）に、タギツ姫が中津宮（大島）に、イチキシマ姫が玄界町の神湊《こうのみなと》の辺津宮（玄界町）に祭られている。

神湊の約五〇キロ沖合に位置する周囲四キロの沖ノ島に祭られたタゴリ姫は、水が激しく流れる様を示す「滾《たぎ》り」からきているとされ、荒れる玄界灘の象徴である。『古事記』には、「此の大国主神、胸形の奥津宮に坐す神、多紀理毘売命を娶して生める子は、阿遅鉏高日子根《あぢすきたかひこね》神」とあり、タゴリ姫が出雲の大国主命《おおくにぬしのみこと》と結婚し、アヂスキタカヒコネをもうけたと記されている。

沖ノ島は、玄界灘交易の最前線に位置していた。そこを通って朝鮮半島南部に送られた主要な商品のひとつが山陰地方で加工されたヒスイである。ヒスイは糸魚川に流れ込む姫川上流で得られたが、弥生時代以降は出雲の「玉造」などで成型されて北九州にもたらされた。

交易は、土地と土地の「結び付き」がベースである。先のタゴリ姫と大国主命の結婚の説話は、出雲の玉造などで加工されたヒスイが沖ノ島を経て売られたことを指すと考えられていれる。二神の間に生まれたアヂスキタカヒコネの「スキ」は鋤を指すので、アヂスキタカヒコネは鋤を神格化した農業神と考えられる。当時農具の原材料の原鉄は、先に述べたように玄界灘交易圏からもたらされており、交易によりヒスイが原鉄に変えられたことが鉄製農具が誕生したかのように神話的に表現されたのであろう。

三女神のうち、辺津宮に祭られているイチキシマ（市杵嶋）姫のイチキシマは「斎《いつ》き島」の意味で、神を大切に祭る島を指す。イチキシマ姫は、神聖な「市」を取り仕切る商業の女神として広い信仰を集めるようになった。商業との関係で、イチキシマ姫信仰は、北九州から瀬戸内海を経て、熊野灘、大和、伊勢・志摩につながる航路に沿って広まっていく。平清盛と縁が深い広島の厳島神社も、「イチキシマ」が「イツクシマ」に転訛《てんか》されたものだという。

また航海安全の神として宗像三女神は、広く日本列島沿海で信仰された。神奈川県の江ノ島神社、むつ湾に面した青森市の善知鳥《うとう》神社も宗像三女神を祀る海の神社である。

◉海の「正倉院」沖ノ島

玄界灘の中央部に周囲四キロ、高さ二〇〇メートル程の山からなる沖ノ島がある。沖ノ島から北九州（福岡県宗像市）までは約六〇キロ、対馬までは約七五キロ、韓国の釜山までは約一四五キロであることから分かるように、沖ノ島は玄界灘交易圏の要衝だった。宗像氏は、沖ノ島全体を、航海が難しい玄海灘の航海安全を祈願する御神体とする。

大和王朝が瀬戸内海経由で朝鮮半島南部に船を出した際には、玄海灘での安全を祈願する祭祀が沖ノ島で行われた。特に五世紀から七世紀前半にかけては、島の奥の岩陰で航海安全祈願の国家的祭祀が執り行われたらしく、金製の指輪、金銅製の複数の馬具、ササン朝のカットグラスの破片などが出土している。

遺物の中では古墳時代のものが最も高価だが、祭祀そのものは四世紀から一〇世紀まで続けられた。島内の二三カ所の祭祀遺跡からは青銅鏡、純金製の指輪、金銅製の透彫《すかしぼり》帯金具など八万点に及ぶ遺物が出土しており、沖ノ島は、「海の正倉院」とも呼ばれている。

雄略天皇が自ら軍を率いて新羅を討とうとした際に、宗像の神が反対したために果たせなかったというような話もあり、宗像氏が玄界灘の航海を取り仕切っていたことが理解される。

2　加耶の滅亡と大和王朝

◉加耶の衰退と大和王朝の変動

六世紀、南朝に最後の使節を派遣した雄略天皇の系統が絶えると、大伴金村《おおとものかなむら》などの有力豪族の推薦に基づいて、日本海を隔てて加耶との交易関係にあった越前から継体天皇が迎えられた。

継体天皇は、即位を引き受ける前に河内馬飼首荒籠《かわちのうまかいのおびとあらこ》に使いを出して相談したとされる。河内で馬を飼う荒籠は渡来系であろう。継体天皇は「群臣の要請を受けて即位した」とされているが、実際には中央豪族の強い反対を受け、約二〇年の間大和の地には入れなかった。

継体天皇の時代に、大問題になったのが新羅（三五六～九三五）、百済（三四六～六六〇）の進攻に脅かされ続けた原鉄の供給地、加耶諸国（任那）だった。加耶南部の金海は、倭国との強い結び付きを持っていた。しかし加耶諸国は、五六二年、新羅に併合されるまでの間、百済と新羅に挟撃されて領土を蚕食されていく。加耶は、倭国に支援を求めた。

五一二年、倭国が百済に加耶西部の四県の支配権を譲った際、継体朝の実力者の大伴金村は、百済から賄賂を受け取ったとして失脚させられた。また新羅が加羅に進出すると、倭国は危機感を募らせ、五二七年、新羅に対して近江毛野《おうみのけぬ》を将軍とする六万人の軍の派遣を決定。継体天皇は、九州の大豪族、筑紫国造の磐井《いわい》に出兵の命令を下した。しかし、筑紫の磐井は新羅から賄賂を受けて大和朝廷の命令に反逆。倭国と朝鮮半島を結ぶ海路を断った。そこで大和王朝は大軍を派遣し、磐井の討伐に踏み切る。「親百済」派の大和王朝と「親新羅」派の九州の首長連合の間に大戦闘が勃発したのである。磐井軍は大和王朝の軍と一年半の長期にわたり戦い続けるが、五二八年一一月、筑紫の御井《みい》の決戦で破れ、磐井は斬殺された。磐井が生前に造った墓が、福岡県八女《やめ》市の岩戸山古墳とされている。

『古事記』は磐井が討伐された理由を、「天皇の命に従わず、無礼多し」と簡単に記すのみだが、当時は倭国の内部態勢が整っておらず、親百済の豪族連合と親新羅の豪族連合が列島内で対峙する状況にあったのである。

磐井の軍を破った大和王朝は、九州北部に屯倉《みやけ》（直轄地）を設置し、九州にまで支配領域を拡大した。両勢力の戦闘は、新旧の玄海灘航路を築き上げた北九州と大和の争いでもあった。

第3章

膨張する隋・唐帝国と政治化する黄海
国号「日本」の誕生

1　隋の台頭と遣隋使

◉東アジア海域の帝国による再編

中華世界では、黄河の中流域を遊牧民が占拠した五胡十六国時代（三〇四～四三九）の後、遊牧的色彩の強い北朝と漢人の南朝が対立する南北朝時代（四三九～五八九）が一五〇年間続いた。その間に、先に述べたように難を避ける漢人の大規模な周辺地域への移住が進み、東アジア海域の結び付きも強まった。その後、強権的な隋、唐による帝国体制再編の大きな波が東アジアを襲い、巨大帝国に飲み込まれた黄海・東シナ海は朝貢により秩序だてられていく。

北を統一した北魏の孝文帝が漢化策をとったことで遊牧民の漢人への同化と混血が加速し、六世紀末に同朝の後を継ぐ隋が南朝の陳（五五七～五八九）を破って三七〇年ぶりに中華世界の統一を果たした。中華世界に、秦・漢帝国よりも一回り大きな大帝国が建設されたのである。

隋から唐初の時期は、力ずくで帝国の支配が東アジアに広げられた戦乱の時代だった。黄海が、強大な隋・唐帝国の「内海」に変えられようとし、海域世界の危機が大和王朝の成立を促したこの時期の海洋世界の記述は、従来の日本史のハイライト部分のひとつになっている。周知の事柄が多いが、政治色を強める海域の歴史を簡単に記しておくことにする。

隋は、朝鮮半島、黄海海域を華夷秩序に組み込もうとして高句麗に大攻勢をしかけ、日本列島にも衝撃を与えた。隋・唐帝国は、天子による儀礼的な華夷秩序を朝鮮半島、海域世界に広げていく。黄海、東シナ海では朝貢が支配的になり、「渡海の禁止」により民間貿易が抑制されることになる。

◉繰り返された高句麗遠征

隋の建国者、楊堅（文帝。在位六〇四～六一八）は、農地を皇帝が農民に貸し与えるとし（均田制）、その代償として現物で税を徴税（租庸調制）。強大な農業帝国を樹立した。

五九八年、隋の文帝は高句麗が国境を侵したとして、水陸から三〇万人の軍を派遣した。唐に引き継がれる朝鮮半島の動乱の時代の始まりである。しかし文帝の遠征は、高句麗軍のゲリラ戦によりあえなく失敗に終わった。

その後父と兄を殺害して第二代皇帝となった煬帝（在位五六九～六一八）は高句麗と突厥《とっけつ》が連合

するのを恐れて再度の派兵を計画し、漢江《ハンガン》下流で高句麗と領地争いをしていた百済に出兵を要請した。煬帝は軍事物資の輸送に備えて一〇〇余万人の民衆を動員。幅三〇メートルから四〇メートル、全長約一八〇〇キロの「大運河」の建設に着手する。「大運河」は、江南の穀倉地帯と政治の中心長安・軍事の中心琢郡《たく》（現在の北京）を結ぶ内陸交通の大動脈になった。隋は、大運河の建設により、海によらない物資、軍隊の輸送を可能にする。煬帝は、六一二年、一〇〇万の軍を高句麗に侵攻させ、翌年、翌々年にも軍を派遣した。

◉対応を迫られる倭国

危機に陥った高句麗は倭国に使節を派遣し、提携の強化を図った。危機が迫ると、倭国も安閑としていられなくなる。倭国では、親百済派の蘇我馬子が厩戸皇子《うまやど》（「聖徳太子」）を自陣営に取り込んで物部氏を滅ぼし、五九二年、姪の推古天皇を初の女帝として即位させた。翌年、「聖徳太子」が女帝、推古天皇を補佐する地位につく。ただ「聖徳太子」の事績については近年虚構説が出されて、論争が続いている。

『隋書』は、六〇〇年に聖徳太子が隋に使節を派遣し朝貢したと記す。ところが、わが国の歴史書にはそうした記述が見られず、筑紫の大宰府などの出先機関が非公式に隋に使節を派遣したのではないかと考えられている。危機が、切迫していたのである。

朝鮮半島情勢が緊迫の度を強めると、五九九年と六〇二年に、百済は倭国に使節を派遣。六〇二年の使節は、僧、観勒《かんろく》を伴い、仏教の知識も伝えた。太子は、朝鮮半島の危機に対して敏感に反応し、渡来人の登用、六〇一年の斑鳩宮《いかるがのみや》の造営を行うとともに、六〇二年には新羅遠征を企て、二万五〇〇〇人の軍を筑紫に結集した。しかし、指揮官の死により新羅遠征は頓挫する。

六〇三年、太子は朝廷の地位や序列が氏族の姓《かばね》や慣習ではなく能力本位でなされるように、冠位一二階を制定して集権体制を強めた。翌年太子はまた、儒教、仏教、法家思想を統合し、官人の心得を説く憲法一七条を定めている。

憲法一七条は、「和をもって貴しとなす」として各地の豪族の融和を説き、「篤く三宝を敬え」として仏教を重視。「君を則ち天とし臣を則ち地とす」として、天皇の絶対的支配を説いた。聖徳太子は、六〇七年に小野妹子を大礼（正使）、鞍作福利《くらつくりのふくり》を通訳とし、僧侶一〇人など数十人からなる使節団を隋に派遣した。百済も、同時期に隋に入貢している。

2　唐の膨張と黄海情勢の緊迫

◉唐の朝鮮半島への進出

話は少し戻るが煬帝は、六一二年、再度の高句麗攻撃に踏み切った。大運河の終点の琢郡（現在の北京）に大軍が集結され、煬帝が陣頭指揮をとる軍が一二のルートに分かれて高句麗の都の平壌に殺到した。兵士の数は一〇〇万余人に達し、「近古の出師の盛んなる、未だ之有らざるなり」と言われる程の規模だったとされる。しかし、隋の遠征軍は高句麗軍の巧みなゲリラ戦により又も大打撃を受け、撤退を余儀なくされた。

六一三年、遠征の挫折により面子をつぶされた煬帝は高句麗遠征を再開したが、民衆の不満を背景に煬帝に冷遇されていた楊玄感《ようげんかん》が洛陽でクーデターを起こす。クーデターそのものは三カ月間で鎮圧されたが、それを機に重い負担を負わされた農民の反乱が各地に広がり、江南の離宮に難を逃れた煬帝が近衛兵に殺害され、隋はあっけなく滅亡した。

混乱のなかで、六一八年、李淵《りえん》（高祖。在位六一八～六二六）が唐（六一八～九〇七）を開く。李淵は、隋から均田制という強力な農民支配の体制を引き継ぎ、約二九〇年間続く農業帝国の基礎を築いた。六二一年に、新羅、高句麗、百済は相次いで唐に使節を派遣し、唐の冊封を受けることになる。

朝鮮半島では、旧加耶諸国の領域を巡る新羅と百済の争いが激化。新羅が唐に対して出兵を求めた。六四五年、高句麗との戦いを進めようとしていた唐は「遠交近攻策」をとって新羅と提携。第二代の太宗が軍を率いて高句麗に出征。危機に陥った高句麗は、百済との提携を強めた。百済軍の攻撃を受けた新羅は唐に援軍を求め、六六〇年、水陸一〇万人の唐軍が百済を攻めることになる。

朝鮮半島での戦争拡大の余波は、日本列島にも及んだ。大和朝廷内部では、親百済派と親唐派の対立が激化。六五九年、倭国は自立を担保するために、遣唐使を派遣する。

◉倭国の蘇我氏排斥クーデター

権力者の蘇我馬子の死後も、倭国では親百済派の蘇我入鹿《いるか》、蝦夷《えみし》の独裁支配が続いていた。唐の矛先が倭国に及ぶことを恐れた中大兄皇子《なかのおおえのおうじ》は、飛鳥寺の蹴鞠で知り合い、唐にならって天皇の権限強化を主張する中臣（のちの藤原）鎌足と提携して蘇我氏排斥のクーデターに踏み切った。

中臣鎌足《なかとみのかまたり》は、隋・唐に留学した南淵請安《みなみぶちのしょうあん》の塾で儒教を学び、蘇我入鹿と並び称される程の人物だった。

六四五年六月一二日、飛鳥板蓋宮《いたぶき》の天皇の面前で、大臣《おおおみ》の入鹿が刺殺され、翌日には、宮殿の北の甘樫丘《あまかしのおか》にそびえ立つ要塞のような蘇我氏の屋敷が包囲された。追い詰められた蝦夷は自ら命を絶ち、親百済派の蘇我氏は滅亡した。親唐派のクーデターの成功である（乙巳《いっし》の変）。

政治の実権を握った中兄大皇子と補佐役の中臣鎌足は、都を飛鳥から難波に移し、唐制をまねて日本初の元号を定め「大化」とした。「大いなる変革」の意味である。新政権で中臣鎌足は内臣《うちつおみ》に任じられ、軍事指揮権を掌握した。内臣は、参謀、寵臣ほどの意味になる。

六四六年、「改新の詔」が出され、唐制の採用が宣言された（『日本書紀』による）。「改新の詔」では、土地の私有が廃止され、臣、連、伴造《とものみやつこ》など豪族が支配する土地、人民が公有に変えられた。豪族の土地の私有が禁止され、儒教思想に基づく天皇支配の確立が目ざされたのである。しかし、朝鮮半島の危機が日本列島に迫っている中で、豪族の既得権を奪い取るわけにはいかなかった。豪族への妥協で、倭国の集権化は不発に終わる。

◉「戦争の海」と化した黄海

朝鮮半島と東アジア海域への進出を何としても実現したかった唐は、三度の遠征に失敗した隋から学び東の新羅と提携して高句麗を挟撃した。

新羅は六五六年の使節の派遣を最後に、百済に近い倭国との関係を断つ。他方で高句麗は百済と連合し、六五九年、機先を制して新羅への攻撃に踏み切った。高句麗と百済の同盟軍が三〇余城を陥落させると新羅は唐に支援を求め、両陣営の全面衝突が始まる。

唐の第三代、高宗（在位六四九～六八三）は、高句麗との同盟を理由に、六六〇年、百済への攻撃を開始。将軍、蘇定方《そていほう》が率いる一三万人の唐軍と五万人の新羅軍が百済に進攻して義慈王《ぎじおう》（在位六四一～六六〇）を降伏させ、百済を滅ぼした。

百済の王族、貴族、民衆の多くが唐に連行され、多数が海を渡って倭国に亡命した。

その後、唐が主力軍を高句麗攻撃に回すと、百済では遺民の鬼室福信《きしつふくしん》（生没年不詳）が百済の復興を目指して挙兵。義慈王が三〇年前に倭国に人質として送っていた王子、余豊璋《よほうしょう》（生没年不詳）の護送を求めた。

倭国では女帝の斉明《さいめい》天皇を先頭に百済救援の準備が始められたものの、女帝が二カ月後に筑紫で病没。中大兄王子が陣頭指揮にあたった。その間に、唐軍は本格的な高句麗攻撃を開始する。

六六二年、倭国は五〇〇〇人の兵とともに船一七〇隻で百済の王子、余豊璋に最高位の織冠《しょつかん》位を与え送り返す。同年、余豊璋は百済の王位についた。しかし、百済を復興しようとする勢力の内部で抗争が起こり、余豊璋が鬼室福信を殺害。それを機に、唐と新羅の連合軍が百済復興の拠点、周留城《するじょう》の攻撃に踏み切った。

六六三年、危機に陥った百済の派兵要請を受けた倭国は、二万七〇〇〇人もの水軍を百済に派遣する。かなりの数だが、肝心の船に関する記録はなく、どのような船団が組まれたのかについては想像するしかない。

倭国が派遣した軍船は、朝鮮半島南部の錦江河口（白村江と呼ばれる）で唐軍と遭遇。一〇〇〇隻のうち四〇〇隻が唐軍により炎上させられた。それが、白村江《はくすきのえ》の戦いである。

周留城は唐軍に下り、敗れた余豊璋は高句麗に亡命。百済は、完全に滅び去った。倭国軍は、亡命を望む百済の将兵を船に乗せて帰国。六六五年、四〇〇人の百済貴族の近江移住が認められ、六六六年には二〇〇〇人以上の百済人が東国に移住した。六七年には、それまで百済に従属していた黄海の耽羅《べきら》（現在の済州島）が倭国に使節を派遣する。倭国は亡国の危機が迫っているとの危機感を強め、唐・新羅連合軍の海からの進撃に対する備えを固めた。玄海灘が戦争の海に変わったのである。

六六四年、対馬、壱岐、筑紫に防人《さきもり》と烽《すすみ》（ノロシ台）を配置し、防御の拠点を大宰府に置いて、海岸線に沿って大堤と堀からなる水城《みずき》（一・二キロ以上の濠）が築かれた。倭国の最大のピンチだった。

ちなみに、水城とは幅六〇メートルの堀に水を張り、底面の幅八〇メートル、高さ一〇メートル以上の土塁による防御施設をさす。大宰府の北の尾根筋や谷間に、六・五キロにわたり土塁、石垣を巡らした百済の様式の山城、大野城も築かれている。

六六七年になると、都が内陸部の琵琶湖南西岸に遷された。翌年、中兄大皇子は天智天皇として即位。予想される唐軍の進攻ルートに沿って、関門海峡に臨む長門に城を設け、さらに高安城《たかやすのき》（奈良県）、屋嶋城《やしまのき》（香川県）、金田城《かなたのき》（対馬）などの朝鮮式山城を築いた。

百済から亡命した技術者が、山城の建設を指導したのであろうと推測されている。網野善彦氏は、対馬に朝鮮式の山城が建設されたことを、朝鮮海峡が倭国と新羅の国境と意識された証拠であるとしている。

翌六六八年、唐と新羅の連合軍は一カ月の攻防の末に高句麗を倒した。朝鮮半島の一連の戦闘に決着がつき、唐の朝鮮半島支配が成功したかに見えた。高句麗を滅ぼすと、唐は旧高句麗領（一七六城、六九万七〇〇〇戸）を支配。六六九年、四七隻からなる大船団で、旧百済領から二〇〇〇人もの大使節団を倭国に派遣する。

使節団のミッションははっきりしないが、唐軍への支援要請だったとする説もある。倭国は、この使節団に甲冑、弓矢、平織りの絹一六七三匹、麻布二八五二端、綿《まわた》六六六斤を与えている。

◉倭国に幸いした新羅・唐の新たな対立

ところが、予期せざることが起こった。唐軍と新羅の間に、亀裂が広がっていたのである。唐は「夷を以て夷を制する」ことを狙い、新羅の朝鮮半島の統一を認めたわけではなかったのである。

唐と新羅の間では平壌以北を唐が、以南を新羅が支配すると約束が交わされていたが、高句麗が滅亡すると唐は平壌に安東都護府を置き、かつての高句麗領に九つの都護府、四二の州、一〇〇の県を設けて高句麗人に統治させた。新羅は、使い捨てにされるのを恐れるようになる。

六六八年頃、唐は倭国を討伐するためと称して軍船の修理を行うが、新羅はそれが自国に向けられるものと判断した。そこで新羅は唐に背を向け、倭国と提携して戦う道を選択することになる。

六六八年、新羅は久方ぶりに倭国に使節を派遣し、倭国もそれに応えた。六七〇年になると、新羅は高句麗の旧将の唐の安東都護府に対する攻撃を助け、大軍を動かしてかつての百済の地に駐屯していた一五万人の唐軍を追い払った。六七五年、安東都護府を出た二〇万人の唐軍を新羅軍が迎撃し、壊滅状態に陥れる。翌年、唐は海から新羅を攻めるが、失敗に終わった。

その結果唐は、六七八年、朝鮮半島支配の拠点（安東都護府）を遼東半島に後退させ、朝鮮半島から撤退した。こうした経緯で、倭国は唐の侵攻を辛くも回避できたのである。

六七九年から六九〇年の間の一一年間に六回、新羅使が倭国を訪れたことを『日本書紀』は記

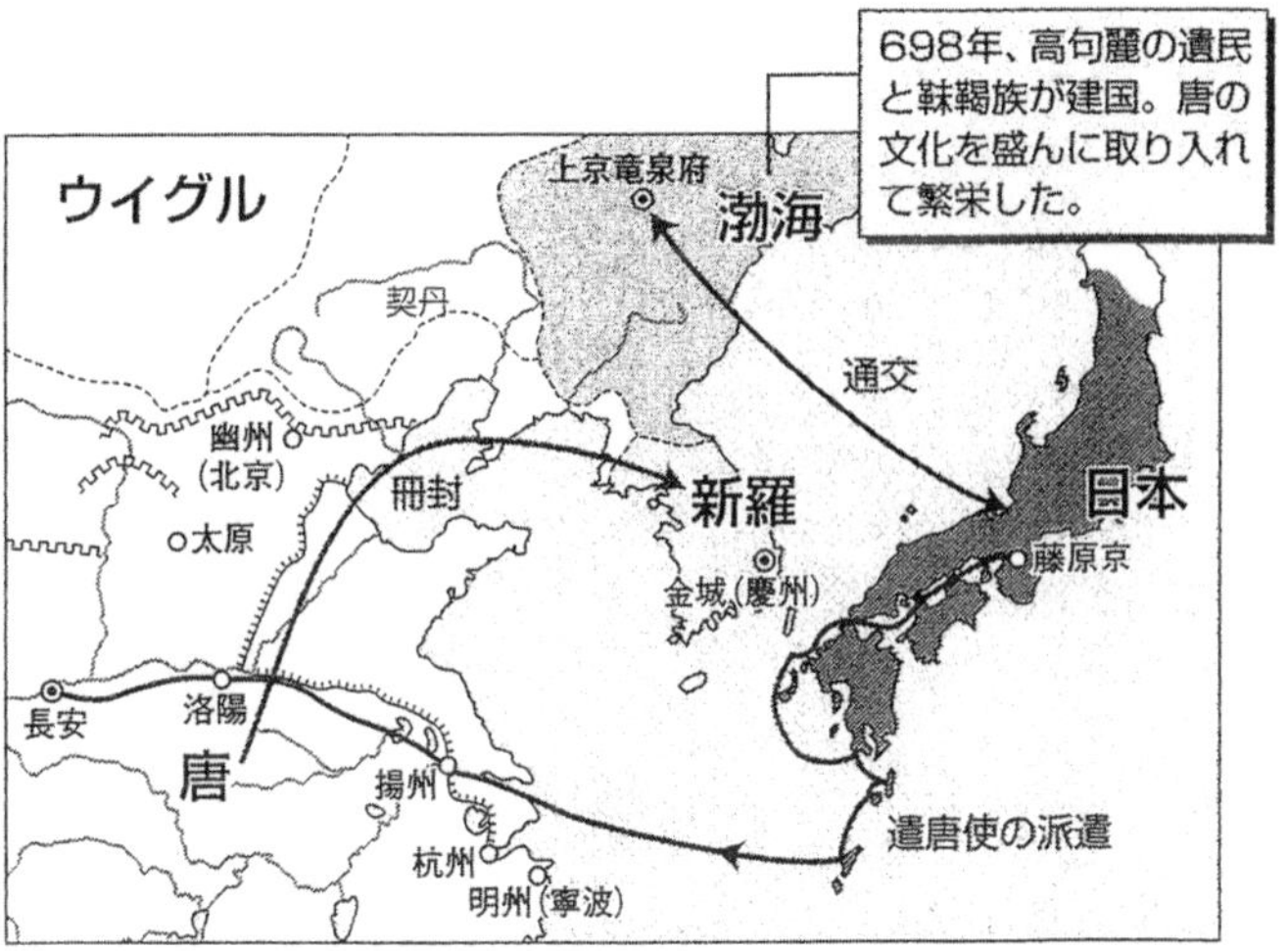

唐帝国と東アジアの海域世界（7世紀末）

している。八世紀にも、二二回にわたり新羅の使節が倭国に派遣された。

◉新羅と渤海を争わせる唐帝国

渤海の出現が、東アジアの海の世界と倭国に新たな転換をもたらした。新羅は七世紀後半の三〇年間、倭国との提携関係を維持したが、七世紀末に唐との関係が修復されると、高句麗の後継国の渤海と提携を進める倭国との関係を悪化させた。「夷を以て夷を制す」政策をとる唐は渤海と新羅を対立させる外交政策をとり、倭国も争いに巻き込まれたのである。

六九八年、高句麗に従属していたツングース系靺《まっ》鞨《かつ》族の大祚栄《だいそえい》（在位六九八〜七一九）が震国（後の渤海）を建国。朝鮮半島北部から中国の東北部を支配するに至った。大祚栄はモンゴル高原の突厥《とっけつ》に使節を派遣して支援を受け、唐帝国からの自立を図った。

七〇五年に則天武后が崩じて中宗が即位すると、

唐は突厥と提携する恐れがある震国に対して懐柔策に転じた。七一三年、玄宗は大祚栄を「渤海郡王」として冊立《さくりつ》した。『新唐書』は渤海について、「海東の盛国」と記している。

唐と渤海国の関係は不安定で、七三二年、渤海は山東半島の中心港、登州を海賊とともに攻撃。それに対して唐は新羅に渤海を攻撃させる。しかし新羅軍は、国境地帯の深い雪と険しい道に阻まれて兵士の半数以上を失うことになった。そこで唐は新羅に旧高句麗領だった大同江以南の土地を与え、渤海と新羅の間に悶着《もんちゃく》を起こすことで渤海の台頭を抑えようとした。

そうしたことがあって渤海は唐に朝貢使節を派遣する一方で、倭国と提携して新羅に対抗した。虚々実々の外交の駆け引きである。それが、倭国と新羅の関係が悪化した背景である。七三四年、倭国は平城京を訪れた新羅使を帰国させ、翌年には新羅が倭国の使節を追い返した。

◉渤海の日本貿易

七三九年、渤海は対新羅の軍事同盟の結成を目指して倭国に使節団を派遣した。しかし大使船は日本海で沈没し、四〇名が命を落とす結果に終わった。

唐が安史の乱（七五五〜六三）で混乱に陥ると、渤海は遼東半島にあった唐の傀儡国家（小高句麗国）を併合。七五八年、倭国に使節（第四次遣日本使）を派遣して藤原仲麻呂と提携。新羅を倒すことにより、一挙に旧高句麗領を回復しようと試みた。

渤海の申し入れを受けた藤原仲麻呂は、七五九年、北陸、山陰、山陽、南海の諸国に三年間に

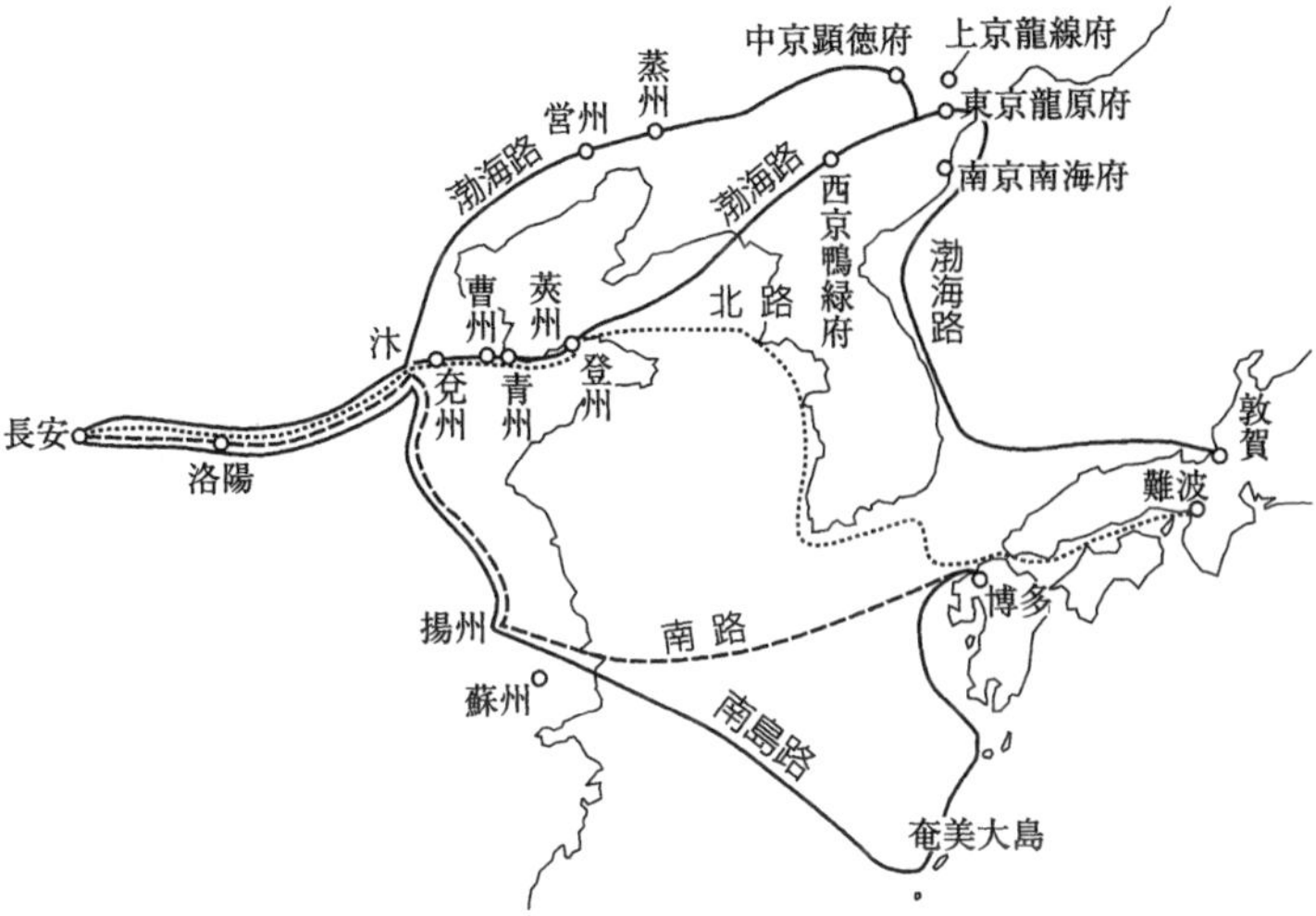

唐代の東アジアの交通路

五〇〇隻の船を建造することを命じている。

七六一年、三九四隻の軍船が完成。兵員四万七〇〇〇人、水手一万七三六〇人など五万八二六二人の臨時の師団が結成されたが、孝謙上皇、道鏡との確執を強めていた仲麻呂は七六四年に挙兵して敗北。渤海と提携して新羅と戦う計画は、水泡に帰した。陸上からの渤海の攻撃に苦しんだ新羅は、三〇〇里の長城の建設を余儀なくされている。

七六二年、唐は渤海に「渤海国王」の称号を与え、新羅王と同じ「検校太尉」の称号を与えた。唐は安史の乱（七五五〜七六三）による混乱に対処するために、「夷を以て夷を制する」政策で新羅と渤海を争わせるのだが、それが海域世界の混乱を大きくした。渤海は、モンゴル高原・満州と唐、新羅、倭国の間に複雑な対抗関係を生み出したのである。

渤海は交易国家であり、①海路、唐の中心的な海港、登州に至るルート、②陸路、安東都護府経由で長安に至るルート、③陸路、モンゴル高原に至るルート、④陸路、新羅に至るルート、⑤海路、倭国の敦賀、能登、加賀に至るルートを使って広範囲な交易を行った。
渤海と新羅は鴨緑江から登州に向けて唐への朝貢使を派遣するが、新羅の朝貢が一二六回、渤海国の朝貢が一三〇余回と、甲乙が付け難い。

入唐僧、円仁の『入唐求法巡礼行記《にっとうぐほうじゅんれいこうき》』は、登州に使節団のために便宜を図る渤海館、新羅館が設けられていたことを記している。渤海と新羅は競い合うように、倭国との交易についても拡大を進めた。そのために倭国では、高価な犠牲を払って遣唐使団を派遣し、唐から物品を購入する必要性がなくなる。しかし唐などの物資の入手が容易になることは、舶載品の独占と分配で権威を保ってきた宮廷の立場を低下させた。

渤海の倭国への使節の派遣は七二七年以降三四回に及び、使節団の規模は二二人から三五九人に及んだとされる。なかでも七七六年の使節団が一六七人、七七九年の使節団が三五九人と突出しており、八二三年以降は、一〇〇人程度に落ち着いていく。八世紀後半の一時期に使節団員の数が増えた理由は、安史の乱の直後で、唐との貿易が困難になったためと考えられている。

渤海の使節団は貂《てん》や虎の毛皮類、人参、蜂蜜などを倭国に運び繊維製品を持ち帰ったが、七七七年の渤海使は、水銀百両（一四キロ）を朝廷に求めている。仙薬の原料の朱砂を唐に売り込むためと考えられている。唐では、水銀を使った仙薬が大流行し、唐の皇帝が次々と水銀中毒で命を落としたのは有名な話である。

渤海は倭国に対して毛皮貿易の拡大を求めたが、倭国は「威信財」として律令官人が独占していた船載品が普及するのを嫌い、一二年一貢、使節団員の人数は一〇〇人と貿易を制限した。能登の福浦、松原には渤海使のための客院、客館が設けられていた。石川県羽咋《はくい》市寺家《じけ》遺跡からはペルシア製のガラス容器の破片が出土しており、長安から渤海経由で日本海を渡る交易路があったことが明らかになる。

◉国号「日本」の誕生

倭国では、危機の時代に続いて大きな政変が起こった。壬申《じんしん》の乱である。白村江の戦いの敗北後、心労もあって体調を崩した天智天皇は息子の大友皇子《おおとものみこ》を後継者に指名し、スムーズな政権委譲を考えていた。死の直前、天智天皇は病床に親唐派の弟、大海人《おおあま》皇子を呼び寄せ、わが子、大友皇子への忠誠を求めた。しかし、大海人皇子はそれを受け入れず、剃髪して近江から一〇〇キロ以上離れた吉野に隠棲してしまった。天皇の要請を拒絶したのである。

大海人皇子は宗像君徳善《むなかたのきみとくぜん》の女を妻とし高市皇子《たけちのみこ》をもうけており、皇子は海部《あまべ》を管轄する凡海《おおしあま》氏《うじ》に養育されていた。大海人皇子は、海民との結び付きが強かったのである。

兄弟の確執の理由は、大友皇子の母親が伊賀采女《いがのうねめ》という庶民であり、皇室あるいは有力豪族を母に持つ者が皇位につくという、当時の皇位継承のしきたりに反していたことにあった。天皇に弟があれば弟が皇位を継ぐのが普通とされており、大海人皇子は天皇位の当然の継承者とみなされていたのである。慣例と親子の情の狭間で悩んだ天智天皇は、翌月、四六歳で逝去する。六七二年六月、大海人皇子は大友皇子の世継ぎを認めず、二〇余人というわずかな手勢で決起した。大海子皇子の軍は吉野を発し、伊賀から伊勢に抜けて伊勢神宮を遥拝し、不破関に陣を構えた。

大海子皇子が蜂起すると、大和、伊勢、美濃、尾張の地方豪族が集結し、大海皇子軍は一大勢力に急成長した。高市皇子《たけちのみこ》も近江から脱して合流し、全軍の統率を任せられた。大海人皇子軍は、琵琶湖の両岸を南下して大津宮に進攻。一カ月の内戦の末、大津宮は陥落して大友皇子が自害し、戦いの決着がついた。大海人皇子の勝利は、親唐派による権力掌握を意味する。それが、「壬申の乱」である。

乱の過程で絶対権力を握った大海人皇子は、六七三年に飛鳥浄御原宮で即位し天武天皇となった。地方豪族に支えられた天武天皇は、「八色の姓《やくさのかばね》」を設けて中央豪族を新たに格付けして権力を少数の皇族に集中し、集権体制を固めた。王朝は公的な使節以外の海外渡航を禁止し、それまで行われていた地域間交流や多様なネットワークを管理下に置く。権力を強化し、海域世界との関わりを一元化したのである。

危機を乗り越えた自信が、国家意識を強めた。天武天皇の死後、持統天皇の下で六八九年に施行された飛鳥浄御原令で、従来の「大王《おおきみ》」の称号は、中国風の「天皇《すめらみこと》」に公式に改められた。天下は天皇の支配が及ぶ「化内《けない》（文明世界）」とその他の「化外《けがい》（野蛮世界）」に分けられ、後者には新羅・百済・高句麗、蝦夷、隼人などが位置づけられた。理念的には、唐も「化外」に分類された。

六九〇年に高市皇子は太政大臣となり、宗像女神を国家の守護神とすることに努めた。白村江の敗北に対する宗像氏など海人の不満の解消を図ったとも言われる。六九四年、藤原京が造営され、七〇一年には大宝律令が完成し、古代国家の体裁が整えられた。地方は六八の国に分けられ、朝廷が国司を送って治めることになった。

天武天皇は、伊勢神宮を整備してアマテラスオオミカミを中心とする伝統的な太陽神信仰を体系化し、「日本」という新たな国号も定めた。「天皇」の称号は、中国史上唯一の女帝、則天武后《そくてんぶこう》（六九〇～七〇五）の時期の称号「天皇」を採用したものと考えられているが、それは唐の冊封を受けずあくまで自立を貫こうとした倭国の意識の表れだった。

しかし国際感覚に乏しい『古事記』は頑固に「倭」でおし通しており、「日本」という国号を使用していない。「日本」という国号は則天武后以来認知されるが、「天皇」という称号は中華帝国を支える「天の思想」と矛盾するとして、外交的には認知されなかった。「天皇」の呼称は、六七四年に唐の第三代皇帝、高宗（在位六四九～六八三）の諡《おくりな》が「天皇」号にされたことと関係があるとする説もある。

「天皇」の称号が外交文書で使用されたのは、日本海を隔てた渤海のみであった。ちなみに当時の「日本」の支配空間は、東は本州の東北南部、西は九州中部位までだった。

『唐書』は、七〇二年に「日本国」からの遣唐使の派遣があったとして、「日本国は倭国の別種」「倭国自らその名の雅《みやび》ならざるを悪《にく》み、改めて日本と為す」「日本は旧小国、倭国の地を併す」と記している。これが、世界史に初めて「日本」という国名が登場する記述になる。

3　遣唐使の派遣

◉国際都市長安と遣唐使

唐の最盛期は第六代の玄宗（在位七一二〜七五六）が統治した約三〇年間で、「開元の治」と呼ばれる。

その時期に、唐の西北部に建設された首都長安は、人口一〇〇万を数える大都市に成長した。高さ約五メートルの城壁により囲まれた都城は、東西九・七キロ、南北八・二キロの市域を碁盤の目状に整然と区画し、北に皇城（皇帝の住まい）と宮城が置かれ、東・西に市が設けられていた。南北に走る一一条の大通りの道幅は一四七メートル以上で、野球ができるくらいの広さを持っていた。

当時の長安には、新興のイスラーム帝国に滅ぼされたササン朝（二二六〜六五一）の亡命イラン人などの外国人が約一万人を数え、東アジア諸地域からの使節団、留学生・留学僧が多数滞在し、胡姫《こき》の歌舞、胡餅・胡果、胡服などの胡風文化（イラン文化）の流行が見られた。特にソグド人などのシルクロード商人が集まる「西市」の周辺には、ゾロアスター教、マニ教、シリアのネストリウス派キリスト教（景教）などの宗教施設も設けられており、西方の文明がトータルに集まっていた。

唐の徳宗（在位七七九～八〇五）に宰相として仕えた賈耽《かたん》（七三〇～八〇五）は、外国からの使節、唐から派遣された使節の情報をもとに「皇華四達記」（『新唐書』に一部収録）を書き、唐から周辺地域に通じる七つの道を以下のように記した。

①営州から遼東半島を通過して朝鮮半島に入る道
②山東半島の登州から高麗、渤海に入る海道
③オルドス地方からモンゴルに入る道
④陰山山脈からウイグルの領域に入る道
⑤安西から西域に入る道
⑥安南からインド（天竺）に入る道
⑦広州から海夷（東南アジア、インド洋、イスラーム世界）への道

そこから唐の世界認識が、①、②の朝鮮半島や渤海、③、④、⑤の中央アジア、⑥のベトナム、

⑦のイスラーム世界に大別されていたことが分かる。

③、④、⑤、⑥は陸路であり、⑦がイスラーム商人が唐に至る道だったことを考えると、海路としては②が抜きん出た位置を占めていた。渤海と黄海が唐にとって中核的な海だったのであり、海域世界が極めて狭かったといえる。律令の下では、「渡海の禁止」が原則で、唐の商人の海外交易は不振だった。

長安から「世界」を学びとるために、七〇二年、倭国は三〇年間余り中止されていた遣唐使の再開に踏み切った。海の彼方の、一回り大きな世界を学ぼうとしたのである。遣唐使は朝貢使節だったが、倭国は唐の冊封《さつぽう》を受けてはいなかった。唐が日本に冊封を求めず、朝貢を受け入れる姿勢をとったことも、東アジア世界において日本が後に「海国」としての特異な位置を確立することを可能にした。

◉遣唐使団の規模とその役割

遣唐使は、七〇余国の唐に対する朝貢使節のひとつとして数えられた。遣唐使の派遣は六三〇年、犬上御田鍬《いぬがみのみたすき》を大使として開始される。『旧唐書』の倭国日本伝には、「貞観五年、使いを遣わして方物を献ず。太宗、その道の遠きを矜《あわれ》み、所司に勅して、歳貢せしむことなからしむ」とあり、遣唐使の派遣が不定期だったことが分かる。遣唐使は、およそ二〇年一貢とされた。なかには空海のように二年で帰国した例外もあったが、留学生は二〇年間唐で学業に励むのが一般的だった。

遣唐使団の重要な目的は、言うまでもなく唐の先進文物の獲得だった。遣唐使は皇帝に朝貢品を献上し回賜として返礼品を受け取る政治的儀礼が目的だったが、同時に長安などの都市での物資の購入、文物の収集も行った。簡単に言えば、奢侈品、書籍、仏典、楽器、武器、工芸品の買い付けを行ったのである。それらは、王朝の力を誇示する「権威財」として利用された。

遣唐使の派遣は白村江の敗戦後三〇年余り中断されたが、大宝律令が制定された翌七〇二年に再開された。この時の遣唐使が、先に述べたように唐に「日本」の国号を告げている。最も頻繁に使節が派遣されたのは八世紀で、九回だった。全体の派遣回数には、一〇回から二〇回までの諸説がある。いずれにしても、平均すると一五年に一回の派遣であり、有名な割に頻度は低かった。

遣唐使団は、最初は二隻あるいは一隻だったが、八世紀には一隻に一二〇人から一六〇人程度が乗り組む四隻の船団となった。四隻のうち、第一船には大使、第二船には副使が座することになっていた。船は、安芸《あき》（現在の広島県の一部）で造られるのが一般的だった。

遣唐使の一行は難波津で乗船。瀬戸内海から北九州の博多湾に至り、大宰府の門戸にあたる大津浦に寄港した。そこから初期は黄海経由の北路で、後期は東シナ海を経由する南路で唐に至った。沿岸航路をとる北路では、船は平穏に航海できたものの日数がかかった。南路は東シナ海を横断する航路だったので、気象の判断を誤たず順風を得れば三昼夜から六、七昼夜で航海できた。

唐に向かうには台風期が終わり、冬の季節風が吹き始める九月初旬、帰路は夏の季節風が利用できる六〜七月がベスト・シーズンだった。しかし、遣唐使船は未だ季節風に対する知識の蓄積が乏しく、出港時の海の状態により判断したために遭難事故もまま起こった。遣唐使船が、住吉大社の神官、天候を占う陰陽師、漂着に備えて奄美、新羅の通訳を乗せていたのはそのためである。

北路からリスクの大きい南路に航路が移った理由は、渤海国と提携する倭国と新羅の関係が悪化したことと、後に述べるように黄海の主導権が新羅商人に握られていたためだった。

ちなみに遣唐使船（「舶《はく》」と呼ばれた）として用いられたのは百済式の平底の帆船であり、風が得られない時には両舷に取り付けたオールが使われた。全長は約三〇メートル、幅が約七メートルから九メートル、マストは二本程度だったと考えられている。

遣唐使船の水手の数は不明確だが、一〇〇人程度が乗る船だったので漕ぎ手は六〇人程度と考えられている。例えば鑑真が、七四八（天平二〇）年に揚州から日本に渡ろうとして乗った船は乗員三五人と比較的小さな船だったが、そのうち一八人が水手だった。そうしたことから、遣唐使団の半数程度も水手だったと推測されている。

しかし当時は船の構造が脆かったために遭難が起こりやすかった。海が荒れると中程から船が真っぷたつに折れてしまうような、脆弱なつくりだったのである。遣唐使団の人員の大多数は操船にかかわった。長安に向かった使節団は一割程度と考えられ、なかには、学生、学僧も多く含まれていた。科挙に合格して高官になった安倍仲麻呂《あべのなかまろ》などは、唐でも知られる高官になった。

◉遣唐使を支えた陸奥の金

遣唐使の一行の滞在費用は、七四九年以降、陸奥で掘り出された砂金により賄われた。七七六年、在唐の前入唐大使藤原清河《ふじわらのきよかわ》に遣唐使に託し砂金大一百両を与えたというのが初見である。

シャルロッテ・フォン・ヴェアシュア氏の『モノが語る日本対外交易史』は、「八世紀末になると大使と副使に一〇〇～二〇〇小両の砂金（一小両＝一三・九グラム）が授けられるようになった。また、中国に渡る僧侶にも一〇〇～三〇〇小両の砂金が与えられることがあった」と記している。九世紀中頃に砂金一小両は、銅銭一七〇〇枚と交換されたという。

唐では金の産出量が少なかったこともあって、遣唐使が持ち込む砂金は長安では目立つ存在になった。黄金に満ちた島の噂は、当時の大商業都市、長江河口の揚州に居住していたイスラーム商人の下にも届いた。その噂はアッバース朝の都バクダードに伝えられ、黄金の島ワクワク（倭国）として記録に止められている。

日本に仏教の戒律をもたらした僧が、鑑真《がんじん》である。日本の僧、栄叡《えいえい》、普照《ふしょう》は本格的な戒律を伝える戒師を日本に招請するようにとの命を受け、鑑真（六八八～七六三）の招致に取り組んだ。鑑真は列島へ渡ることを引き受け、授戒の儀礼に必要な一〇数名の僧を伴っての来日を試みる。しかし船の造りが脆く航海技術の未熟さもあって、五回の渡日にことごとく失敗。栄叡は病死、失明した鑑真は七五三年にやっとのことで来日を果たして戒律を伝えた。七五九年、奈良の西の京に唐招提寺が建造される。

◉古代の国家イベント　大仏開眼会

七三五年、遣新羅使により大宰府にもたらされた天然痘が二年後に平城京で大流行し、猛威をふるった。農民はバタバタと倒れ、疫病の流行で朝廷での執務が一時中止されるほどだった。権力の中枢にいた藤原不比等《ふひと》の四子も、相次いで世を去る。

聖武天皇は遷都を繰り返すとともに、仏にすがって疫病の禍を祓おうと考え、七四一年、鎮護国家のための国分寺と国分尼寺の建立の詔、七四三年、大仏建立の詔を発し、大仏の建立に着手した。百済からの亡命者、国骨富《くにのこつふ》の孫、国中公麻呂《くになかのきみまろ》が大仏師に任命され、平城京で大仏の造営が始まった。天皇自らが工事現場に赴き、袖に土を入れて運ぶというほどの熱の入れようだったという。

九年の歳月をかけ、高さ一六・一メートル、幅約一二メートル、重さ一一二・五トンの東大寺の大仏（毘盧遮那仏《びるしやなぶつ》。「光明遍照の仏」の意）が完成する。大仏は千の葉を持つ蓮華に座していたが、それは蓮華一葉ごとに釈迦仏が出現し、それぞれの仏が一〇〇億の小釈迦の世界を持つ、という壮大な宗教世界を体現していた。

大仏の鋳造に使われた銅は約五〇〇トンに及び、山口の長登《ながのぼり》銅山で精錬された銅が一八トンの塊に分けられて二〇日かけて奈良に運ばれた。難波津で小船に積み替えて川を逆上る、大変な作業だったという。大仏建立に際して、資財を提供した者は約四二万人、延べ二六〇万人が労働に参加した。仏にすがらざるを得なかった社会の窮状が、みてとれる。

しかし、巨大な大仏を輝かせるための黄金が不足していた。仏は金色に輝くことでありがたみが増す。そうしたなかで、陸奥で待望の金が産出されることになった。

七四九年、陸奥の小田郡（現在の宮城県遠田郡涌谷町黄金沢の黄金山神社付近）で、百済最後の王の五代目、陸奥国守の百済王敬福《けいふく》が掘り出させた砂金九〇〇両（三八キロ）を朝廷に献上し、金メッキの目処がつくことになった。陸奥の金は、室町時代初期まで日本の主要な輸出品のひとつになる。

最終的に大仏の鍍金には、四一八七両（五八キロ）の金が用いられている。金を五倍の水銀と混ぜてアマルガムにし、それを大仏に塗った後で加熱し定着させる方法により金色の大仏が出現した。アマルガムを加熱すると水銀が蒸発して、金の膜が残るのである。しかし、この方法によると加熱時に水銀ガスが大量に放出されるので、多くの水銀中毒者が出たのではないかと推測されている。

七五二年、聖武太上天皇、孝謙天皇が文武百官を率い、一万余人が参列して大仏の開眼会が華々しく催された。大仏の塗金が始まったばかりの段階での挙行だった。導師としては、第一〇回遣唐使の要請を受けてチャンパ僧、唐僧とともに渡来したインド僧の菩提僊那《ぼだいせんな》（ボーディセーナ。

七〇四〜七六〇）が選ばれた。

この開眼会には、王子金泰廉を中心とする総勢七〇〇人余りの新羅の使節団の約半数が参加し、東アジアに倭国の存在を知らしめる一大イベントになった。新羅人は「蕃客」として日本に朝貢する形をとりながら、実際には商人として実利を追求した。政治的交易が、当時の貿易の流儀だったのである。

正倉院の鳥毛立女屏風《とりげりゆうじよのびようぶ》の下貼（裏打ち）に使われた「買新羅物解《ばいしらぎもののげ》」は、この開眼会に参加した金泰廉の新羅使節団が持参した大量の交易品（「新羅物」）に対する所管官所宛の買い付け申請書であり、薬、金属製品、調度品、仏具、香料などの数量、価格などが記されている。当時は、五位以上の貴族に対して渡来品の購入権が認められていた。開眼会に華を添えた新羅の大規模な使節団は、実は商人集団だったのである。

大仏開眼には大きな筆が使われ、墨で目が書き入れられたが、その筆には、約一九八メートルの「開眼縷《かいげんのる》」と呼ばれる長い紐が結びつけられていた。多くの参列者が紐を握り、開眼の功徳に浴そうとしたのである。「開眼縷」は、「御物」として、現在も正倉院に保存されている。

第4章

南シナ海から始まる経済の時代

1　ムスリム商人がもたらした東アジア海域の転換

◉バグダードと直結する広州

一五世紀初頭に至る東アジアの海の経済の活性化の波動を生みだしたのが、南シナ海へのムスリム商人の進出だった。八世紀中頃のアッバース朝の成立は、世界史の変革の新たな起点になっている。イスラーム帝国の都がシリアのダマスクスからイラクのバグダードに移されると、東地中海と西アジアの砂漠を結ぶ従来の商業ネットワークが、東方の大ネットワーク（「海の道」「シルクロード」「草原の道」）と結びつくことになった。ユーラシア商圏の成立である。九世紀以降、東アジア海域もムスリム商人の南シナ海進出を契機に、「朝貢の時代」から「経済の時代」へと移行していくことになる。安史の乱以後の唐帝国の衰亡が時代の変化を助長したことは、言うまで

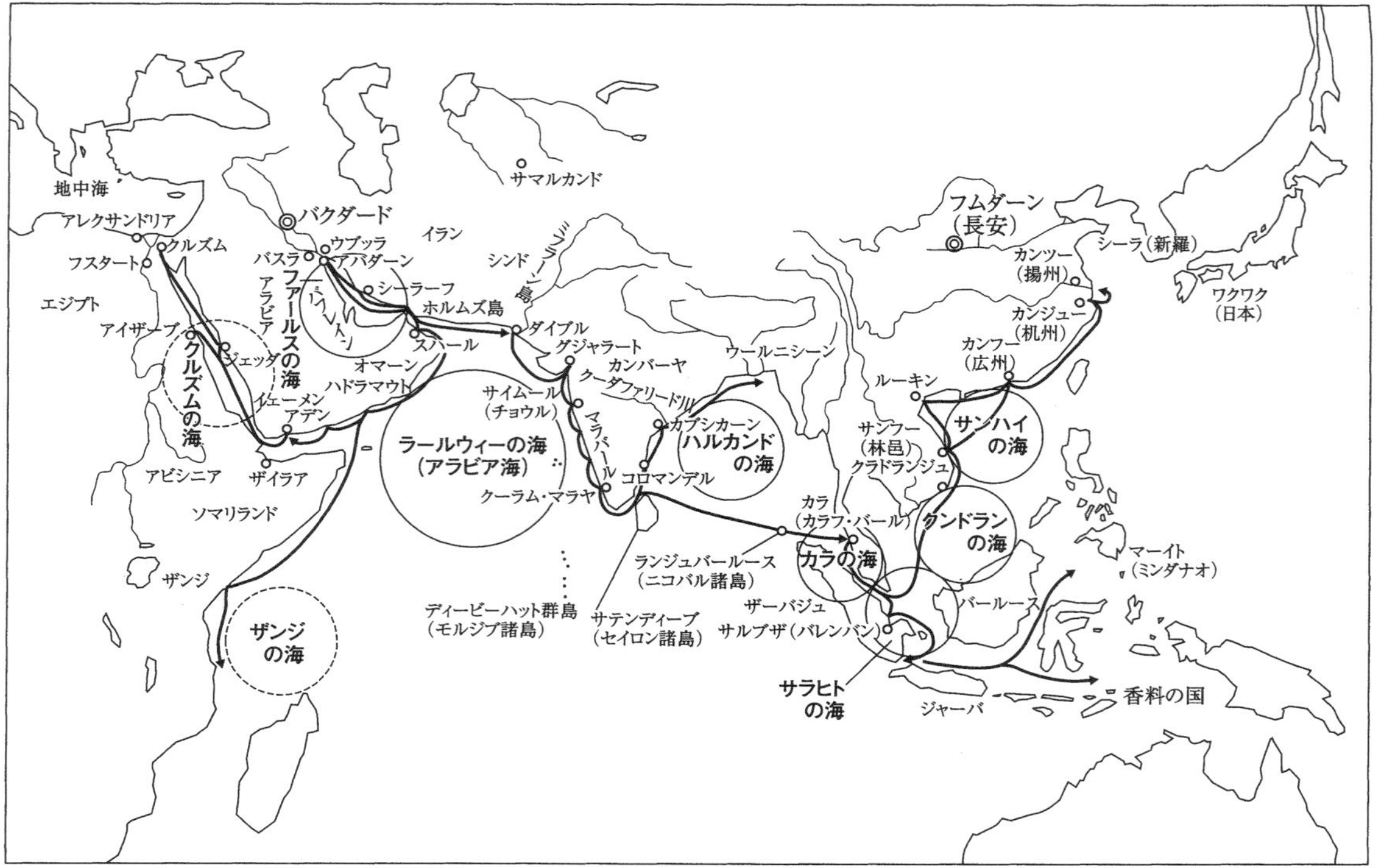

インド洋から南シナ海に拡張された海洋交易路(イスラーム商業のユーラシア化)

もない。

アッバース朝（七五〇～一二五八）の下で、ムスリム商人のダウという帆船の航路がマラッカ海峡を越えて南シナ海に及び、広州がその大居留地に成長する。

ムスリム商人が、ペルシア湾からインド洋を渡り南シナ海を越えて大挙押し寄せ、東アジアの海域世界に「南」から大きなインパクトを与えたのである。朝貢体制により眠っていた海の経済が、大きく動き出す。

安史の乱以後財政難に陥っていた唐は、税収を補うためにムスリム商人の交易を保護。ムスリム商人が定期航路を開発し多数が広州に住み着いたことで、それまで「辺境」と見なされてきた南シナ海の経済が活況を呈し、影響が政治優位の東シナ海にも波及した。

インド洋から南シナ海にネットワークを広げたダウ船

宋代には中国商人も東南アジアの海に乗り出すようになり、南宋ではムスリム商人と宋の商人がアジアの海の交易圏を二分するに至る。

それまでの黄海の民間交易は小規模だったが、ダウの大挙来航が刺激になって南部海域の貿易規模が拡大。その影響で、黄海・東シナ海の経済も、活況を呈するようになった。

◉大挙来航したダウとムスリム商人

ムスリム商人は、「ダウ」と呼ばれる、船板に穴をあけてヤシの樹皮のロープで縫い合わせ、継ぎ目に魚油、瀝青を塗って漏水を防ぎ、大きな縦長の三角帆を持つ帆船で、東南アジア、南シナ海を経由して広州湾の広州、福建の泉州、長江河口の揚州などの唐の沿岸の港に入った。なかには四〇〇人から五〇〇人が乗り組む巨大なダウもあったという。

本格的な外洋船のダウは、船の概念を変えた。ダウは中国の外洋船ジャンクの出現に影響を与えたと考えられている。唐末に広州に居住していた劉恂《りゆうじゆん》は「ダウ」について、「賈人（商人）の船、鉄釘を用いず。只桄榔鬚《こうろうしゆ》で緊縛せしめ、橄欖糖《かんらんとう》を以て之に泥す、糖乾けば甚だ堅く、水に入らば漆の如く也」と記している。

唐と南シナ海・東シナ海が、イスラーム世界では大きな利益が見込める場になり、多くの商人が広州に押しかけた。イブン・フルダーズベの『諸道路と諸国の書』は、中国には三〇〇の人口の多い都市があり、そのなかの著名な都市だけでも九〇に及ぶと述べている。ムスリム商人のユーラシア規模のネットワークに、中華帝国の沿海部が組み込まれていくのである。

八世紀初めにインドに至った新羅僧の慧超《えちよう》は、その著『往五天竺国伝』で、「（ペルシアは）土地人性、興易を愛す。常に西海に舶を汎《うか》べて南海に入り、師子国（セイロン）に向かいて、諸々の宝物を取る。ゆえに彼の国、宝物を出だすという。また崑崙《こんろん》国（東南アジアの国）に向かい金を取り、また船を漢地（中国）に汎かべ、直ちに広州に至りて綾・絹・糸・綿の類を取る」と、ペルシア湾の商人がインド洋、南シナ海で活発に交易を行い、広州がその窓口として活況を呈していたことを記している。

アラブの地理学者イブン・フルダーズベの記述によると、ムスリム商人はマラッカ海峡を通過した後、ジャワ島、香料諸島、ミンダナオ島、カマール島、ベトナム南部のチャンパ、ルーキン（現在のハノイ付近）を経てカンフー（広州）に至った。ダウは、南シナ海、ジャワ海などに交易ネットワークをつくりあげながら唐に至っており、東南アジアの交易の活況の先に広州があったのである。

◉イスラーム世界の「チャイイナ・ドリーム」

アッバース朝の下で、ムスリム商人により定期化されたペルシア湾と広州湾を結ぶ航路は、往復一年かかった。夏と冬で規則的に風向きが変わるモンスーンが巧みに利用され、多くの商人が参入した。一挙に唐との貿易が活性化した理由は、言うまでもなく巨額の利益が得られたためだった。

例えば『千夜一夜物語』に収められた「無精な若者の物語」は、ノラリクラリしている若者が唐との貿易に赴く長老に銀貨五ドラクマを託した代償として、多くのディナール金貨、沢山の真珠と奇妙な猿を獲得。その奇妙な猿が雄鶏の羽根を庭に植えて宝石の枝葉をもつ黄金の樹木を作り出したことで若者は大金持ちになり、立派な邸宅とバスラの王族の娘を妻として迎えることができたという物語で、当時のチャイナ・ドリームを反映している。

玄宗はイスラーム商船の管理のために七一四年に市舶使という役人を広州に派遣し、ムスリム商人がもたらす商品の一〇分の三を税として徴収。宮廷が必要とする品の先買を行った。ちなみに市舶使は宋代には役所（市舶司）に姿を変え、広州に加えて杭州、泉州、明州（寧波）にも設置された。朝貢貿易に転換した明代になると、朝貢船に関する事務を扱う役所に変わる。

ムスリム商人の大挙来航が、東アジアの海域世界に朝貢とは異なる交易スタイルをもたらすと、貿易の管理に慣れない唐はムスリム商人の自治を認め、広州には商人が自治権を持つ居留地（「蕃坊」）が誕生した。

八五一年に書かれた『シナ・インド物語』は、外国商人を広州に招聘する責任を持ち、蕃坊を統括する権限を与えられていた蕃長について、「商人スライマーンは次のように語った。商人の集まるハンフー（広州）の町に一人のイスラム教徒がいて、この人物にこの地方に来ているイスラム教徒たちの間に起こった揉め事を裁定する権限をシナの長は与えている。それもシナの皇帝の意志から出た処置であった。この人物は、祭日にはイスラム教徒の礼拝を指揮し、金曜日の礼拝の説教を行い、イスラム教徒たちのスルタンのために神に祈念する。そしてイラークの商人たちも、真理にかなった、また神の啓典とイスラム法に基づいた彼の裁定と行為については、その権限を少しも否定しないのである」と記している。広州には、七四二（開元二）年以降モスクとして利用されてきた聖懐寺が今も残されている。

『旧唐書』の李勉《りべん》伝は、七七〇（大暦五）年の一年間に四千余隻の海船が広州に入港したことを記し、七五〇年頃に書かれた『唐大和上東征伝《とうだいわじょうとうせいでん》』は、より具体的に「（天宝九年）広州……江中、婆羅門《ばらもん》、波斯《はし》（ペルシア）、崑崙《こんろん》等の舶《はく》有り、其の数知らず、並に香薬・珍宝を載す。積載するもの山の如し。船の深さ六七丈。師子《しし》国、大石国、骨唐国、白蛮、赤蛮等往来し居住するもの種類はきわめて多し」と記している。

先の『シナ・インド物語』は、唐末に塩の密売商人、黄巣《こうそう》が率いる農民反乱軍が、八七八年、広州を占領した際に、「商業を営んでいたイスラーム教徒、ユダヤ教徒、キリスト教徒、ゾロアスター教徒、合わせて一二万人を彼は虐殺したとのことである」と記している。

◉ムスリム商人が目をみはった本場の絹

ムスリム商人が危険な航海の代償として求めた商品の代表格は、言うまでもなく利幅の大きな奢侈品だった。アラブの地理学者、イブン・フルダーズベは、ムスリム商人が広州から積み出した商品として、錦、陶器、麝香《じゃこう》、沈香《じんこう》、鞍、貂《てん》の毛皮、肉桂その他の香料を上げている。

海運は、ラクダなどを使う陸上輸送とは異なり、一挙に大量の商品を運べることから利益が大きく、なかにはシルクロードの貿易から海に乗り換える商人もいた。ムスリム商人が重視した商品は、高品質の本場の絹製品だった。既に養蚕技術はシルクロードを通って西アジア、ビザンツ帝国にも普及していたが、精緻な技術では唐の製品にはとても及ばなかった。例えば『シナ・インド物語』は、ある商人から聞いた話との前提で、宦官が五枚重ね着している絹の衣服の上からホクロが見えたとし、「この服地の絹は、漂白していない生糸であった。総督の着ている絹衣は、これよりもさらに優れ、立派なものである」と述べている。

また唐の技術水準の高さ、奢侈品の質の高さを、「シナ人は、神の造りし人間の中で、絵画や工芸、その他あらゆる手仕事では最も熟達していて、他のどの民族とて、このことにかけては彼らの前に出る者はない」と驚愕している。

◉ムスリム商人がバグダードに伝えた倭国の情報

ムスリム商人は、広州のみならず、沿岸を北上して唐の最大の商都、長江河口の揚州にも進出した。揚州にもイスラーム教徒の商人の数千人規模の居留地が作られていた。

七六〇（上元元）年、田神功が鄧景山《とうけいざん》を助けて劉展の反乱を鎮圧した際に揚州が占領・略奪され、数千人のムスリム商人、ペルシア商人が殺害されたことについて、『旧唐書』鄧景山伝は、「劉展の乱に際して、平盧《へいろ》副大使の田神功は兵馬を率いて賊を討った。神功は揚州に至ると居民の資産を略奪し、鞭笞《べんち》による発掘は略奪しつくされ、大食（イスラーム教徒）、波斯（ペルシア人）等の商人旅人の死者は数千人に及んだ」と記しており、多くのムスリム商人が、東シナ海にも進出していたことが分かる。

揚州のムスリム商人は、宝石、香料、薬材などの取り引きで財をなした。例えば、漢から唐・

五代までの小説の類いを集めた『太平広記』には、唐の薬材商、盧二舅《ろじきゅう》がムスリム商人との取り引きで財をなし、その揚州の家が「名花異木が、雲霄《うんしょう》に在るが若く」だったと記している。

安史の乱後に財政が悪化すると、塩税が唐朝の主要財源になった。揚州は塩の主要な産出地で搬出量が最も多く、塩を運ぶ船が大運河を盛んに行き来した。円仁の『入唐求法巡礼行記《にっとうぐほうじゅんれいこうき》』は「（大運河上に）塩官船あり、塩を積むもの、或いは三、四船、或いは四、五船、双べ結び続け編して絶えず。数十里相随って行く。乍見《さけん》（始めてみることで思いがけなく）して記し難く、甚だ大奇と為す」と、船の往来に目を見張っている。

限られた塩産地からの塩の輸送には、当然のことながら多くの船が必要だった。塩鉄使の劉晏《りゅうあん》は、揚州の城南に一〇の造船所を造り、大型輸送船二千余隻を造らせたという。塩税に財政の大部分を依存する唐は、内陸部での大運河、長江等を使った船による塩の輸送を強化せざるを得ず、その影響が海にも及んで黄海・東シナ海の輸送が宋代にかけて活性化する一因になった。

どのような経緯でもたらされたのかは不明だが、平安時代、大宰府で外国からの使臣の饗応に使われた鴻臚館《こうろかん》の遺構からは、中国の浙江省の膨大な量の越州窯青磁とともにイスラーム世界の陶器、ガラス瓶、ガラス杯の破片が出土している。大宰府の鴻臚館はかつて筑紫館とよばれていたが、平安時代前期に唐風の鴻臚館と呼ばれるようになり、大宰府の監督下に唐、新羅などとの貿易を行っていた。鴻臚館の貿易は、一一世紀に宋の商人が不輸不入の権をもつ荘園に直接渡航するようになると衰退していくことになる。ムスリム商人がもたらした経済活性化の波は日本にも及んだが、日本列島の経済を変えるには長い時間が必要だったのである。

日本列島にはムスリム商人の情報が伝わっていないが、倭国や新羅の情報はバグダードに伝えられていた。九世紀後半のイスラームの地理書は、倭国を「ワクワク（倭国）」として、「黄金の産出に富み、犬の鎖、猿の首輪までも金で造り、金糸を織り込んだ布をもってきて売るほどである」と紹介している。

遣唐使一行が奥州で産出された多くの砂金を唐に持参して滞在費用に充てたことが、背景にあるようである。それが、後の「ジパング伝説」の原型になっている。

2　唐の衰退と息を吹き返す黄海の民間貿易

◉「国破れて山河あり」

ムスリム商人が南シナ海に進出したのは、唐の朝貢体制が崩れて黄海・東シナ海の民間貿易が盛んになる時期だった。ムスリム商圏の拡大が日本列島に影響を及ぼすことはなかったが、八世紀中頃以降の唐の衰退は、東シナ海でも海賊の跳梁《ちようりよう》と海の商人の活動の拡大を引き起こしていた。新羅商人と渤海商人の活躍である。

鑑真の来日の経緯を記した『唐大和上東征伝』によると、七四〇年代の江南では海賊が横行し渡海の禁止も緩んでいて、地方役人の協力を得て日本への船を雇うことも可能だったという。

玄宗（在位七一二～七五六）の晩年、農民を兵とする軍事制度（府兵制）が兵役忌避の拡大で崩れ、遊牧民を傭う募兵制が始まると、傭兵軍を指揮する節度使という軍事・政治の支配権を持つ武人が中央から派遣されることになる。節度使のなかでずばぬけて有力なのが、ソグド人の父とトルコ系の突厥《とっけつ》人の母の間に生まれ異国語を操る安禄山（七〇五～七五七）だった。

玄宗が豊満な楊貴妃（七一九～七五六）を偏愛し一族を重用するようになると、野心家の安禄山は、政治の歪みを正すという口実の下に突然挙兵した。長年の平和に酔いしれていた唐は大混乱に陥り、長安は反乱軍の占領下に入った。それが、安史の乱（七五五～七六三）である。

皇帝の一行が四川に逃れる途中で楊貴妃は殺害され、玄宗は退位した。唐の繁栄は一挙に崩れていく。「国破れて山河あり、城春にして草木深し……」ではじまる杜甫の「春望」の詩は、そうした時代の雰囲気を今に伝える。安史の乱の鎮定には節度使の数を増やして懐柔するしかなく、地方に節度使が乱立した。節度使に地租を奪われた唐は塩税収入に依存するしかなく、今度は王朝と塩の密売商人の争いが激化する。

◉黄海で活躍する新羅商人

唐代の黄海・東シナ海は「朝貢の海」で交易は低調だったが、安史の乱以後になると統制が緩んで「交易の時代」に向かった。その先陣を切ったのが、唐在住の新羅商人である。

かつて高句麗により唐への陸上ルートを遮断されていた新羅商人は、黄海を横断するしかなかった。彼らは、朝鮮半島中部の海岸地帯から平底の川船で黄海を渡り、山東半島の東端に位置する登州、或いは文登県赤山鎮一帯に至る海上ルートに進出した。そこから陸路、洛陽、長安に至り、あるいは山東半島に沿って江蘇北部の海岸に上陸。楚州・淮南運河を経由して大経済都市の揚州に至ったのである。

最後の遣唐使団に随行した円仁（七九四～八六四）の『入唐求法巡礼行記』は、山東半島に多くの新羅坊があること、唐に渡り武寧将軍となった張宝高（？～八四一）が唐、新羅、日本の間の海上交易を牛耳っていること、自らが新羅商人、張宝高の船に乗り帰国したことを記している。

円仁は八三八年に入唐、天台山などで学び、八四七年、楚州で新羅船九隻、航路に詳しい新羅人六〇余人を雇い帰国を果たした。円仁は揚州滞在中の八一九年、唐人とともに日本に交易に出向こうとしたものの出羽に流され、その後長門に渡った王請という日本語が分かる新羅商人の訪問を受けたと記している。

新羅人の黄海交易ネットワークを牛耳っていた海民出身の張宝高は、唐の徐州に渡って軍人となり、山東半島の反唐勢力を鎮圧する武寧軍で活躍。八二〇年代に新羅に戻り、実力を買われて清海鎮（木浦の南）大使となった。

朝鮮半島南西部の海南《ヘナム》半島と三〇〇メートル隔たる莞島《かんとう》に置かれた清海鎮は、山東半島から新羅の西岸、博多湾への要所に位置しており、唐と新羅・日本の交易センターだった。張は八三九年、王位継承の争いに敗れて清海鎮に逃れてきた金祐徵を助けて王位につけ、その功績により感義軍使、鎮海将軍とされ、封戸二〇〇〇を賜わった。

張は、山東半島の新羅商人の居住地、赤山村に赤山法華院《せきざんほっけいん》を建てて寺荘とともに寄進した。赤山は新羅商人にとっては唐への入り口に当たっていたことから、赤山法華院は航海の無事を祈願する寺院として信仰を集めた。八四〇年、利益の拡大を求める張は大宰府に使者を派遣して国交を求める。しかし大宰府は、新羅の家臣である張とは国交を結べないとして使者を追い返している。

張は自分の娘を王室に入れ、外戚として権力基盤を固めようと画策。計画が挫折すると、八四一年に反乱を起こし新羅が差し向けた刺客により殺害された。

張の死後、海賊や商人の結束が崩れ、黄海を横断する新羅商人の間に混乱が拡がった。そうしたなかで八六九年、二隻の新羅の海賊船が博多湾を襲い、豊前国の貢納絹布を奪って逃げるという事件が起こった。また大宰少弐《だざいのしょうに》藤原元利万侶《ふじわらのげんりまろ》が新羅と通じて反乱を企て、帰化していた新羅商人三〇名が陸奥の国などに流される事件も起こった。

九世紀末、唐で塩の密売商人、黄巣を指導者とする大農民反乱（黄巣の乱。八七五～八八四）が起こり、九〇七年、唐は滅亡した。その後、五代十国時代（九〇七～九七九）の混乱が半世紀以上続くことになる。

唐の滅亡は、東アジアの海域世界に深刻な影響を及ぼした。九二六年には渤海が滅亡。九三五

舟山列島の普陀山（観音信仰の中心）

年、新羅が高麗《こうらい》（九一八～一三九二）に滅ぼされている。

◉活性化する東シナ海横断航路

九世紀になると、東シナ海を挟んだ江南と新羅・日本の間の交易が拡大した。その具体例となるのが、航海安全の神として広く尊崇された舟山列島の普陀山《ふださん》の観音信仰の伝承である。

八四一年頃に入唐した恵萼《えがく》は白居易（七七二～八四六）の『白氏文集』を最初に日本に伝えた僧として知られるが、華北の聖地、五台山から舟山列島を経て日本に帰る途中、普陀山付近で船が座礁したために、五台山から持参した観音像が唐を出たくないのであろうとして普陀山に安置した。それが、普陀山信仰の始まりだとされる。

また新羅にも、座礁した新羅商人が観音像を安置したとする伝承がある。普陀山の観音像は航海

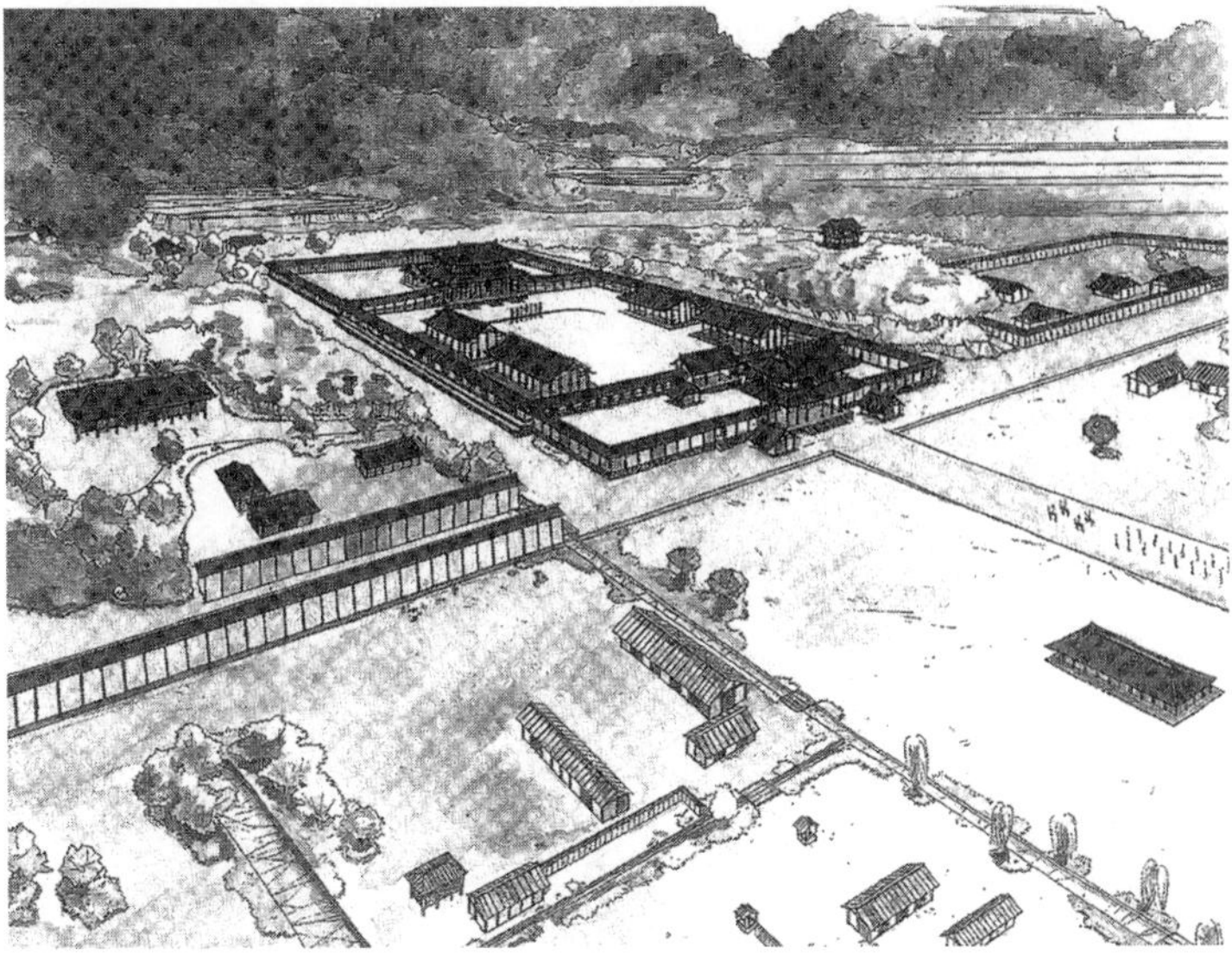

大宰府政庁と周辺の役所［『大宰府復元』九州歴史資料館 1998年より］

安全の神として船乗りたちの信仰を集めたが、やがて明州（現在の寧波）の開元寺に移された。明州が黄海、東シナ海の交易の拠点の位置を確立するにつれて、観音信仰もさらなる広がりを見たのである。

◉朝廷の「唐物」独占の終焉

大和朝廷は、貿易を統制して政治的に利用した。律令では海外商人との交易は都で行うのが原則とされていたが、八五〇年代以降、都の蔵《くろ》人所《うどころ》から大宰府に臨時の唐物使《からものつかい》の派遣がなされるようになる。

それは、唐が広州で貿易と関わる地方官が利益を隠すことを警戒し、宮廷が貿易品を優先的に購入するための臨時の役人（多くの場合は宦官）を中央から派遣したのにならった制度だった。

朝廷から唐物の先買権を委ねられた大宰府は

九州一円を管轄しただけではなく、対外貿易も独占した。唐物使の派遣も次第に形骸化し、朝廷が必要とする物品のリストを送るだけで、貿易実務が大宰府に一任されるようになる。

当時は外国船が来航した時に、まず大宰府の官司が必要なモノを買い取り、残りを民間人が適正な価格で買い取る「官司先買」が原則であり、大宰府の権限が強かった。関市令《げんしりょう》は、「凡そ官司未だ交易せざる前、私に諸番と交易するを得ざれ」と規定している。そうしたことから、大宰府の役人が商人と結託して不正を働くことも多かった。

朝廷の唐物独占のシステムが揺らぐと、商人が売買に乗り出して貴族や富裕層に唐物が広く普及することになった。大宰府で購入された絹織物、香料などの物品は、博多津、難波津へと運ばれ、都に搬入された。そのために大宰府は、平城京と肩を並べる繁華な都市に成長する。『続日本紀』神護景雲三（七六九）年の条は、大宰府について「此の府は、人物殷繁《いんはん》にして、天下の一都会なり」と記している。

新羅などの外国の使臣は、もともとは博多湾の那の津の鴻臚館《こうろかん》で饗応を受けることになっていた。しかし、律令の体制が揺らぐと、那の津には新羅商人や唐商人が自由交易を求めて来航するようになる。ただ日本の民間商人が唐や新羅に赴くことは未だなかった。「海国」日本とは、程遠かったのである。

七七九年、新羅からの公的使節の派遣が途絶えたが、漂着などと偽り大宰府を訪れる新羅商人の数は逆に増加した。九世紀に入ると、唐でも律令が乱れて海外貿易の禁が守られなくなり、唐の商人の来航も増加する。

舟山列島から値嘉島《ちかのしま》（平戸島）は順風に恵まれれば数日の距離であり、唐の商人はそのルートを利用した。例えば八四二年に観音寺講師恵運は、大宰府を訪れた唐の商人の李処人の船に便乗して、値嘉島を経由する六日間の航海で温州に達し、八四七年、唐商、張支信の船に乗り明州（後の寧波）からわずか三日間の航海で値嘉島に戻っている。

『日本三代実録』貞観七（八六五）年七月二七日条は、「大唐の商人李延孝ら六十三人、船一艘を駕して、海岸に来着す。是の日、勅して鴻臚館に安置し、例に随がいて供給せしむ」と、六三人の唐の商人が入唐僧の宗叡《しゆうえい》を伴って那の津に入ったことを記している。他にも同様の記述が散見される。そうした民間貿易の拡大が、莫大な国費を使って行われる遣唐使の廃止の底流をなしたのである。

◉象徴的意味をもつ遣唐使の停止

九世紀末、日本では実権が藤原氏を中心とする有力貴族に移った。幼い天皇に代わって統治する役職が摂政、成人した天皇を補佐して統治する役職が関白だが、藤原氏はそれらを巧みに利用して政治の私物化を進める。

辣腕をふるった関白、藤原基経《ふじわらのもとつね》が八九一年に死去すると、宇多天皇に政治の実権が戻った。享楽的で文事を重んじた宇多天皇のブレーンとして活躍したのが、菅原道真である。道真は死後天満宮に祀られ現在も「学問の神」として名高いが、三三歳で難関の文章博士《もんじょうはかせ》になった秀才だった。

道真は唐から届いた留学僧の手紙により安史の乱以後の唐の衰退を知っており、八九四年に何と五六年ぶりに派遣される遣唐大使に任命された際に、渡航の困難などを挙げて遣唐使の廃止を実現させた。使節団の派遣による公的な海の文化交流はこうして簡単に打ち切られ、民間貿易に座を譲ることになった。

従来朝廷は、律令の公式使節以外の渡航を禁止する「渡海制《とかいせい》（外交使節、国家の許可を受けた者以外の海外渡航の禁止規定）」に基づいて、大宰府に密航や密輸を取り締まらせていた。大宰府では、朝廷が「唐物《からもの》」の先買権を持つとされ、奢侈品の売買も朝廷が統制した。海外貿易を朝貢貿易として規制することで、朝廷が対外貿易の利を独占していたのである。

当時日本に来航する唐船は、江南から夏のモンスーンを利用して東シナ海を横断。松浦地方の値嘉島（平戸）を経て博多に入港し、八〜九月に台風を避けて江南に戻った。大宰府で朝廷が金、真珠、紙、扇子などにより購入した香、薬材、絹、麻布、陶磁器などの「唐物」は、権力を誇示する贈答品として流通した。「唐物」が民間で流通することはなかったのである。しかし大宰府の統制力が弱まると、博多に居住する唐の商人も現れてくる。

話は戻るが、低い身分からの栄達を妬まれた道真は、九〇一年、大宰府に左遷され、二年間の謹慎中に在所で没した。その後に天変地異が相次ぎ、道真を流刑に追い込んだ藤原氏に、次々と不幸が訪れ、醍醐天皇が四六歳の若さで崩御すると、道真の怨霊が恐れられるようになり、九九三年、太政大臣の職位が遺贈され、道真の霊を祀る天神信仰が全国に広まった。現在、学問の神、受験の神とされる天神の信仰は、遣唐使の派遣を打ち切った官僚の不遇な晩年が生み出したのである。

◉ムスリム商人の唐からの撤退

海が閉ざされ、コップの中の嵐のような歴史を続けてきた東アジアの海の世界に新風を吹き込み、広州、揚州などの港で大規模な交易をしたムスリム商人は、先に述べたように黄巣軍《こうそう》により広州の蕃坊が徹底的に略奪、破壊された後、交易拠点を三仏斉《さんぶつせい》（シュリーヴィジャヤ王国）治下のカラ島に後退させた。

しかし、一度活況を見た海の交易がしぼんでしまうことはなかった。広東や福建の商人は香木、香料、薬材などを求めて南シナ海を南下し、ムスリム商人の拠点スマトラ島のパレンバンで交易することになる。

後述するように三仏斉は、南シナ海、タイランド湾、ジャワ海、インド洋に広がる大交易圏を既に形成しており、宋船もその交易ネットワークを利用して一挙に東南アジアに交易圏を拡大させる。

ダウ交易の後退が、結果としてジャンクの建造、ジャンクの南下、中国商人による南シナ海交易圏の形成というトレンドをもたらしたのである。

3　宋とジャンク交易の拡大

◉遊牧民に圧迫され続けた宋

先に述べたように一〇世紀から一四世紀は中央アジアの遊牧民が東アジア世界を圧倒した時代だった。宋はそうした遊牧民の圧迫をもろに受けて段階的に領土を侵食され、最終的にモンゴル帝国に征服されてしまう。高麗も宋と同様の道筋をたどった。海という緩衝地帯を持つ日本だけが、辛くも遊牧民の侵略を免れたのである。

モンゴル系統キタイ人（契丹人）の英雄、耶律阿保機《やりつあぼき》（在位九一六～九二六）は、唐の滅亡後の混乱を利用して遼（九一六～一一二五）を建国。九二六年、渤海（六九八～九二六）を滅ぼし、九三六年、五代（九〇七～九六〇）の後晋（九三六～九四六）の建国に協力して、ゴビ砂漠に隣接する万里の長城の南の「燕雲一六州」を手に入れた。その結果、キタイ人は長城の南の地からいつでも宋に進攻することが可能になったのである。

一〇〇四年、遼が大軍を率いて南下したという報を受けると、北宋の第三代、真宗（在位九九七～一〇二二）は戦う姿勢を示しながら懐柔策をとり、モノを与えることで平和を買い取った（澶《せん》淵《えん》の盟)。和平条約は約一二〇年維持されたが、北宋を「兄」、遼を「弟」とし両国をほぼ対等に扱っている。北方の遊牧民を「夷狄」として蔑んできた中国人にとっては、驚天動地の条約だった。「中華の地」と「夷狄の地」に天下を二分する中華帝国の世界認識が崩れたのである。

澶淵の盟では、宋が毎年、銀一〇万両(約三・七トン)、絹二〇万匹(約二五〇〇キロメートル)を遼に贈ると約束された。トルコ人の圧迫を受けたユーラシア西部のイスラーム帝国と同様に、宋も遊牧民(モンゴル人)の強大な軍事力に悩まされたのである。

◉南シナ海から興るジャンク交易

宋は、江南のコメ地帯の開発が本格化した時代だった。生産力の高いコメ作が宋の経済を主導するようになり、長江流域、舟山列島、朝鮮半島の南西岸、北九州の経済的な結び付きが一挙に強まる。そうしたことから従来西北部の渭水盆地にあった首都が大運河に沿った開封に移され、農業の商品化、手工業・商業の成長、銅銭の普及、交易都市の出現というように、「経済の時代」が始まった。

貿易面でも朝貢の色彩が弱まり、外国商人の来航、宋の商人の周辺諸国との交易が盛んになった。ムスリム商人の来航の刺激を受け、インド洋、マレー半島南部、ジャワ、ベトナム南部、ボルネオ、フィリピン諸島、パレンバンなどの商人も宋に来航するようになる。

九七一年、宋は対外貿易を管理する市舶司をまず広州に設けた。唐代には貿易を管理する市舶司が広州に限定されていたが、宋はその後、長江河口の杭州、明州（寧波）、福建の泉州にも市船司を設け、商品の一割から四割を税として徴収した。

九八九年以降、海外に出向く浙江や福建の商人には、両浙市船司が発行する官券の所持が義務づけられ、官券を所持しない船は積載した貨物を没収された。官券の発行には、目的地、積載貨物、保証人名などを届け出ることが必要とされた。

一二世紀初め、女真《じょしん》人が東北部に金《きん》を建国すると、宋は金（一一一五～一二三四）と同盟して遼を破った。しかし、戦争の過程で宋の弱体を見抜いた金は、一一二七年に首都開封を攻め、四〇日の攻防の末に占領。金軍は、宮廷の財宝をことごとく略奪し、ふたりの皇帝を初めとする三〇〇〇余人の王族・官僚を捕虜として北方に連行した。その結果、靖康二年（一一二七年）に、宋は滅亡した。この事件は、当時の年号をとって「靖康《せいこう》の変」と呼ばれる。

しかし、淮河以北が金に占領されたこの時期も、黄海経由で江南と山東半島を結ぶ貿易が続いていた。南宋は一一三〇年に、福建、広東、江蘇、浙江の商人が山東半島に交易に出向き、金軍の道案内になることを禁じる法令を出している。

◉宋代の外洋ジャンクの発達

都が長江河口の杭州に移された南宋では江南の開発が進み、海上交易が大躍進期に入った。従来の平底の川船とは異なる尖底の外洋ジャンクが広く使われるようになり、商業規模が大きい南シナ海・東南アジアに海域世界の中心が移っていく。

南宋では、金の進出で一〇〇万人以上の人々が難民として江南に移住した。農地を持たない多くの難民を抱えた南宋は、海外貿易に活路を求める。そうしたなかで福建、広東を拠点とする商人が外洋船のジャンクを建造し、南シナ海から東南アジア、インド洋に乗り出した。ちなみに、「ジャンク」という呼称は、中国語で「船」を意味する chuan がマレー語の jong、ポルトガル語 junco に転訛し、ポルトガル語が英語の junk になったとされている。

南宋のジャンクとしては、一九七四年に福建の泉州東南部の後渚港《こうしょ》で発掘された、一三世紀末のものとされる「泉州沈船」が有名である。それは、それまでの平底船とは違って船倉が隔壁板で多くの船倉に分けられたV字型の尖底船で、深い喫水線を持っていた。東シナ海で使われていた平底の船とは全く発想を異にするスタイルの帆船であり、長さ約三〇メートル、幅約一〇メートル、排水量は三〇〇トンにも及んだ。

固有の帆を持つジャンク［席龍飛『中国造船史』湖北教育出版社 2000年より］

事故が起こった場合に浸水を一部分でくい止めるために一二に区切られた船倉からは、香料・薬材四・七トン、コショウ九キロなどが同時に発掘された。そうしたジャンクが、南シナ海から東シナ海に広がり、海域世界が刷新されていったのである。

新しいジャンクは、一三世紀の『一遍聖絵《いっぺんひじりえ》』などに描かれた、長さ十数メートル、幅約三メートルの丸木船を基礎とする平底で喫水線の浅い丸木船を基礎とする準構造船とは明らかに異なる船型といえる。南シナ海の貿易の活性化が、東シナ海の交易をも様変わりさせたのである。

南宋は金の臣下として仕え、毎年、銀二五万両（九・二五キロ）、絹二五万匹（約三一二五キロメートル）を、貢ぎ物として贈ることで平和を買い取った。南宋の時代にそれまでの中華帝国を支えてきた華夷秩序、朝貢が一挙に崩れたことも、民間貿易の大規模化を後押しした。南宋の歳入の二割は海外貿易によるものであったとされている。

◉活用された三仏斉ネットワーク

先に述べたように、南宋の海上貿易では福建、広東の比重が高まり、南シナ海と東シナ海の交易がひとつにつながった。東アジア交易圏の拡張、或いは南からの活性化である。

この時代、台湾海峡に面した泉州と広州湾に臨む広州が代表的港になった。宋の商人は、ムスリム商人が拠点としたマラッカ海峡に面する要衝、スマトラ島のパレンバンを中心とする「三仏斉」との貿易を拡大していく。

東南アジアではシュリヴィジャヤ（室利仏逝）が大きな交易ネットワークをつくりあげていたが、三仏斉はその盛んな商業活動を引き継いだ。かつてはシュリヴィジャヤ朝をそのまま三仏斉につなげ、四世紀から一四世紀まで王朝が続いたと考えられていたが、現在は、別のものとして考えられている。

シュリヴィジャヤは扶南の王統を引き継ぎ、最初の都はマレー半島の狭部にあったが、七世紀末になってパレンバンを占領したとする説がある。三仏斉は、かつての室利仏逝のなまり、ムスリムの呼び名 Sarboza の訛りなどの説もあるが、一般的には仏教が盛んな三つの港が話し合いにより連合した地域名と考えられている。

宋の商人は、「三仏斉」と呼ばれるスマトラ島、ジャワ島、マレー半島中南部の既存の交易ネットワークを取り込むことで、短期間に大交易圏の形成を容易になし得たのである。

貿易に関しては三仏斉のほうが積極的で、宋が成立して間もない九六〇年から二年半の間に五回の朝貢を行い、儲けの大きい宋との貿易を軌道に乗せようとした。三仏斉側からの積極的なアプローチに宋の商人が触発されたのである。

パレンバンは、南シナ海を台湾を頂点とする南北に細長い海としてイメージすると、台湾と対極をなす南の端の港である。マレー半島の先端とボ

宋代の三仏斉の支配領域

ルネオ島の先のスマトラ島東部の港で、マラッカ海峡の入り口に位置していた。マラッカ海峡は、西が広く東が狭いラッパ状である。パレンバンの東には、ジャワ島のあるジャワ海が広がっていた。

一一七八年に広西の桂林の通判だった周去非《しゅうきょひ》（一一三五～一一八九）が自らの見聞に基づいて著した『嶺外代答《れいがいだいとう》』は三仏斉について、次のように述べている。

三仏斉は南海の中にあり、諸蕃水道の要冲である。東はジャワ諸国より、西は大食（イスラーム諸国）や故臨《こりん》（南インドのクーロン）の諸国から、その境域を通らないで中国に来るものはない。この国に産物はないが、人々は戦いに習熟していて、薬が効いている間は刀も傷つけることができず、陸に攻め、水に戦い、その力戦奮闘は前例がない。それ故隣国はすべて服従している。外国船が通り過ぎて、その港に入らなかったりすると、必ず海軍を出して皆殺しにする。そういう理由でこの国には犀角、象牙、真珠、香薬が豊富なのである。

三仏斉が地政学上の優位と海軍力により、交易を強制したというのである。世界地図で確認すれば、川港のパレンバンがマラッカ海峡だけではなく、タイランド湾、ジャワ海・マカッサル海峡・セレベス海・モルッカ（香料）諸島にも通じる交易の要衝だったことに納得がいく。しかも南シナ海では、帆船にとってはありがたい冬と夏で定期的に風向きが変わるモンスーンが吹いた。三仏斉のネットワークを活用すれば、爆発的に南シナ海の交易を発展できる条件が整っていたのである。

南宋と三仏斉の交易について、南宋の宗室のひとりで福建の泉州で海外貿易の監督官をしていた趙汝适《ちょうじょかつ》が書いた『諸蕃志』は、次のように記している。

三仏斉は、真臘（カンボジャ）と闍婆（ジャワ）の間にあり、一五の属国をもつ。泉州の正南（真南）に位置し、泉州を冬月に出発して順風に乗り、一月余りもかけて凌牙門（シンガポール）に到着し、積み荷の三分の一ほどを商《さば》いてから、ようよう三仏斉国に入る。国人は蒲《ほ》姓（アラブ人の名前の頭につくアブーの音訳）を名乗る者が多い。甓《れんが》を積んで周囲数十里の城壁が築いてある。国王は船に乗って往来する。

宋の商人が冬のモンスーンを利用して南シナ海を南下し、マレー半島で商売しながらパレンバンに至ったことが分かる。

上記の史料からパレンバンにムスリム商人が多数居住していたことが分かるが、同書は港に集まる産物についても、「みな大食《たいしょく》（タージ）諸蕃の産するところ」とイスラム世界、インド洋の商品が多かったことに言及している。

一一五六年に三仏斉は、朝貢というかたちで南宋に八万斤（五〇トン）以上の乳香などの香料をもたらしている。乳香はアラビア半島の南部で産出される香料なので、三仏斉を介して多くのインド洋の物産が流入したことが分かる。

宋商はパレンバンに赴けば、ムスリム商人のネットワークからもたらされた多くの商品を入手できたのである。活動がさらに活発になると航線はマラッカ海峡を越えてインド洋に達し、南インドのクーロン（故臨）が宋商のジャンクとムスリム商人のダウの中継港としての役割を果たすことになる。

『諸蕃志』の故臨国の条は、「泉州から出る船は四〇余日で藍里《らんり》（スマトラ島北端のラームニー）に到着、ここで冬をすごし翌年（順風を待って）再出発すれば、一カ月でようよう到着する。……交易には、金銭、銀銭を用いるが、銀銭一二が金銭一のレートである。……毎年、三仏斉など……の国々から船を仕立てて行く。……故臨国（クーロン）内に寓居する大食（アラブ人）が多い」と記している。

南インドのクーロンで、ムスリム商人の交易圏と宋の商人の交易圏が出会っていたことが分かる。クーロンでは、金貨、銀貨が共に使われていたが、東南アジアでは日本と同じく銅銭が流通していた。

◉銅銭と「陶磁の道」

南宋では、広州、泉州から三仏斉に至る二〇日から三〇日の定期航路が開かれ、東南アジア、

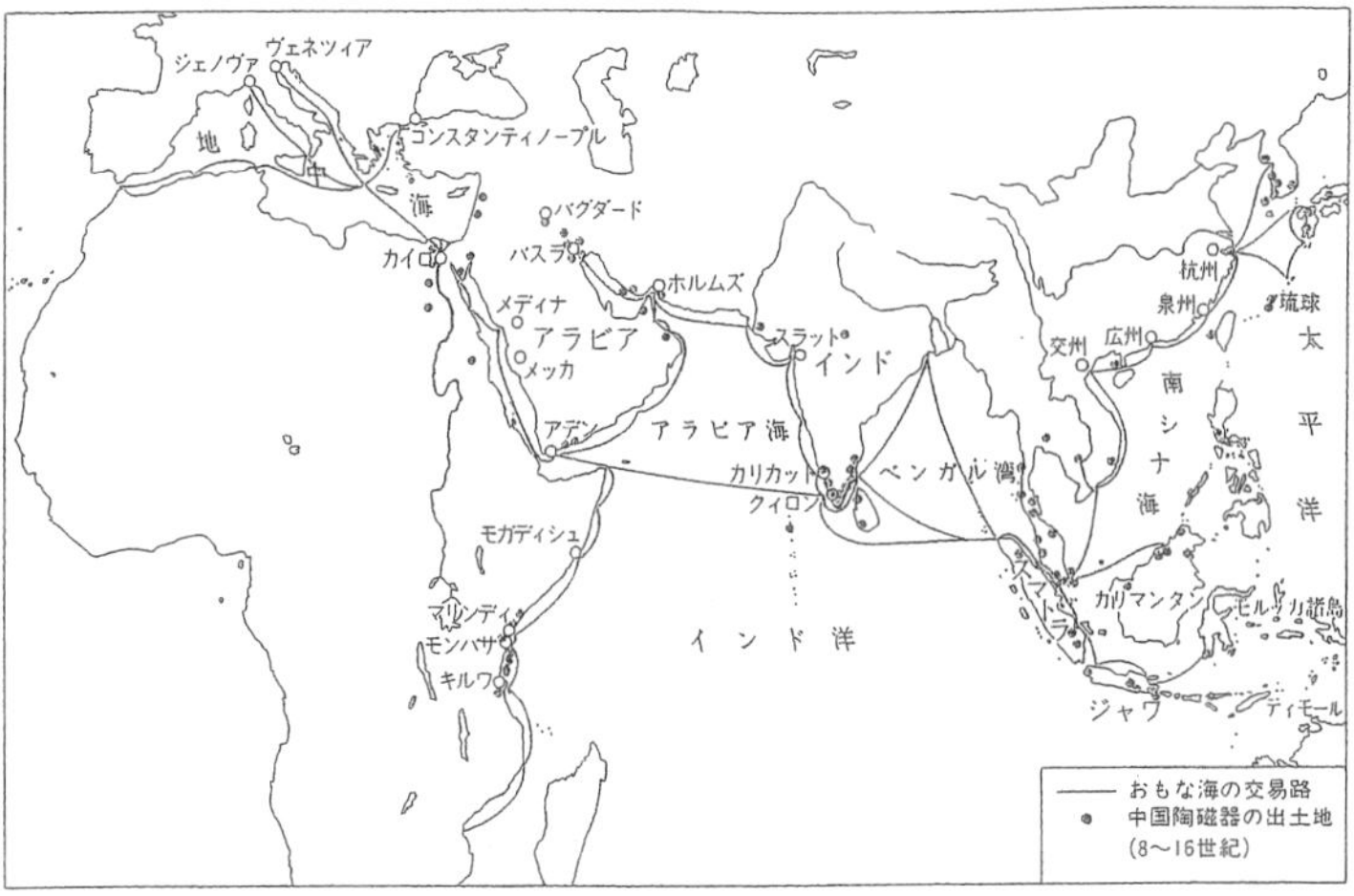

10〜11世紀の「陶磁の道」と中国陶磁の出土地（中国陶磁の出土分布は青柳洋治による）

インド洋各地との貿易が日常化した。

南宋中期（一二世紀末）には、北宋初期（一〇世紀末）に比べて貿易による収益が約二〇倍に増加した。南宋から海外に輸出された商品は一七〇種類に及び、陶磁器（china）と銅銭が新たな有力商品になった。

石英を含むカオリンという特殊な粘土を高温で焼き上げた磁器は、英語でchinaと表記されるように、長期間中国固有の世界商品となった。磁器は、西アジア、アフリカにまで輸出される。そうしたことから、ユーラシアの「海の道」は、「陶磁の道（セラミックロード）」と呼ばれることがある。

南シナ海交易の隆盛は当然のことながら東シナ海、黄海の南縁部の交易も活発にし、日本列島にもその影響が及んだ。長江の河口から六〇〜七〇人が乗り組むジャンクが、夏から初秋にかけて黄海を横断して博多で交易した。時には宋船が日本海に入り、若狭湾の奥の敦賀で交易することもあった。海の経済の活況が、日本列島にも及ぶことになる。

宋代以降紙幣の流通で銅銭が余ると、東アジアは宋の銅銭の流通圏に変わった。日本でも宋の銅銭が大量に輸入され、一二世紀後半から渡来銭として流通が広がり、一三世紀には基軸通貨になった。それまでの物々交換や麻布による経済が宋の銅銭を使う経済に変わったのである。銅銭により、日本列島は海の世界との結びつきを強めていく。

日本は一七世紀前半に江戸幕府が「寛永通宝」を鋳造するまで独自の銅銭を持たず、歴代の中国の銅銭をそのまま利用した。宋は銅銭の流出量の多さに困惑し、一時銅銭の輸出が禁止されるほどだった。後に述べる平清盛、足利義満は、宋、明との貿易を独占することにより銅銭の流れを支配し、莫大な富を掌中に収めることに成功している。

4　平清盛と日宋貿易

◉宋の商人の博多移住の増加

海上交易を重視する宋は、唐にならって南シナ海に面した広州に「市舶司」という役所を設け、商人の管理、課税の体制を整え、やがて長江河口の杭州、明州（慶元、寧波）、福建の泉州にも市舶司を増設した。民間商業の拡大に対応したのである。

先に述べたように、宋代にはムスリム商人の来航の影響もあって南シナ海に交易圏が広がり、大食（アラブ人）の外、マレー半島のコラ、ジャワ、チャンパ、ボルネオ、フィリピンのミンダナオ島（マイト）、スマトラ島の三仏斉の商船も来航するようになっていた。

日宋貿易も最初は、大宰府の鴻臚館《こうろかん》で行われていた。宋の商船の来着があると公卿会議にかけられ、受け入れが決定すると商人を鴻臚館に滞在させ、朝廷が優先的に「唐物」を購入した。

九世紀以降になると宋の商人が博多を訪れ始めるようになり、南宋から元にかけて、宋の商人と荘園や国府の官人との間の私的取り引きが盛んになり、多数の商人が博多を拠点にして活動するようになった。大宰府の規制が崩れ、北九州全体が宋の商業圏に組み込まれていく。高麗の礼成港（首都開京の外港）にも、同様の変化が起こっていた。

一一世紀末、博多に住みつく宋の商人の数が増し、博多の西の入り江の南岸に「唐坊（唐房）」と呼ばれる居留地が成長を遂げた。唐坊で船を所有して貿易を請け負った宋の商人は「綱首《こうしゅ》」と呼ばれ、大抵の場合、有力寺社の保護を受けていた。

例えば南宋の首都、臨安出身の商人、謝国明は博多の唐坊に住む「綱首」で日本人女性と結婚し、宋では日本網使と呼ばれていたが、僧、円爾《えんに》（一二〇二～一二八〇）が禅寺の承天寺を創建する際に、熱心な支援を行った。承天寺の名を記した木簡が後に述べる元代の新安沖の沈船から発見されており、博多で宋の商人が寺と連携して貿易を行っていたことが明らかになる。一二世紀後半になると、「唐坊」は博多の全域に及ぶようになり、宋の商人と日本人の雑居が進んだ。

◉平清盛と瀬戸内海航路の拡充

南宋の時代には、黄海、東シナ海の貿易が活性化した。そこに目をつけたのが、平氏である。平忠盛（一〇九六〜一一五三）は鳥羽院領肥前国神崎荘の預所《あずかりどころ》だったが、博多に使者を遣わせて大宰府を通さずに宋の商人と貿易を行って蓄財に励み、船来品の「唐物」を院に献上することで宮廷での地位を高め、一族の栄華の基盤を築いた。左大臣藤原頼長（一一二〇〜一一五六）が、平氏の富に驚嘆するほどであった。

忠盛の莫大な財産を引き継ぎ宋の商人との交易を進めたのが、平氏の棟梁となった平清盛だった。清盛は、保元の乱で功績をあげて大宰府大弐《だいに》（役職上は次官だが、実質的には長官）となったことで九州に勢力を広げ、伊勢で産出される銀により宋との貿易を促進した。彼は、妙典（許斐忠太）という人物を七回にわたり宋に派遣して交易を行わせている。

清盛は平治の乱の勝者になった後、一一六七年、武家として初めて太政大臣の地位についた。その翌年に出家。大輪田泊《おおわだのとまり》（現神戸湾）の近くの福原に居宅を構え、瀬戸内海の海賊を手なずけて商品流通を独占し、瀬戸内海航路を南宋の経済圏と結びつけようとした。

既に博多湾にはジャンクが入港するようになっていたが、当時の瀬戸内海の往来に使われる船は、ほとんどが刳船か準構造船で南宋のジャンクとの間には大きな落差があった。金谷匡人氏の『海賊たちの中世』は瀬戸内海の船舶の推移を、「①鎌倉時代までは、船舶の構造は驚くべき停滞性を保っていた。すなわち、長い歴史を持つ複材刳船、準構造船がほとんどであった。②室町時代に入り、大和型和船の原形たる構造船が成立し、大型化が可能となると同時に、帆の使用が広まり、帆の数によって船の大きさを表すようになっていったが、なお一般的には、前代のような準構造船が大勢を占めていた。③構造船（波を切って進むことができる）の開発や帆の使用の一般化は、日明貿易を契機としている。」と整理されている。黄海、東シナ海の交易と瀬戸内海の交易には、かなりの落差が介在していたのである。

清盛は、宋船がもたらす「唐物」を利用して主だった貴族を籠絡。海賊の力を抑え、従来博多や北九州で行われていた宋との貿易ネットワークを瀬戸内海にまで延ばそうとし、私商人にも宋との貿易を認めた。清盛は博多湾を埋め立てて人工の港「袖の湊」を建設し、宋の商人との貿易の拡大を進めている。

一一七〇年には、明州（寧波）からの商人を福原の山荘に招いて後白河院と接見させ、福原と明州の貿易を定期化しようとも試みた。九条兼実《くじょうかねざね》の『玉葉』は「天魔の所為」とこうした清盛の所業を嘆いているが、既に東アジアは民間貿易の時代に移っていたのである。二年後、明州の長官から後白河院と清盛に供物と文書が届けられるに至る。しかし、宋船を直接福原に招き入れることは技術的に困難だった。

伝承では清盛は一一六七年、音戸の瀬戸（広島県東部）を船が通れるように開掘。安芸の厳島、備後の鞆《とも》ノ浦などの拠点港を整備し、一一六八年、市杵島姫命などの航海安全の宗像三女神を祭る厳島神社を造営した。厳島神社は平家の守り神を祭る神社とされたが、瀬戸内海の海賊たちの信仰を集め、海上秩序の確立に貢献した。

一一七三年、清盛は摂津の福原の外港、大輪田泊に人工の「経が島」を築き、貿易を活性化させた。その結果、宋の銅銭、絹織物、陶磁器、薬剤、書籍、文具などが大量に持ち込まれて倍以上の値段で売りさばかれ、清盛は大きな収益を手にした。

平安時代の末期には、商業取引が盛んになり決済手段としての銅銭の必要性が増していたが、国内では一〇世紀の「乾元大宝」以後の銅銭の鋳造がなされておらず、宋の銅銭が流通していた。清盛は、宋から入る銅銭を制したのである。清盛は日宋貿易で得た莫大な富を背景に宮廷に勢力を伸ばし、かつての摂関家のように娘の徳子を高倉天皇に嫁がせ、皇子が生まれると三歳で安徳天皇とし、外戚となって権力を不動のものにした。大輪田の泊を見下ろす山麓の福原に新しい都を造営し、一一八〇年に遷都しようと野望を膨らませたが、計画は途中で頓挫した。

5　陸奥の黄金とジパング伝説

◉みちのく政権と「黄金都市」平泉

本格的な武家の台頭は、狩猟・採集の伝統が根強く残るウマの産地、最大の黄金の産地、奥州から始まった。みちのく政権の樹立である。

一〇五一年、北上盆地一帯で勢力を振るった「蝦夷の長（えびす、俘囚の長、京都の政権に服属した東北の人たちの長）」安倍頼時が陸奥の国司に対して反乱を起こし、奥州の動乱が始まる。狩猟系の人々の乱である。朝廷は、東国の武士団に強い影響力を持つ西国出身の清和源氏の棟梁、源頼義を陸奥守として派遣し、安倍氏の討伐を命じた。頼義は、子の義家とともに東国武士団を率いて陸奥に乗り込み、長期の戦闘の末に安倍氏を滅ぼした。それが、前九年の役（一〇五一～六二）である。

しかし、前九年の役で最も大きな功績をあげたのは、出羽の「俘囚《ふしゅう》の長」清原氏が率いる一万人の大軍だった。そうしたことから、安倍氏の所領は、そっくりそのまま清原氏に与えられ、頼義の東北支配の野望は挫折した。

朝廷は、安倍氏を平定した功績を認めて、清原氏を鎮守府将軍に任じる。その結果、岩手・秋田北部から津軽・下北に至る地域が、日本国に組み込まれることになった。力を強めた清原氏は、次第に惣領を中心とする武士団に姿を変えていくが、その過程で新たな権力争いが起こった。一〇八三年に起こった、頭領の座を引き継いだ清原真衡《きよはらのさねひら》と家衡《いえひら》、清衡《きよひら》の間の戦いである。

内紛に乗じたのが、都で武人としての誉れ高く、奥州に勢力を植え付ける野心を持ち続けていた源義家だった。戦いは一〇八七年に決着がつき、義家と結んだ藤原清衡が新しい覇者となり、以後約一〇〇年間、京都、鎌倉と肩を並べる奥州藤原氏のみちのく政権が樹立されることになった。

清衡は本拠地を平泉に移し、「蝦夷の長」として陸奥のウマと豊富な黄金を支配。軍事、経済の両面で一大勢力となった。彼は陸奥の中心に位置する平泉を「第二の京都」にしようと試み、二〇年の歳月をかけて鎮護国家のために寺塔四〇、禅坊三〇〇からなる中尊寺の大伽藍を造営する。

日宋貿易の最大の輸出品だった陸奥の黄金を支配した清衡は、平泉の中尊寺に一〇〇余体の金色の釈迦仏を安置する釈迦堂、堂の内外に金箔を貼りつめ四壁が皆金色に輝き、阿弥陀仏を安置した金色堂《こんじきどう》を建て、みちのく王国のシンボルとした。清衡は延暦寺、園城寺、東大寺、興福寺、さらには宋の明州（寧波）の天台寺で、一〇〇〇人の僧を集める大法会（千僧供）を開いて、その経済力を誇示している。

◉ジパング伝説と幻の黄金宮殿

宋の商人が日本との貿易で目を付けたのが、金だった。中国では金の産地が雲南などに限られ、高価だったからである。この時代、日本では金が銀の四倍で取り引きされたのに対し、中国では約七倍だったという。大きな差益が得られる金貿易は宋の商人にとって魅力的だったのである。

しかし、商人には、金の産出地である奥州の情報が与えられていなかった。東アジア海域世界から遠く離れた平泉は、謎に満ちた金の産地として、宋の商人の間で噂を広げていく。

特に関心を呼んだのが、黄金色に輝く「金色堂」だった。噂が噂を呼び、話が誇張されていく。

フビライに一七年間役人として仕えたヴェネツィアの商人マルコ・ポーロ（一二五四〜一三二四）の『東方見聞録』に収められた「黄金の国ジパング」の記述は、中国商人がムスリム商人にもたらした伝聞情報に基づくとされるが、宋の商人の金色堂のホラ話が下敷きになり、かつての黄金の国「ワクワク」の情報と接合されたのであろう。ちなみにジパングは、日本を意味する「リーペン」「ジーペン」が訛った言葉である。黄金の島「ジパング」を目指したコロンブスがアメリカ大陸への航路を拓いた話は、有名である。藤原氏は、秀衡の死後の一一八九年に鎌倉幕府の大軍により滅ぼされた。

第5章 ユーラシア商業圏の一体化と東アジア海域

1 連動する「陸」の道と「海」の道

◉姿を現すスーパー帝国

一年の半分以上の期間烈風が吹きすさぶ、乾燥と酷寒が支配するモンゴル高原は、酷暑と乾燥のアラビア半島と並び称される、地上で最も住みにくい地域である。一三世紀初頭、そうしたモンゴル高原にカリスマ的指導者チンギス・ハーン（在位一二〇六～一二二七）が君臨することになり、モンゴル高原から世界史の転換が始まる。

一二世紀のモンゴル高原では、支配勢力だった満州（東北部）の金が、部族対立をあおっていたこともあり、群雄割拠が続いていた。そうしたなかで、テムジン（チンギスの幼名、「鉄の人」の意味）が、頭角を現す。テムジンは、幼時に父親が毒殺されて不遇の少・青年期を過ごし、戦いを積み重ねるなかで、四五歳を過ぎてからモンゴル高原の覇者になった。

一二〇六年、部族長が集うクリルタイ（集会）で、テムジンはモンゴル帝国の可汗《ハーン》（王）の地位につく。その際にテムジンは、シャーマン（巫師）からチンギス（「光の神」の意味）の尊称を受け、以後チンギス・ハーンと称するようになった。

チンギスの即位は、源義経が藤原泰衡に襲われ、一一八九年、衣川の館で自殺した一七年後になる。北に逃れた源義経が、チンギスになったとする俗説は、そうした時間の巡り合わせから生まれた。

激しい戦いの末にモンゴル高原を征服・統一したチンギスは、旧来の部族を解体して草原の社会を一新し、十進法に基づいて、遊牧民を一〇戸・一〇〇戸・一〇〇〇戸・一万戸の単位に分け、腹心の部下をそれぞれの長として派遣した。伝統的な部族制を、解体したのである。その結果、厳しい軍律を持つ強力な騎馬軍団が、忽然として、姿を現すことになる。

モンゴル軍は、すべてが幼児から馬に慣れ親しんだ騎兵であり、馬上で射る短弓は二〇〇メートル先の敵を倒すことができた。またムスリム商人が、地理的・商業的知識、都市を攻める武器、石油を使った焼夷弾などの技術を提供。モンゴル軍は、ユーラシアで最強の軍隊になった。

遊牧社会の貧しさから抜け出すため、シルクロード・「草原の道」の商人の支配を目指したチンギスは、最初はシルクロード東部を支配する西夏（一〇三二〜一二二七）を攻撃する一方で、西アジアを支配する新興勢力トルコ人のホラズム朝（一〇七七〜一二三一）と利権を分け合おうとした。

しかし、ムスリム商人を中心とする使節団がホラズムの地方都市オトラルで殺害されて贈り物が奪われ、抗議のために派遣した使節がヒゲを切られて侮辱されると、怒りに燃えて雪辱を誓ったチンギスは、一〇万人の軍を率いて四〇万人の軍事力を有するホラズムの征服に向かった。

シルクロードに沿って遠征したチンギス軍は、一二二〇年、ホラズム朝を滅ぼし、別動隊は二五年に南ロシアの草原に覇を唱えた。二年後、チンギスは東の西夏を滅ぼし、シルクロード、「草原の道」が完全にモンゴル人の支配下に入る。中央アジアの草原地帯が、モンゴル人に統一されたのである。モンゴル帝国は中央アジアの大草原を「背骨」として、イスラーム世界と中華帝国を征服した大帝国なので、チンギスにより基盤が固められたと言える。

しかし、チンギスは、西夏への遠征の帰途に病死する。遺体を運ぶ隊列を見た者は秘密保持のために殺害され、埋葬された土地は一〇〇〇頭の馬により踏み固められてしまったため、チンギスの墓所は今なお不明である。

◉統合されるユーラシアの海

その後のモンゴル帝国の躍進は凄まじかった。チンギスから大ハーン位を引き継いだオゴタイ（在位一二二九～四一）は、一二三七年、バトゥ（一二〇七～五五）が率いる一〇万人の遠征軍をロシアに派遣し、四年の戦いの末に征服。約二〇〇年に及ぶロシア支配の基礎を築いた。

第四代の大ハン、モンケ（在位一二五一～五九）の時代になると、フラグ（一二一八～六五）がイ

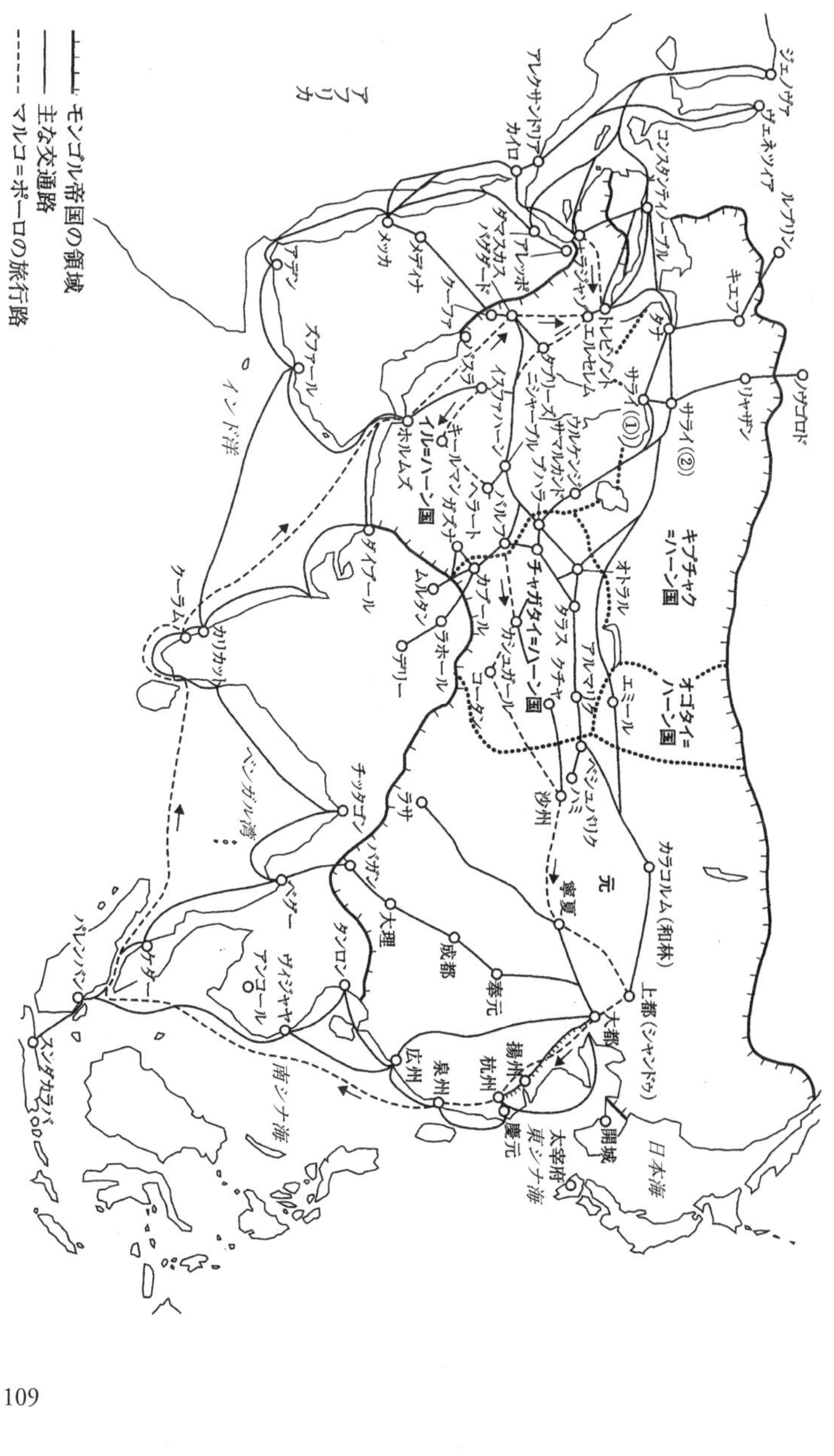

モンゴル帝国の領域と陸と海の商業路

インド洋を行くハーンの艦隊

スラーム世界の征服に向かい、一二五八年、一〇万人の軍を率いてバグダードを陥落させアッバース朝を倒した。カリフは三人の息子とともに殺害され、七日間の掠奪で、バグダードは廃墟になった。

フラグは、西アジアにイル・ハン国（一二五八〜一四一一）を立てる。イスラーム帝国を土台とする「パックス・イスラミカ」の時代から、「パックス・モンゴリカ」の時代への転換である。

一二六〇年、第五代の大ハーンとなったフビライ（在位一二六〇〜九四）は、中華世界の征服を目指し、モンゴル高原からの出口に二五年の歳月をかけて新首都の大都（北京）を建設し、七一年には元（一二七一〜一三六八）を建国。一二七九年、南宋を滅ぼした。経済を重視する元は、南宋を滅ぼす二年前の一二七七年に福建の泉州を皮切りに、貿易を管理する市舶司を慶元（寧波）、上海、温州、広東（広州）、杭州などに設けた。

元代は、東シナ海・南シナ海は言うに及ばずマラッカ海峡の先のインド洋にまで交易圏が拡大した時代だった。世界史の波動が、東アジア世界を大きく変えていったのである。

一三〇四年に著された『南海志』は、南シナ海の広州―ブルネイ西岸―スンダ海峡（スマトラ島とジャワ島の間の海峡）の線を境界にして、ブルネイ、ジャワ以東の海域を「東洋」、ブルネイ・ジャワ島西岸からインド洋に及ぶ海域を「西洋」としている。「東洋」と「西洋」は、もともとは東洋針路、西洋針路の意味で航路と航路に沿う諸国を指していたが、やがて海域名に転化した。ジャンクを使う民間貿易が大規模化した元代に、東アジアの交易圏が南シナ海からインド洋に伸び、南シナ海を中心としそれに接続するジャワ海、タイランド湾が「東洋」、マラッカ海峡から西のインド洋が「西洋」と呼ばれたのである。

航路が延びただけではなく、ジャンクの航海頻度が増し、船も大規模化した。モロッコの大旅行家イブン・バットゥータは、インドのカリカットに滞在していた時に一三隻のシナ船（ジャンク）が入港していたと記し、「シナの民の中には、多数の船を持っているものがあって、その代理人を諸外国に派遣している。世界中で、シナの人々ほど財宝を多く持っているものはないのである」と指摘している。

フビライに一七年間役人として仕えたマルコ・ポーロは、一二九〇年にイル・ハーン国のアルグン・ハーン（在位一二八四～九一）に嫁ぐ一七歳の娘を送り届ける一四隻の大船からなる船団に加わりザイトゥーン（泉州《せんしゅう》）を出港。ペルシア湾口のホルムズを経てヴェネツィアへの帰途についた。マルコ・ポーロは『東方見聞録』で、航海に使われた元の外洋ジャンクについて記しているが、船団には四本の帆柱に一二枚の大帆を掲げ、二五〇人もの水夫が乗り組む巨大ジャンクも含まれていたという。

◉東アジアの「国際港市」泉州

元と西アジアのイル・ハーン国（一二五六／五八〜一三三五／一三五三）が提携を深めることで、既に活性化していた南シナ海の交易はさらに西に拡張し、福建の泉州とペルシア湾の入り口のホルムズ港を結ぶ航路が活性化した。イスラーム系商人の蒲寿庚《ほじゅこう》（生没不詳）が支配権を握る台湾海峡に面する泉州が南シナ海・インド洋交易の中心港になったが、一万人以上のイスラーム教徒が居住する国際都市で六つから七つのモスク（清真寺）、ふたつのヒンドゥ教寺院、三つのカトリックの修道院も建てられていた。

蒲寿庚は、姓の「蒲」がアラビア語で「父」を意味するAbuの音訳であることから分かるようにイスラーム教徒であり、父親の代に広州から泉州に移住していた。彼は、南宋末に海賊を撃退した功績で、一二七四年に泉州の提挙市舶となり、福建安撫、沿海都制置史として海軍の指揮官も兼ねた。以後、約三〇年間泉州の貿易を管理している。

南宋の滅亡時に蒲は元に帰順し、一二七八年には福建行省の中書丞相（長官）の地位についている。彼は国際的商業都市、泉州の貿易を支配しただけではなく、元の海軍でも枢要な地位を占めたのである。

マルコ・ポーロの『東方見聞録』はザイトゥーン（泉州）について、「ここは海港都市で、奢侈商品・高価な宝石・すばらしく大粒の真珠などをどっさり積み込んだインドの海船が続々とやってくる港である。またこの海港には、この地の周縁に展開しているマンジ各地からの商人たちも蝟集《いしゅう》してくる。要するに、この海港で各種の商品・宝石・真珠が取り引きされる盛況は、何ともただ驚嘆する以外にないのである。この海港都市に集積した商品は、ここからマンジ全域に搬運され買販される。キリスト教諸国に売りさばこうとしてアレクサンドリアその他の港にコショウを積んだ一隻の船が入港するとすれば、ここザイトゥーン港にはまさにその一〇〇倍にあたる一〇〇隻の船が入港する。その貿易額からいって、ザイトゥーン市は確実に世界最大を誇る二大海港の一つであると断言してはばからない」と述べている。

泉州のモスク（清真寺）の大門［劉致平『中国伊斯蘭教建築』新疆人民出版社 1985年より］

世界の海とつながる泉州に集められた商品は、東シナ海・黄海・渤海を通って大都へと送られた。元は海路を結び、天津付近で渤海に流れ込む白河から恵通河《けいつうが》という閘門式の運河を掘って大都（現在の北京）につなげ、江南の穀物を海路、大都に送るルートを作りあげた。そのルートはユーラシア規模の商業ネットワークの一部を占め、イスラーム世界、インド、東南アジアなどの諸地域からもたらされた物産が大都に運ばれるルートともなった。南シナ海と東シナ海が世界の諸商品の輸送の舞台となり、その経済的な影響は、九州・対馬などにも及んだ。黄海は大規模な船の往来と共に国際化し、「倭語でも漢語でもない言葉」を操る多くの人々が、操船と荷役に従事するようになったと考えられる。

◉二方向の元寇は泉州で立案されたという説

元代に東シナ海と南シナ海を軍事的に制し、経済政策の策源地になったのが台湾海峡に面した泉州である。泉州のムスリム商人は、広い視野を生かして商業利益の拡大に走った。

杉山正明氏は『クビライの挑戦』のなかで、ザイトゥーン（泉州）のムスリム商人の企図として、北の日本への遠征（「元寇」）と南のジャワ島への遠征（「元寇」）を経済的視点から統一的に把握しようとしており興味深い。

南宋滅亡直後の一二八一年になされた元寇（弘安の役）に参加した江南軍は旧南宋の軍隊の希望者からなる「黄金の島」ジパングへの「移民船団」であり、経済的目的があったと氏は推測する。

ヴェネツィアの商人マルコ・ポーロは泉州で元寇と「黄金の島」ジパングの情報を得たと考え

られているが、彼はフビライの遠征の目的をジパングの黄金を手にするためだとし、フビライが嵐にあってそれに失敗したと記している。

また服部英雄氏は、フビライの遠征の目的を火薬の材料となる硫黄の宋への供給の阻止と、その確保にあったと推測されている。火薬の材料は硝石、硫黄、木炭だが、元では硝石が自給できたものの硫黄の確保が難しかった。ところが、火山国の日本で大量の硫黄が調達できたのである。こうした火薬の原料を重視する見方は、後に述べる種子島への鉄砲伝来、「密貿易商人」王直の火薬貿易と結び付く視点であり興味深い。

弘安の役が失敗に終わった一〇年後の一二九二年、泉州から派遣された史弼《しひつ》が率いる五〇〇隻の軍船、二万人の兵士、水夫からなるジャワ島のシンガサリ朝への遠征も、ジャワ島の人々を交易に誘うことが目的で、泉州の商人が船や資材を提供し、ジャワ島への道案内をしたとされる。

そうであるとするならば日本とジャワに向けてなされた元寇は、いずれも経済目的の遠征ということになる。日本列島とジャワ島は、ともに「黄金の島」として知られており、イスラーム商人の注目を集めていたようである。日本（ジパング）の黄金伝説はマルコ・ポーロの『東方見聞録』で有名だが、フランシスコ会のイタリア人宣教師オドリコ（一二八六〜一三三一）の『旅行記』は、次のようにジャワ島を黄金の島として紹介している。

「この島の王は非常に素晴らしい宮殿を一つもち、非常に巨大で階段は大変大きく高く広く、またその踏み段は一方は黄金で他方は銀でできていて、同じく宮殿の床も一方は黄金の床、他方は銀の床でできている。宮殿の壁面は、その内側はすべて黄金の板で張りめぐらされ、……宮殿の屋根もすべて純金である。一口で云えば、この宮殿は今日世界にあるどれよりも華麗である」

2 モンゴル勢力の黄海への進出

◉征服された朝鮮半島と済州島

日本列島への元寇（モンゴル人の侵攻）に話を戻す。朝鮮半島、済州島、淮河以北（金）が支配下に入ると、モンゴル人は日本列島への侵攻に踏み切った。「遊牧民の爆発」と称される世界史の波が、直接、「東アジアの海」の先の日本列島にまで及ぶのである。

黄海・東シナ海に食指を伸ばすモンゴル軍は、派遣した使節が殺害されたことを口実に高麗に侵入し、一二三一年以降、三〇年間に六度の波状的な攻撃を行った。特に、一二五四年の侵攻は激しく、「骸骨、野を覆う」と表現されるほどの多数の死者が出た。

武人を中心とする高麗の崔氏の政権は、都を開城から漢江河口の江華島に移してモンゴル軍と戦ったが、一二五八年、クーデターにより崔氏の政権は崩壊。高麗はモンゴル人の支配を受け入れた。その後、高麗をモンゴル人の総督（ダルガチ。「征服者」の意味）が統治。高麗王はモンゴルの公主（ハーンの娘）を娶り、公主の産んだ子が高麗王位を継承した。王族名、服装、髪形なども、モンゴル風に改められている。宮廷料理にもモンゴル風の肉料理、スープ料理が取り入れられ、ユッケのように生肉を細切りにして食べる食習慣も民間に普及した。韓国料理の焼き肉の起源は、モンゴルにある。

モンゴルへの服従をあくまでも阻止しようとする高麗の近衛軍「三別抄」は、朝鮮半島南方の珍島、次いで済州島を拠点にしてモンゴル軍への抵抗を続けた。三別抄は、鎌倉幕府への救援要請をするが黙殺されている。一二七三年、モンゴル軍は三別抄軍を全滅させ、済州島を支配下に組みいれた。

三別抄の抵抗が続いていた一二六八年、高麗人の使節、潘阜《はんふ》が高麗王の書状と降伏を求めるフビライ・ハーン（在位一二六〇－一二九四）の書状を大宰府にもたらした。書状は鎌倉から朝廷に送られたものの、返書は送られなかった。幕府は、九州にモンゴル人との戦闘の準備を命じる。

ちなみに済州島ではモンゴル人の定住が進み、標高一九五〇メートルのハルラ山の山麓には背の低いモンゴル馬が放牧され、一三〇一年には万戸府が設置された。朝鮮王朝の時代を経て、現在も多くのモンゴル系の人々が島には居住している。モンゴル勢力が一時的に、黄海にクサビを打ち込んだのである。

◉南宋の滅亡と弘安の役

元軍の進出は、朝鮮半島、済州島に及んだ。フビライは一二七九年に南宋を滅ぼすと、日本列島への遠征の拠点となる済州島に日本遠征のための臨時の軍事機関である征東行省を設置する。

フビライは、黄海海域の全面的支配を目指し、九州への侵攻に踏み切った。一二七四年一〇月、元軍は高麗軍を併せた二万数千人の軍勢で対馬・壱岐を征服。博多湾岸に上陸し、約一万人の幕府軍と戦った。文永の役である。

幕府軍は、元軍の強い短弓を用いた集団戦法、「てつはう」という火薬を使う武器などで未知の戦法をとる元軍に苦戦を続けた。矢合わせをするため鏑矢《かぶらや》を放ち、名乗りをあげた後で一騎打ちする日本の伝統的な戦い方と元軍の集団戦では、全く戦い方が違ったのである。夜になると日本軍は大宰府の水城《みずき》まで後退。元軍は、日本軍の夜襲を恐れて船に引き返した。ところが翌朝、元軍は突然に謎の撤退をする。理由は定かではないが、矢が尽きたためとも、軍内に混乱があったためとも言われる。元はそうしたなかで南宋への攻撃を強め、一二七三年の襄陽《じようよう》の戦いに勝利。一二七六年、首都の臨安を陥落させて、南宋を滅亡させた。

東アジア海域で、残すところは日本のみとなった。フビライは、七五年、七九年に日本に使節を送るが、両者とも九州で斬刑に処されてしまう。

そこでフビライは、一二八一年の六月から七月にかけ、朝鮮半島、中国の江南の二方面からの大規模な日本遠征を決意した。二方向からなる大部隊の派遣が、「弘安の役」ということになる。

この戦いでは、東路軍（高麗中心）約四万人、旧南宋軍を中心とする江南軍約一〇万人が連携して博多湾を襲った。兵員一四万人、軍船四四〇〇隻で、前回の遠征（文永の役）の五倍近い兵力だった。江南軍には降伏した南宋軍の船だけではなく商人から徴発した船も多数含まれていたという。

情報伝達技術が未発達だった時代に、遠く離れた高麗と江南の大軍を連携させて戦闘を展開することはどう考えても無謀だった。しかも江南軍の総司令官が遠征の直前に急死して急遽入れ代わるというゴタゴタもあり、江南軍の博多湾への到着が大幅に遅れたのである。高麗からの東路軍が博多湾に到着して半月以上もたって、やっと江南軍が到着するという有様だった。

他方日本側は元の襲来を予期して異国警固番役を整備し、博多湾沿いに総延長二〇キロ以上の石塁を築いていた。そのために元軍は、上陸に手間取ることになる。元軍は博多を攻撃せんとして松浦湾の入り口に位置する鷹島（長崎県松浦市鷹島町）に兵力を結集したが、平戸島、鷹島付近を台風が襲い、大半の軍船が海に没して遠征は失敗に終わった。元軍は一〇万人のうち六万人から七万人を、高麗軍は七〇〇〇人を失ったとされている。一三三九年に書かれた北畠親房の『神皇正統記』は、この台風を「神風」と記している。

一二八一年の弘安の役が失敗に終わった後、フビライは三度目の日本列島遠征を考えたが、その死により遠征は中止された。北条氏は元の侵攻に備えることを口実にして、守護職に北条氏を多数充当し、危機を利用しながら勢力を拡大した。他方、九州の御家人に対しては、博多湾岸の石塁の建設など多くの負担を課している。

◉列島内で増幅された危機意識

モンゴル勢力の日本列島への進出が迫るなかで、強烈な危機意識が広がった。それを、最も顕著に示すのが日蓮の言動である。

日蓮は『立正安国論』で、「他国侵逼《しんぴつ》の難」（モンゴルの侵略）と「自界叛逆の難」（北方の狩猟・採集民の反乱）に対して強烈な危機認識を示し、日本国の民は「釈尊（シャカ・ムニ）の御子」であるけれども真理を見ないで、「火宅《かたく》の人」（強い火が家を包もうとしているのに、それに気づかず楽しみに興じている人）の状態にあるために、天の御使のモンゴル王により罰を受け、その後正法である法華経を中心にして（「立正」）国と民が安泰になる（「安国」）と説いた。「火宅の人」は、法華経の譬喩品《ひゆほん》という経文のなかの言葉である。

日蓮は、ユーラシア世界の変動を敏感に感じ取っていたようである。元の進出は、日本列島に深刻な危機意識を与えていたことが感知される。

イギリスの歴史家トインビーが「遊牧民の爆発」と称した歴史の波動は、南宋、高麗を飲み込んだが、日本は薄皮一枚のところで回避できた。そうした巡り合わせが、歴史の大きな分岐点のひとつになっている。

◉軍事出費で自壊した鎌倉幕府

鎌倉幕府は元の侵攻を何とか回避したものの、その後も対応に追われた。一二七二年以降、御家人が交替で北九州の沿海を警備する異国警固番役が設けられ、七六年以降は、博多湾で防御用の「石築地《いしついじ》」の建造が始まった。九〇年代になると、鎮西探題がそれらを統轄するようになる。

鎌倉幕府は、元軍との戦い（元寇）に参加した御家人に恩賞を与えることができず、不満を増幅させた。海外からの侵略に対する防御戦だったために、負担が御家人の持ち出しになったのである。そのため、小領地を売却して国難に対応した中・小御家人の生活が破綻に直面した。幕府は困窮化した御家人の領地の質入れを禁止し、一二九七年、永仁の徳政令を出し、質入れ、売却された御家人の領地を無償で返却させようとしたが効果はあがらなかった。

経済先進地の近畿では、荘園の年貢の取り立てや高利貸しなどで財力を増した「悪党」と呼ばれる新興武士層が台頭した。ユーラシアを揺るがしたモンゴル帝国のインパクトが、鎌倉幕府の力を急速に弱めたのである。鎌倉幕府は、元寇の負担で倒壊したと言っても過言ではない。

武家社会の行き詰まりを利用して後醍醐天皇は「異類」・「異形」として社会から蔑まれていた新興勢力「悪党」を抜擢し、一三二四年、鎌倉幕府を倒して天皇独裁政治を実現しようとしてクーデターを企てた。しかし、計画が事前に発覚。一三三一年、後醍醐天皇は山城の笠置山で挙兵するものの鎮圧されて隠岐に流された。その後も、「悪党」のリーダー、河内の楠木正成などにより反幕府の戦いが継続される。後醍醐天皇はやがて隠岐から脱出した。関西で混乱が続くなかで、幕府軍の指揮官として都に派遣された足利尊氏（当時の名は高氏）は天皇の働きかけを受けて鎌倉幕府に反旗を翻し、六波羅探題を滅ぼした。関東でも有力な御家人、新田義貞が鎌倉を攻略。

一三三三年、鎌倉幕府はあっけなく倒壊する。

3 黄海・東シナ海経済に好況をもたらした元

◉活気に沸いた黄海・東シナ海

意外に思われるかもしれないが、元寇以後、日元貿易は空前の活況を呈した。

元にとって大きな問題になったのが、穀倉地帯の江南のコメをどのようにして政治・軍事の中心の北京に安定輸送するかだった。元は長江河口の崇明島を拠点とする海賊で、官塩の密売商人だった朱清、張瑄《せん》を海運を担当する役人に抜擢し、コメの輸送を軌道に乗せた。海賊の彼らが長江河口から東シナ海、黄海、渤海の海域の情報を持ち、交易ネットワークを支配していたのである。

その結果、江南のコメと泉州に集められたインド洋周辺・東南アジアの贅沢品が東シナ海、黄海、渤海を渡り、天津に流れ込む白河、恵通河という閘門式運河を経て首都の大都（現在の北京）に送るシステムが整備されることになった。

経済を重視するフビライは、元寇の最中も日本船の中国南部への寄港を認めていた。文永の役と弘安の役に挟まれた一二七九年に、四隻の日本船の慶元（現在の寧波）での交易が、許可されている。元寇の間も、日元貿易は継続されていたのである。

元は、基本的に宋の貿易システムを継承した。一二九三年に泉州、慶元、温州、杭州などの七港に市舶司という貿易管理の役所が設けられ、外国船から商品の一割が関税として徴収された。

元の貿易商人は出身地で出国申請を行い、申請書が出港を希望する市舶司に送付され、行く先、船数、乗組員の人数、商品などが確認された後、出国許可証が発行された。貿易船には出港した港に戻ることが義務づけられ、確認書と積載商品が点検された後に徴税された。貿易船が異なる港に帰港した場合には罰則が科されたが、市舶司の管理体制はかなりルーズだったという。

元寇のほとぼりが冷めると日本船も慶元（寧波）に赴き交易するようになり、やがて福建の泉州、時には海南島にまで航路が延ばされた。

元と日本列島の間のメイン・ルートは浙江の慶元（寧波）と、舟山列島、済州島、五島列島北端の間を結ぶ航路で、順風に恵まれれば一〇日程度の日数で博多湾に至った。交易船は冬の東北のモンスーンが江南に向かって比較的穏やかに吹く三～四月、九月に慶元に渡り、夏のモンスーンが吹く五～六月に博多に戻った。

『徒然草』が、「唐の物は薬の外はなくとも事かくまじ」と記しているように「唐物《からもの》」はステータスを示す奢侈品として出回り、貴族たちの間で持て囃された。買い付けに出向く日本船に対しては、本来中国船に限定されていた「公憑《こうひょう》」という通行証が発給され、携行が義務づけられた。市舶所には公憑の「写し」が保管された。貿易船が過多にならないためだった。

この時期、後に述べるように黄海・東シナ海の交易は空前の活況に沸いたが、元船は江南と北京の航路に集中し、日本に来航することはほとんどなかった。一三五〇年、入元僧一八人を送還するための船が博多に至った程度である。

従来の日本史では、元寇が強調されすぎるきらいがある。しかし、商業が重視された元代は戦争一色の時代ではなく、むしろ日本の民間船が大挙して元に向かった経済の時代であった。南宋以来、銅銭を求めて大規模化に向かっていた交易が、一挙に拡大したのである。服部英雄氏は、南宋の密貿易の取り締まりにあたった包恢《ほうかい》という役人の、「一〇〇名も乗せる倭船が、毎年四〇～五〇隻も板木、螺頭（螺鈿の材料）、硫黄を積んで明州に入り、もっぱら禁制である銅銭に換えて帰る」という文章を紹介している。元は短期間しか存続しなかったが、入元僧は二〇〇人以上と極めて多く、交易と文化交流が進んだことが伺える。

元は食糧を江南のコメに依存しており、首都の北京と渤海・黄海・東シナ海を結ぶ食糧輸送の幹線ルートが帝国の生命線になった。長江河口の太倉の劉家港から黄海を北上して山東半島を迂回して直沽《ちょっこ》（現在の天津）に至り、白河と「恵通河という閘門式の運河」を経て首都の大都（現在の北京）に至ったのである。一四世紀前半には、江南から大都に向けて毎年三五二万石もの穀物が輸送されたとされる。

黄海の糧食の輸送ルートは、同時にペルシア湾のホルムズと台湾海峡に面した泉州を結ぶ国際航路の延長線上に位置づけられていた。世界各地の奢侈品が、大都に集まったのである。

◉新安沖沈船が語る貿易の規模

日元貿易の活況ぶりを語るのが、韓国南西部の全羅南道の新安郡で一九七五年に発見された博多の沈船である。

木浦《モッポ》沖の水深約二〇メートルの海底から発見された沈船は、全長約三〇メートル、幅六・九メートル、排水量約三〇〇トンの三本マストの外洋帆船で、乗組員は七〇名だったと推測され、一三二三年、慶元（寧波）を出て博多に向かう途中で嵐にあって沈没した。

この船は、京都の東福寺が博多の末寺である承天寺を通じて元に派遣した貿易船だったとされ、陶磁器一万数千個、約八〇〇万枚（約二八トン）の銅銭、紫檀、黒コショウなどが積み込まれていた。二八トンにも及ぶ銅銭は、日本における銅銭の需要の大きさを推測させる。この船からは、一〇点から二〇点の品物を収めた横七〇センチ、縦・高さ五〇センチの箱が三つ壊れずに発見されているが、恐らく一〇〇〇箱位が船に積まれていたと考えられている。現代風に言えばコンテナである。

鎌倉の北条氏も、元との貿易に熱心だった。鎌倉の建長寺の造営、鎌倉大仏の改造の資金も、元への交易船により賄われたとされる。一三三九年、足利尊氏も天龍寺を造営するための船を元に派遣。それに先立つ一三三三年には住吉神社造営のための船が遣わされ、一二〇万疋《ひき》（一疋は一〇銭に当たる）の利益が得られている。

東シナ海・黄海では、地理的知識、言語、航行技術に長じた元人、高麗人、日本人などの海運業者、海運従事者が交易の担い手になった。しかし、急激に元が衰退し、明が「海禁」により私商人の対外貿易を禁止するようになると、交易は壊滅的な打撃を受け混乱のなかでしぼんで行った。

◉西のルネサンスと東の「留学僧の世紀」

大きく見ると、モンゴル帝国の大領域を挟んで、東アジアの海と地中海は隣り合わせだった。モンゴル帝国はユーラシアの陸の交易路と海の交易路を結び付け（ユーラシアの円環ネットワーク）、東西文明の交流を促進した。第四回十字軍（一二〇二〜一二〇四）がコンスタンティノープルを陥落させた後、東地中海に進出したジェノヴァは陸路、ヴェネツィアはエジプトのアレクサンドリアを介し、モンゴルの大商圏と結び付いた。

その結果としてイタリアに莫大な富が蓄積されてルネサンスの経済的な基盤となり、中国の羅針盤・火薬・印刷術などがヨーロッパに伝えられた。イタリア・ルネサンスは、ユーラシア規模の経済活動が、イタリア半島にもたらした文化現象だったといえる。

モンゴル帝国（元）の時代には、東アジア海上交易の活性化を背景に、それまでに見られなかった数の日本の禅僧が長期間、元に滞在した。座禅により悟りが開けるとする禅宗が中国的生活様式を通して「悟り」を体感する宗教だったことから、僧侶の留学年数は必然的に長期に及んだ。留学僧は、中国的な生活様式を身につけて帰国したのである。その結果、書院造り、作庭法、家具、精進料理、点心・飲茶などの幅広い文化が日本にもたらされ、それらの「組み替え」により日本固有の生活様式が大きく変化することになった。

モンゴル帝国のユーラシア商圏は、西部でイタリア諸都市の文化を変化させただけではなく、東部の日本文化にも大きな変化をもたらしたのである。立ち居振る舞いの良さを重視する日本の文化は、茶道、華道、歌道、香道などにみられるように、座禅と同様の「かたち」を重視している。「人は見た目が一番」の起源である。

一三世紀から一四世紀、日本の多くの禅僧が中国に赴き、中国からも禅僧が渡来して文明の交流が進んだ。入宋僧は七〇名に達したと言われ、入元僧は二百数十人、無名の者を合わせると数百人に及んだとされる。

多くの禅僧が往来した文明交流の一世紀を村井章介氏は、「渡来僧の世紀」と名付けている。渡来僧としては鎌倉五山の基盤を築いた蘭渓道隆《らんけいどうりゅう》（一二一三〜一二七八）、無学祖元（一二二六〜一二八六）、京都に天龍寺を建て京都五山の基盤を築いた夢窓疎石（一二七五〜一三五一）などがあげられる。東アジアの共通語が漢字、漢文であることから、五山僧は外交官として幕府に重用され対外折衝にあたった。

第6章 再び蘇った「政治の海」

1　明の海禁への回帰と勘合貿易

◉モンゴル帝国崩落が起こした「倭寇」

ユーラシアの大部分の地域を支配したモンゴル帝国の分裂と崩壊は、東アジアの海の世界でも大事件となった。一四世紀中頃にモンゴル部族の連合体は内部から崩れ、ユーラシアは再編の時代に入る。

モンゴル帝国の再建を目ざすティムール帝国、中華帝国の再建を目指す明が、ユーラシアを二分した。一四〇三年にイスラーム世界の統合を実現したティムールは、二〇万の軍と七年分の糧食を準備して、一四〇五年に明への遠征に臨んだが、老齢のため自領を出ないうちに熱病に倒れた。ティムール（一三三六〜一四〇五）が世を去ると、イスラーム世界はオスマン帝国（一二九九〜

一九二二）、サファヴィー朝（一五〇一～一七三六）、ムガル帝国（一五二六～一八五八）に三分された。

モンゴル帝国崩壊の衝撃は、東アジアでも、元（一二七一～一三六八）が中華世界、朝鮮半島、黄海・東シナ海を制覇していたために大変なショックと混乱をもたらした。経済面では渤海・黄海・東シナ海で活況を呈していた交易が短期間で崩壊し、海運と荷役に従事していた膨大な数の民衆が生活の糧に窮するようになる。

フビライ（在位一二六〇～一二九四）の死後、ふたりのハーンの抗争が華北一帯を戦場に変え、飢饉に苦しむ華中では紅巾の乱（一三五一～一三六六）という大農民反乱が広がり、それに江南の穀物を大都に輸送する方国珍《ほうこくちん》（一三一九～一三七四）、張士誠《ちょうしせい》（一三二一～一三六七）などの海上商人の反乱が重なった。

そのために元を支えたコメが大都に届かなくなり、税収の半分を占める東南部沿海地帯の支配が揺らぎ、モンゴル人は北のモンゴル高原に撤収。遊牧生活に戻った。その結果、一気に元が倒壊。貧農出身の朱元璋《しゅげんしょう》（洪武帝。在位一三六八～九八）による「大明」再建で、伝統的な農業帝国が姿を現した。

ちなみに紅巾の乱は、高麗にも影響を及ぼした。五〇年代末から六〇年代初めにかけて二度にわたり数万から一〇万の紅巾軍が高麗に侵入。一時、首都の開京を占領している。

揚州、蘇州に拠点を置く張士誠、浙江から慶元（寧波）に勢力を振るう方国珍などの海商が沿海地域で反旗を翻したことから、東シナ海・渤海の交易は一挙に崩れ、不況に襲われた海域では海賊が横行するようになった。

明の将軍徐達《じょたつ》（一三三二～一三八五）が平江で張士誠を捕らえ、方国珍は慶元で敗北を喫して海上に逃れたが明の軍人、湯和《とうわ》（一三二六～一三九五）に追撃されて降伏。明により海洋の秩序が回復された。しかし、その配下の水夫たちが逃れて海賊となり、明を脅かすことになる。海運、労役に携わっていた対馬、壱岐、肥前松浦、朝鮮・中国の沿岸の民衆も生活の糧を失い、食を求めて略奪を働くようになった。それが、一五世紀初頭まで続く前期「倭寇」である。前期「倭寇」は、海域経済の壊滅から派生したのである。

『高麗史』は、一三五〇年四月に百余艘の倭船が、米穀を運ぶ漕船を襲ったと記す。その記述が、一連の前期「倭寇」のはしりとなる。一四世紀後半の高麗から朝鮮王朝への転換期に朝鮮半島南部を襲った前期「倭寇」は、江南から北京に糧食を運ぶ人々の生活が崩壊するなかでの出来事だった。倭寇のなかには、船四〇〇隻、三〇〇〇人が参加するという大規模なものもあったという。それはそれで、ひとつのビジネスであった。

明でも、一三六九年、倭人が山東から温州、台州、明州で略奪を行い福建にまで至った、広東方面を荒らした、対馬・壱岐の倭が蘇州、松江を寇したなどの記述がある。しかしそれぞれ方向が違っており、朝鮮の「倭寇」と明の「倭寇」を単純に結び付けることはできない。

◉急激な縮小に向かう明の海域

農業帝国に商業は邪魔と考えた明は、海禁政策をとって民間商人の海外貿易を禁止し、東アジアの海を「朝貢の海」に再び逆転させた。宋代以降の経済の時代の終焉である。

一三九七年に編纂された『大明律《だいみんりつ》』は、①帆柱が二本以上の大型船の建造、②密かに海外で交易すること、③海賊との結託、を禁止している。

他方で明は朝貢体制を立て直すために、建国直後に高麗、安南（ベトナム北部）に朝貢を求め、翌年には日本、占城（ベトナム南部）、爪哇（ジャワ）、翌々年には暹羅《せんら》（シャム、アユタヤ）、真臘（カンボジャ）、三仏斉（パレンバン）、渤泥（ブルネイ）に朝貢の呼びかけを拡大した。時代の転換期ごとに繰り返される中華思想の具現化である。

一三八三年には、朝貢のために派遣されてくる使節の真偽を確認するために、暹羅（アユタヤ朝）、占城（チャンパ、ベトナム南部）、真臘（カンボジャ）に勘合《かんごう》文冊が初めて与えられた。それが、勘合貿易の起源となる。

モンゴル帝国の時代、東南アジアの政治状況は既に大きく転換していた。三仏斉《さんぶつせい》は倒されてジャワ島のマジャパヒト朝（一二九三〜一四七八）が勢力を拡大しており、半島部では、伝統的な占城、真臘の外にタイ人のアユタヤ朝が新たな交易国家として台頭。マラッカ海峡最狭部のマラッカには旧パレンバンの貴族パラメスワラ（在位一四〇三〜一四一四）が移住（一三七九〜八〇）して港市を開いていた。

パラメスワラは後に述べるように鄭和艦隊を積極的に受け入れ、明の庇護下にマラッカ王国（一四〇二〜一五一一）を成長させた。アユタヤ朝（一三五一〜一七六七）、マラッカ王国は明の朝貢体制に自ら積極的に組み込まれることを望んだ新タイプの交易国家だった。明はモンゴル帝国の下で自由な交易を前提に成長してきた南シナ海、東シナ海を中華帝国の伝統的な朝貢体制下に再編することによって、内外に存在感を示そうとしたのである。

明も最初、海外貿易を司る市舶司を首都の南京に近い黄渡鎮《こうとちん》（江蘇省太倉県）に置いたが、黄渡鎮は首都に近すぎて防衛上の問題があるとして間もなく閉鎖され、一三七〇年に唐代以来の伝統的な港である浙江の寧波、福建の泉州、広東の広州の三つの港に市舶司が設けられ、日本、琉球、占城、暹羅（シャム）、西洋諸国との貿易の窓口にされた。明の市舶司は、朝貢の管理が主な仕事だった。

第三代永楽帝は、『太祖実録』永楽二年（一四〇四年）正月の条に「民の下海を禁ず。時に福建の瀕海《ひんかい》居民は、私に海船に載り外国と通交し、因って郡県に寇《こう》を為す。以て遂に令を下すを聞く。民間の海船を禁ず。原より有る海船は悉く平頭船に改むるを為す。所にある司は其の出入りを防ぐべし」とあるように、民間商人の海外貿易を改めて禁止した。上記の「平頭船」は外洋船ではなく、河川交易用の船を指す。永楽帝は、寧波に安遠館、泉州に来遠館、広州に懐遠館という外国使節のための賓館を設け、朝貢のかたちを整えた。その翌年、鄭和の南海遠征が始まることになる。

ところで朝貢を管理する明代の市船所の編成は、入港する外国船の数が限られたために極めて簡素な組織だった。提挙一名、副提挙二名、下属吏目二名、駅丞《えきじよう》（賓客を接待する官）一名のみの構成で充分だったのである。

朝貢貿易は、①貢使が携えてきた貢物に対する皇帝からの回賜《かいし》、②使節団が持参した品の政府の監督下での貿易、③使節団に従う附属船の貨物を官許商人に売却する貿易、の三部分から成り立っており、政治的、儀式的な貿易であった。体面を重んじた明帝国は朝貢使節に対して行う経済性を度外視した回賜が莫大な財政負担を強いるため、極力朝貢の制限に努める必要があった。

そのために明は正式の貢使か否かを識別する方式として、一三八三年に勘合符（割り符）を発行し、それを制度化した。正式の貢使を厳密に識別したのである。また巨額の財政負担を抑えるために、安南（ベトナム）、占城（チャンパ）、暹羅（シャム）、ジャワが三年一貢とされ、日本は一〇年一貢、船は二隻まで、人員は二〇〇名、貢物は二〇品目というように厳しく制限された。皇帝が替わる度に、礼部が一〇〇道の勘合符と底簿一冊を各国に送り、正当な使節を識別するための割り符としたのである。使節は海路から明に赴いたが、朝鮮王朝は陸路使節を送ることになっていて、鴨緑江から遼東半島、山海関を経由して北京に至った。

◉明に追随した朝鮮王朝

明の建国を通告された高麗は、明に答礼の使節を派遣したものの、国内では親元派と親明派の対立が続き「倭寇」の侵攻が続いていた。そうしたなかで「倭寇」の討伐で名をあげた将軍、李成桂（一三三五～一四〇八）がクーデターを行って親元派を一掃。都をソウルに移し「権知高麗国事」（仮に高麗の政治を取り仕切る人）と称して実権を握り、一三九二年、明に朝貢して朝鮮王朝（李朝、一三九二～一九一〇）を開いた。明の承認なしには、勝手に王朝を名乗れなかったのである。

一四〇三年、第三代太宗（在位一四〇〇～一四一八）が正式に明の冊封を受けた。朝鮮王朝は明に「和寧」と「朝鮮」の国号を示し許可を求めたが、結局「朝鮮」という国号が明に認められることになった。

朝鮮王朝は宗主国の明にならい、中華思想と農本主義、朱子学と科挙を取り入れた。その結果、同朝では古臭い華夷思想が五〇〇年以上も存続することになる。中華帝国の首都からの距離で文明を価値づけ、海の世界を野蛮視する思想は極めて頑固で、近代化を阻む一因になった。こうした狭隘《きょうあい》な視点は世界史の流れを見る目を歪め、後世に大きな負荷をかけることになる。

朝鮮王朝の「倭寇」対策について、榎本渉氏の『僧侶と海商たちの東シナ海』は、「高麗の跡を継いだ朝鮮は、倭寇に官を授け貿易も認めてその懐柔を図り、一五世紀にはそれなりの成功を収める。概して言えば朝鮮は、暴力の場となった海に対して貿易というエサを撒いて、平和を取り戻した」と記している。

朝鮮王朝は「倭寇」が下火になると、一四〇一年、富山浦《ふざんほ》（現在の釜山）、乃而浦《ないじほ》（現在の昌原）、二港での日本商人の貿易を許し、王朝が与えた証明書を所持する商船の入港を認めた。朝貢の形式による貿易である。通商目的で朝鮮半島を訪れる日本商人は、「興利倭人」と呼ばれ優遇された。明にならって朝鮮王朝もミニ・サイズの「勘合貿易」を実施したのである。

足利義満（一三五八～一四〇八）が明に冊封されると日本と朝鮮王朝の間の正式な国交が樹立され、使節の交換も行われた。一四二六年には、塩浦《えんぽ》（蔚山）も開港される。交易が公認された三浦には倭館が設けられて交易を管理し、居住する日本人の商人は、三〇〇〇人に及んだ。商人が朝鮮から購入した商品は、兵布、帆布として国内需要が多い木綿だった。木綿は、当時の日本ではいまだ生産されていなかったのである。一四四三年以降、日朝の境界に位置する対馬の宗氏が朝鮮王朝との貿易を独占。幕末まで、そうした状態が持続した。

◉鄭和の南海遠征と朝貢の世界化の企図

「靖難《せいなん》の変」というクーデターにより甥の前帝を倒して第三代皇帝の地位を得た永楽帝（在位一四〇二～二四）は、徳によらず武力で皇帝の地位を奪ったことに負い目を感じていた。

天命が自らに下されたことを証明するには、天下（世界）に勢力を拡大する必要があった。皇帝としての体面は、目に見えるかたちで示されなければ説得力がない。永楽帝は、形式的にモンゴル高原に覇を唱えていることを示すために自ら軍を率いて五回にわたりモンゴル高原に形式的な遠征を行い、八〇万の軍を派遣して元が征服できなかったベトナムを征服し、チベット・中央アジア・南シナ海・インド洋に側近の宦官を派遣して朝貢使節を迎え入れた。

永楽帝の即位の三年後に行われたイスラーム教徒の腹心の宦官、鄭和《ていわ》（一三七一〜一四三四）を長とする南海遠征も、偉大なる皇帝の出現を天下に訴えるために組織された一大イベントだった。

鄭和艦隊の所期の目的は、南シナ海を「朝貢の海」に変えることにあった。当時マラッカ海峡の入り口に位置するパレンバン（旧港）に拠点を設けていた福建出身の海賊、陳祖義《ちんそぎ》（生年不詳〜一四七〇）が南シナ海に覇を唱えており、東南アジアへの朝貢貿易の拡大の妨げになっていたのである。

マラッカ海峡の入り口のパレンバン（旧港）が地政学上重要な位置を占めていたことは、第四回以降の鄭和の遠征に加わった

鄭和艦隊の出発（想像図）

たイスラーム教徒の馬歓が一四五一年に著した『瀛涯勝覧《えいがいしょうらん》』が、「旧港は古名が三仏斉。地元名はパレンバンという。ジャワ国の管轄下にある。東はジャワ国に接し、西はマラッカ国と境界を接している」と記していることから明らかである。南シナ海、ジャワ海、マラッカ海峡の接点となる要港が海賊に占拠されていたのでは、朝貢貿易が軌道に乗らない。

一四〇七年、鄭和艦隊は海賊の陳祖義を捕らえて本国に送還し、斬首の刑に処した。陳祖義に代わってパレンバンの頭目となった施進卿《せしんきょう》（生年不詳〜一四二三）は、明に従ったのみではなく南

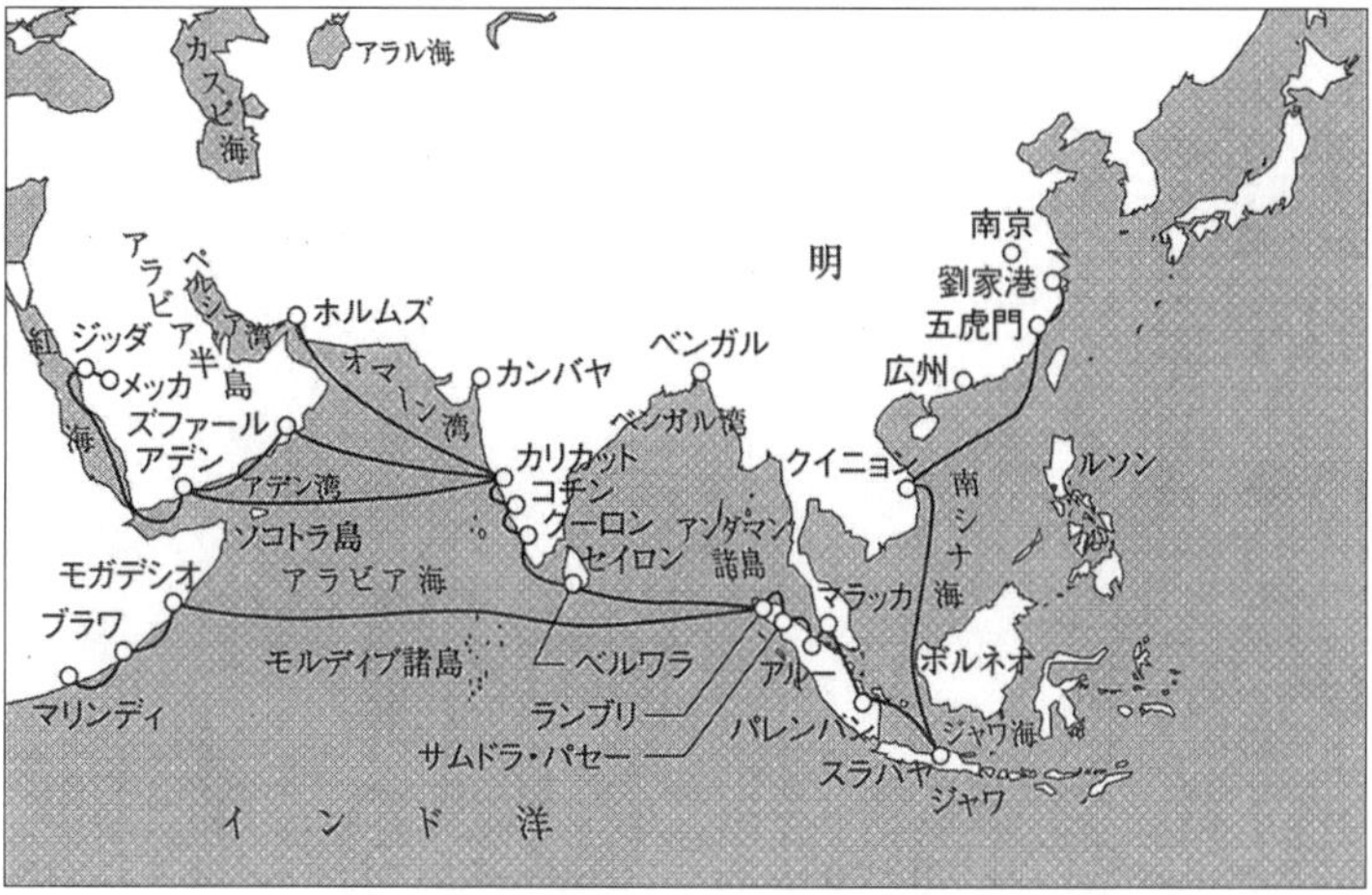

鄭和艦隊の第７回の遠征ルート

シナ海・東シナ海の交易で活躍。一四〇八年、若狭の小浜《おばま》にまで交易船を派遣している。

鄭和艦隊は、前後七回（永楽帝は六回）インド洋に向けて派遣された。最初の三回はインドのコショウの積み出し港カリカット、四回目以降はペルシア湾の入り口に位置する港ホルムズが目的地で、分遣隊は紅海、東アフリカの諸地に至った。

艦隊の航路が西に延ばされたのは、「僻遠の地」から朝貢使節を呼び寄せるためであった。鄭和は永楽帝の意を受けて、インド洋周辺の諸国に「朝貢」を進めて回る。永楽帝は海の彼方から派遣されてくる使節を自己の徳が天下に鳴り響いている証しであると称して、国内体制を固めようとしたのである。

朝貢貿易では皇帝の体面を飾るために多くの下賜品、貿易の機会が与えられた。そこで、東アフリカのメリンディを初めとして三〇数カ国が明に使節を派遣した。永楽帝は、徳のある「天下（世界）」の支配者としてのイメージの確立に成功。フビライが制圧できなかった日本の足利義満が、「日本国王」として永楽帝からの勘合符を受け入れたことも、クーデターで権力を奪取した永楽帝の負い目の解消に役立った。

それでは改めて、鄭和(一三七一?～一四三四?)の南海遠征の概要を見ておこう。永楽帝の右腕の宦官、イスラーム教徒の鄭和は、明の国威を見せつけるために、二〇〇〇トン以上と推測される木造の巨大船(長さ一五一メートル、幅六一メートル)六二隻、飲料水・食糧・貢物・軍馬の輸送船、戦艦を含めると二〇〇隻、二万七〇〇〇人余の乗組員からなる大艦隊を率いて、一四〇五年以降六回にわたり(全体では七回)南シナ海・インド洋への航海を繰り返した。艦隊は、遠国の朝貢は勘合符はいらず略式の手続きだけでよいとして、東南アジア・インド・西アジア・東アフリカの国々に朝貢を呼びかけた。

ポルトガルのヴァスコ・ダ・ガマ(一四六〇頃～一五二四)の艦隊が、四隻の船、乗組員一七〇人だったことと比べると、その規模のとてつもない大きさが理解できる。

第三回までの遠征は、インドのコショウの集散地カリカットを最終目的地とし、ユーラシアの海の世界に対する国威の発揚と国営貿易が目的であり、元代に東南アジアやインド洋からもたらされ輸入が途絶えていた香辛料・香木などを大量にもたらした。第四回以降は目的地がインド洋を越えてペルシア湾のホルムズに延ばされ、帝位を簒奪した永楽帝の権威を高めるための朝貢使節団を明へと運んだ。世界の隅々にまで永楽帝の名声が鳴り響いているかのように装ったのである。

遠くアフリカ東岸を訪れた艦隊は、キリン・ヒョウ・ダチョウなどの珍しい動物を運んだ。特に盛世に現れるとされた吉祥獣の麒麟《きりん》になぞらえられるキリンは、ソマリ語で呼び名がほぼ同じであったことから、クーデターで帝位を奪ったという負い目を持つ永楽帝を大変に喜ばせた。一四一五年、四カ月かけてキリンが南京から北京に移送された時には、多くの人々が目にしたことのない珍獣に驚愕した。

永楽帝の死後、南シナ海を越えてインド洋にまで朝貢貿易システムを拡げようとする無謀な試みは、中止された。『明史』鄭和伝は、「無名の宝物を所取すること勝《あ》げて計《かぞ》うべかず。而《しか》れども中国の耗廃《もうはい》も亦、貲《はかること》ならず」と、莫大な費用がかかったことを指摘している。

明にもたらされたアフリカのキリン（台北・故宮博物院蔵）

元から明初にかけて、造船能力は年間五〇〇〇余隻と言われ、中華帝国は世界最大の造船大国だった。明初に、明が所有する船舶数は、ヨーロッパ諸国の総計よりも多かったとされる。しかし、海禁と朝貢が徹底されるにつれ、外洋船の数、造船能力は急落した。政治が経済を押し潰したのである。鄭和艦隊の華々しい遠征は、宋・南宋以降の「中国の海洋時代」の末尾を飾るイベントだったのである。

永楽帝は、一四二一年に一〇〇万人の農民、二〇万人から三〇万人の職人を動員して、三年半の歳月をかけて北京を建設し、南京から遷都した。明は、伝統的な内陸帝国に逆戻りする道を選択したのである。

2　足利義満の野望

◉日本国王としての冊封

足利尊氏が世を去った翌年に、征夷大将軍、足利義詮《よしあきら》（一三三〇～一三六七）の長男として生まれた義満（在任一三六八～九四）は、弱冠一五歳で第三代将軍の地位についた。

彼は明が成立した一〇年後の一三七八年、全国から名花・名木を集めて京都の室町に「花の御所」と称えられる贅沢な邸宅を建設。それが、室町幕府の名のいわれとなる。

室町幕府は、直轄領からの収入、守護・地頭、御家人への課税の外に、高利貸しの土倉・酒屋への課税、関銭・津料などの通行税を主たる財源にしていた。義満は、各地の守護大名を傘下に組み入れることで幕府の全国支配のかたちを整えたが、鎌倉にも別組織をつくった。鎌倉幕府の

足利義満像（京都市・等持院蔵）

倒壊の後、長期間分裂を続けてきた東・西の大名を統合し日本の再統一を試みたのである。

　彼は明と朝貢関係を結んで、「日本国王」の称号を得ることで銅銭を独占し、明や朝鮮王朝と関係が深い西国大名を自らの下につなぎとめようとした。室町幕府が開かれた京都の南に位置する巨椋池《おぐらいけ》は、寧波から筑紫、瀬戸内海、兵庫、淀川水系を経由する「銅銭の道」の終点になった。

　義満は、三七歳の若さで征夷大将軍職を九歳の義持（一三九四〜一四二三）に譲り、太政大臣となった。平清盛の後に藤原氏の太政大臣が続き、義満は武家としては清盛に次ぐふたり目の太政大臣だった。若くして位人臣を極めたのである。

　翌年、義満は官を辞して出家。室町殿（足利氏の家督）としてフリーハンドで政治に参画するようになる。官位の叙任権、僧侶・神官の位階の授与権、祭祀などの権限が義満に集中したのである。東アジア世界が朱子学に傾くなかで義満は、自身が出家したことで分かるように禅宗を重視し、京都と鎌倉にあった五山を整理して、相国寺《しょうこくじ》の鹿苑院《ろくおんいん》を拠点に寺院を監督する体制を整備した。禅宗を通じて国内の統一を進めたのである。

野心家の義満は、銅銭の輸入を自らの手に独占しようと考えた。しかし明の洪武帝は、一三七一年に後醍醐天皇の皇子で南朝の征西将軍だった懐良親王《かねよししんのう》（一三二九?～一三八三）を「日本国王懐良」として冊封し、「倭寇」の脅威を取り除こうとしていた。

それに対して義満は「日本准三后《じゅさんごう》道義」の名で、一四〇一年、明の建文帝に書簡を送り朝貢を求めた。ちなみに「准三后」は、太皇太后、皇太后、皇后の三后に准ずるということで皇族の意味になる。「道義」は仏門に帰依した者を意味した。義満は、かつて宋との貿易を推進した平清盛の先例にならったのである。

彼は京都郊外に広大な北山第（別荘）を造営し、明使を接待するための金貼りの舎利殿（金閣寺）を建てた。大量の金を産出する「黄金の国」のイメージが具現化されたのである。金閣寺の黄金の舎利殿は、下の二層が寝殿造り、上層が禅宗様になっていた。

「黄金の島」を印象づける金貼りの金閣寺を舞台に義満は明に使節を派遣して国交回復交渉を行い、第二代の建文帝より「日本国王」に封じられた。一四〇四年に永楽帝の臣下として、義満個人に朝貢が認められることになる。遣唐使が廃止されてから、五〇〇年後のことであった。

永楽帝は義満を日本の国王として認め、巨大な金印と勘合符、明の暦を与えた。元のフビライがなしえなかった日本からの朝貢は、永楽帝のコンプレックスを和らげた。

その結果日本は、初めて中華帝国の朝貢国になり、朝鮮王朝と同等の関係にたった。義満は「東アジアの海の世界」の変動をいち早く察知し、明との勘合貿易を政治的に利用しただけではなく、宋・元銭や洪武通宝・永楽通宝などの明銭を独占的に輸入し、大きな利益を得たのである。かつての清盛が行ったように、国内で銅銭が鋳造されない状況の下で「実質的な貨幣発行権」を独占したのである。ちなみに、織田信長が旗印に永楽銭を用いたことは、永楽銭が広く日本で普及したことを物語っている。

◉派遣数が少なかった遣明船

一四〇四年、禅僧の明室梵亮《めいしつぼんりよう》を正使とする最初の正式な遣明船が明に向かった。遣明船は摂津の港、兵庫（現在の神戸）から出港。瀬戸内海の尾道、赤間関を経由して博多に至り明に向かった。帰路も同じルートで摂津兵庫に戻る。兵庫には貨物保存の倉庫が造られた。

晩年、義満は子を皇位につけることで自ら上皇になろうと画策したが果たせず、一四〇八年、五一歳で世を去った。日本からの勘合船は義満の死を挟み六回派遣されたが、次の将軍、義持（在任一三九四〜一四二三）は一転して明との朝貢関係を断った。いつの時代も政治は紆余曲折し、経済とはなかなかかみ合わないものである。

「真如堂縁起絵巻」に描かれた遣明船（真正極楽寺蔵）

義持は朝貢を求める明使に、義満が病気にかかったのは、「我が国は古来外国に対して臣と称することはなかった。近年ではそれまでのしきたりを変えて中国の印綬を授かり、拒否しなかった」ことにあるとする返書を託し、明との冊封関係を一方的に断った。義持は、名分を捨てる経済外交を否定したのである。

義教《よしのり》（在任一四二八～一四四一）の時代になると貿易が復興。明は、一〇年一貢とした。その後、一一五年間に遣明船は一一回派遣されたに過ぎない。勘合貿易は、義満の意欲の程には盛り上がらなかったのである。

◉それでも大きかった遣明船の利益

遣明船を派遣する権限を握っていたのは、明の皇帝から冊封された足利将軍であり、大内氏、細川氏などの守護大名、大社寺に利益の一部を譲り渡す条件で交易権が委託された。一五世紀から一六世紀半ばまでに約八〇隻以上の遣明船が派遣されて幕府の財源になったが、同時に有力守護大名、実際の貿易実務を担当した博多、堺の商人の利益も絶大だった。

　遣明船は、なるべく多くの商品を運ぶ必要から一五〇人から二〇〇人もの乗員が乗り組む大型船が用いられた。遣明船が運んだ主な輸出品は銅であり、主な輸入品は絹、銅銭だった。室町幕府は銅を輸出し、絹や加工された大量の銅銭を輸入したのである。

　初期の遣明船では、明初に来日したイスラーム商人の末裔、楠葉西忍《くすばさいにん》（一三九五～一四八六）が活躍した。相国寺の僧、絶海中津《ぜっかいちゅうしん》（一三三四～一四〇五）が入明し、一三七六年に帰国した際に天竺人ヒジリを伴い、京都の三条坊門烏丸に居住させた。

　ヒジリは、河内の楠葉の女性を妻にして二子をもうけた。その長男がムスル（俗名は天次、イスラーム教徒ではないかとされる）で大和の立野に居住、西忍《さいにん》と称した。西忍は、義満の下で二度遣明船に搭乗し、北京に至っている。

　楠葉西忍の言を引いた田中健夫氏の『倭寇』は、「遣明船に乗って二度も明に渡った楠葉西忍の言によると、明で一斤二五〇文で入手した唐糸を持ち帰ると日本では二〇倍の五貫文になり、日本で一駄一〇文貫の銅が明では四〇～五〇貫文に売ることができたという。遣明船の利益を数字で明確に示すのは困難だが、いろいろな史料から考えると、少なくとも一船で一万貫文くらいの純利益にはなったのではないだろうか」と記している。ここで言う一貫文は一〇〇〇文なので、一万貫文は一文銭が一〇〇〇万枚ということになる。

　一四六八年に入明した遣明船の『戊子《ぼし》入明記』の記録では貿易の利益は一万八〇〇〇貫で、現在の消費者米価を基準に計算すると一〇億八〇〇〇万円にものぼると言う。

◉大内船と細川船が衝突した寧波事件

遣明船の主要ルートとなる瀬戸内海の制海権を握っていたのが、河野氏など海賊の大部分を服属させ、瀬戸内海航路の要衝、赤間関と門司を支配していた大内氏だった。

後に応仁の乱が起こると大内氏は山名宗全の西軍に組みし、東軍の盟主、細川氏に対抗し、摂津諸郡を奪い、自領と京都を結ぼうとしたが、果たせなかった。大内氏に瀬戸内海航路を牛耳られていた細川氏は、新たに和泉の堺を遣明船の拠点とし、南海航路をとって土佐沖を通り、九州の南部を通って明に向かうことになった。土佐の浦戸、薩摩の坊津、種子島が南海路の主要な港となり、室町幕府は薩摩の島津氏を遣明船の警護に当たらせた。

細川氏と大内氏はやがてこともあろうに対日貿易の窓口、寧波での武力抗争を引き起こすことになる。あり得ないことだが当時の勘合貿易はルーズになってきており、勘合符の形骸化が進んでいた。そうした背景の下で一五一四年、細川氏の遣明船と大内氏の遣明船が寧波でかちあうことになる。

遣明船が持参する勘合符とは正式の使節であることを証明する割り符で、明の皇帝が替わるごとに百通が「日本国王」つまり足利家の家長に贈られた。遣明船は一隻につき一枚の勘合符を持参し、そこに押されたふたつの印が、北京と寧波の役所に保管された底簿の印と合えば、正式な使節と認められて、貿易が許可された。

当時の日本では、一〇年一貢と制限されていたものの巨利が得られる遣明船の勘合符が利権化しており、幕府は「勘合礼銭」と引き換えに勘合符を売りに出した。一通につき三〇〇貫文という相場が生まれたという。大内氏、細川氏、寺社などは勘合符を購入することで貿易に当たったのである。

当時の正式な正徳勘合符は大内氏により独占されていたが、細川氏も貿易をあきらめるわけにはいかず、期限切れで無効になっていた弘治勘合符を持参し寧波に赴いた。本来ならば、細川氏に勝ち目はない。ところが後から寧波に入港した細川船に綱司（交渉担当）として雇われていた日本在住の浙江商人、宋素卿《そうそけい》（生年不詳～一五二五）が、貿易を監督する市船司太監（宦官）を賄賂で抱き込むことに成功する。賄賂が効いて、細川船が先に商品の陸揚げを許されただけではなく、宴席でも優遇されることになった。規律が徹底的に緩んでいて、本来厳格に行われるべき手続きがルーズになってしまっていたのである。

そうした不当な扱いに激怒した大内氏の正使、謙道宗設《けんどうそうせつ》（生没年不詳）は細川船を焼き払い、接待所を破壊。紹興に逃げた宋素卿を追って騒乱を起こし、細川側に武器を与えて支援した明の役人を殺害してしまった。それが「寧波の乱」である。宋素卿は投獄されて獄死し、両方の遣明船が帰国させられ、勘合貿易も一五三六年まで停止されることになった。この事件が、日本商人が長江河口の舟山列島の双嶼港《そうしょこう》などでの密貿易に参入するきっかけとなった。

勘合貿易は、一五四七年に使節として派遣された策彦周良《さくげんしゅうりょう》（一五〇一〜一五七九）が率いる四隻の交易が認められず、最後となった。

3 琉球の大交易時代

◉南シナ海貿易を請け負った琉球の躍進

話は前後するが、明は勘合貿易の体制を整える一方で鄭和艦隊による香料・香木・薬材の輸入に努めたが、艦隊の派遣を停止した後、琉球を南シナ海の貿易で活用する方針に転換した。

沖縄本島では、古来海を見下ろす丘の頂上部に石灰岩の城壁を巡らす「グスク」という城塞を建設した「按司《あじ》」とよばれる首長の勢力争いが繰り返され、一四世紀には、南山、中山、北山の三つの小国家が分立していた。一四二九年、中山王の尚巴志《しょうはし》が三山を統一すると、琉球王国は貿易立国の道を歩み、明との関係を深めた。一四世紀から一六世紀中頃までの間に琉球は、二二回の正式な冊封船（琉球では「冠船」と呼ばれる）を派遣。その他にも多くの朝貢船（進貢船）を出した。

鄭和の南海遠征が中止された後、明は琉球に特権を与え、東南アジア・インド洋の物産を手に入れる措置をとった。明は、琉球に操船が巧みな福建人を移住させ、大型の交易船を与え、琉球王の宗氏には「守礼の国」であるとして、勘合符なしの貿易を許した。福建人は、首里城近くの久米村（那覇市久米）に集まり住み、外交・貿易業務を請け負った。琉球は、「東アジアの海の世界」と東南アジアで優先的に交易する特権を掌中に収め、福建の福州に大量の南シナ海の物産をもたらすことになる。

琉球は那覇港から船を出して、南シナ海のルソン島、ベトナムの安南、スマトラ島のパレンバン、ジャンビ、ジャワ海のカラバ、グレシク、タイランド湾のアユタヤ（シャム）、パタニ、マラッカ海峡のマラッカなどとの間に活発な交易を行い、明との朝貢貿易で圧倒的優位に立った。明

那覇港に停泊する進貢船を描いた「進貢船図」（沖縄県立博物館蔵）

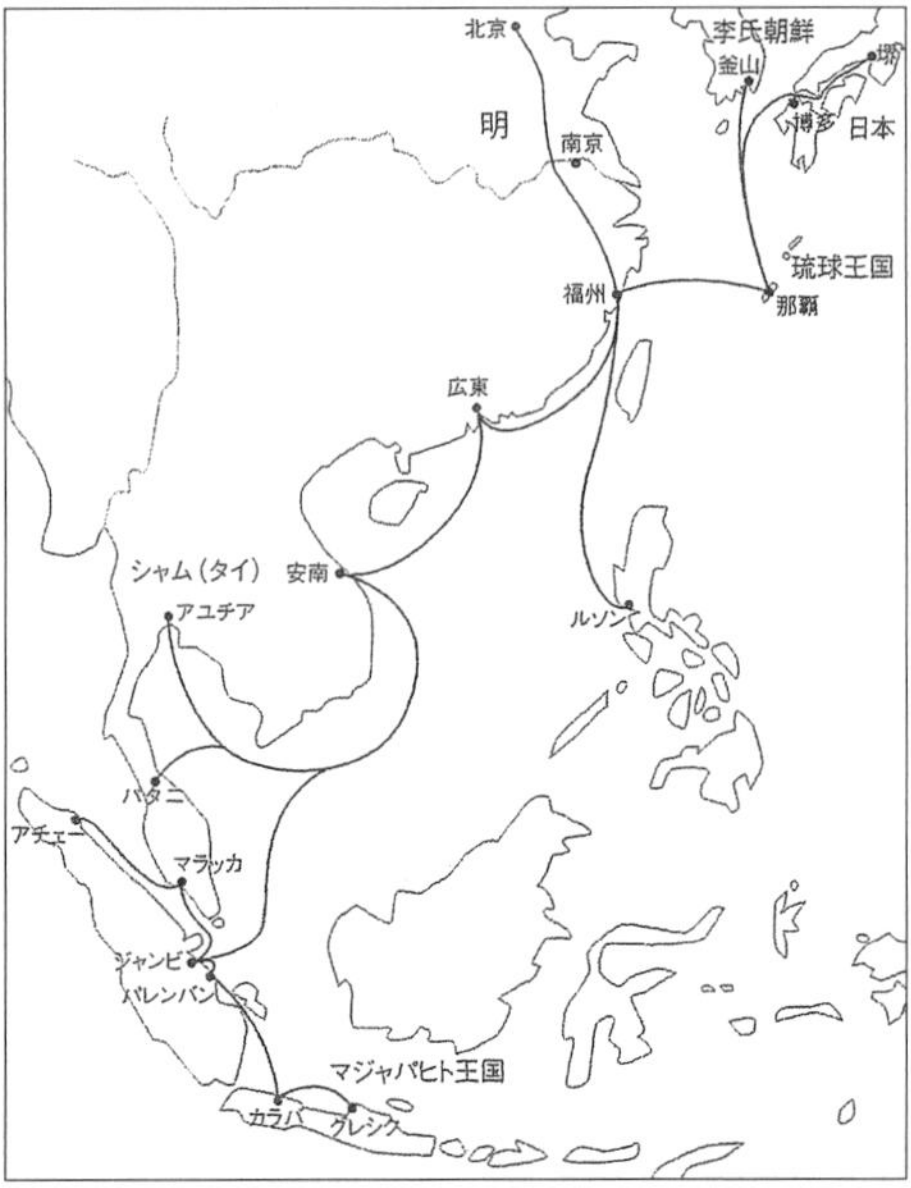

琉球王国の交易ルート（15～16世紀）

に対する琉球の朝貢が一七一回だったのに対し、第二位の占城（チャンパ）が八九回、第三位の安南が八一回、第四位のシャムが八一回、第五位のマラッカが三一回であり、日本はわずか一九回に過ぎなかった。

琉球は、明の物産が豊富に手に入るという立場を利用し、東南アジアの香木・香料を売買しただけではなく、日本・朝鮮・明・東南アジア諸地域で活発な交易を行った。那覇港は、明や東南アジアの珍しい物産を求める日本各地の船で賑わったのである。

●ポルトガル人が記す琉球人の活躍

アジアに進出したポルトガル人に最も早く接触したのも、琉球人だった。一五一一年にマラッカ王国を征服したポルトガル総督アルブケルケ（一四五三～一五一五）の伝記には、「ゴーレス」「レケオ」の名でマラッカで活躍する琉球人が登場する。少々長くなるが秋山謙蔵氏の訳で引用してみると以下のようになる（読みやすくするために一部現代風に改変）。

そもそもゴーレスとは、アルフォンソ・デ・アルブケルケがマラッカを占領した当時得た情報によれば、その国は大陸に位置するとされたが、その後修正されて今では一般に、一つの島と信じられている。またそこからは年々二、三艘の商船がマラッカに来ている。彼らがもたらす商品は、絹絲、絹布、錦繍、磁器、多量の穀物、銅、ミョウバン、砂金などで、国王の印記のある多量の金錠を所持している。しかし、その金錠が彼らの国の貨幣なのか、或いはその印記は単に出港の際の検査の終了を示すのかは確認できなかった。というのは彼らは寡言な人々で、自分の国の状態については決して他言しないからである。金塊は彼らの国の付近のペリコ（Perico）という島から多量に産出している。

彼らゴーレスの住んでいる国はレケア（Lequea）と言われ、その皮膚の色は白く、その衣服は頭巾のない法衣のようで、常にトルコ式の刀と似ているやや細身の長剣と、長さ二掌《パーム》（パームは日本の「尺」に近い）の短刀を帯びている。彼らは勇敢で、マラッカで畏敬されている。どの港でも彼らは運んできた商品を一度に取り出すことはせず、少量ずつ貿易する。また彼らは誠実を貴び、嘘を許さない。マラッカの商人で不正取引する者があれば、彼らは直ちにこれを捕らえる。常に取り引きを急ぎ、交易が終われば直ちに帰路につく。彼らは、この地に植民地を営まない。母国を長く離れることを好まない人々だからである。一月に母国を出てマラッカに航海し、八〜九月頃に去るのを常としている。その航路は多くセラテ（Celate）島とシガプラ岬の間の海峡を大陸に沿って北上するものである。

一四五八年、琉球の首里城の正殿にかけられた巨大な鐘の銘文には、「琉球国は南海の勝地にして、三韓（朝鮮諸国）の秀を鍾め、大明を以て輔車《ほしゃ》（車の添え木と車）となし、日域（日本）を以て唇歯《しんし》となす。此の二（中国と日本）の中間に在りて、湧出する蓬萊嶋なり」と刻まれている。それにより、首里の港の那覇が、日本、明、朝鮮諸地、南シナ海の諸地域東を結ぶ交易センターの役割を果たしていたことが明らかになる。一五世紀後半の、「琉球の大交易時代」である。

琉球の大交易時代は一六世紀にはいって明の密輸に対する取り締まりが緩み、「密貿易商人」が広範な交易を行うようになると一挙に衰退した。一六〇九年、薩摩の島津家久が三〇〇〇の兵で侵攻。それ以後に琉球は、薩摩藩に服属することになる。

第7章　崩れる明の海域閉鎖と後期「倭寇」

1　取り戻される商人の海

◉急速に蘇った東アジアの民間貿易

明は国是として民間商人の海外貿易を禁止し、沿海地域での強力な監視を続けた。自由な交易が拡大するユーラシア経済の趨勢に背を向け、政治的な朝貢を東アジアの海に強要し続けたのである。しかし、それには無理があった。農地が乏しい沿海地域ではもともと海上貿易に対する期待度が強く、海禁政策に対する不満が鬱積していたのである。

そうしたなかで、モンゴル高原に撤退していた遊牧モンゴル人の勢力の回復が進んだ。一四四九年、土木の変で皇帝がモンゴル軍の捕虜になった後、明は現在残されている「磚《せん》」造りの万里の長城の建造で対応した。境界防備の支出が一挙に増加すると、財政難から沿海地方の監視体制が崩壊。沿海地方で「密貿易」というかたちでの対外貿易が一挙に広がった。石見で大量の銀を産出した日本の商人が、明の産品を幅広く求めたことも、「密貿易」を盛んにさせる背景になった。この時期の日本の商人は銀を用いて明との公的貿易の拡大を求めたが果たせず、「密貿易商人」、ポルトガル人、オランダ人などの海の勢力との経済ネットワークを拡大させる。

「密貿易」は響きの悪い言葉だが、もともと海外貿易で生活を立ててきた浙江、福建、広東などの商人は政治権力により貿易を禁止され、「密貿易」というかたちをとらなければ海外貿易が不可能だったのである。明末清初に盛んになった「密貿易」は、海禁により抑圧されていた経済を解き放ち、東アジア海域に元代の活況を取り戻させようとする出来事だった。明の政治的抑圧こそが、後期「倭寇」と呼ばれるような歪んだ貿易形態をもたらしたと言える。後期「倭寇」の評価は、朝貢と海禁という政治権力の統制をどのように評価するかにかかわっている。

沿海地方の有力者と地方官僚の結託で、民間商人の海外貿易を抑制する明の体制は急速に緩んでいった。成化・弘治年間（一四六五～一五〇五）には、福建、浙江などの沿岸地帯の有力な郷紳が役人の暗黙の了承の下でジャンクを建造し、おおっぴらに「密貿易」を広げた。儲けが大きい「密貿易」が、東シナ海・南シナ海に急速にネットワークを成長させたのである。限られた軍により長大な海岸線を監視することは難しく、場所によっては海岸線が入り組んでいたり多くの島嶼が散在したこともあって、多数の密貿易港が誕生した。

雨後の筍の如く各地に姿を現した「密貿易商人」は、勘合貿易の港の寧波に近い舟山列島に双《そう》嶼港《しょこう》（ポルトガル人のリャンポー）、泉州の付近に安平港、厦門《アモイ》湾の奥に月港というように拠点港をつくり、密貿易ネットワークを全国化させた。

「密貿易商人」は頭目が居住する港を中心にして内地の商人との間の取り引きを日常化し、密貿易ネットワークを全国化した。例えば福建の密貿易商人が目立たないように広東で造船し、浙江の寧波、紹興などの海域を拠点にして海外と取り引きし、浙江、広東の密貿易商人が福建で造船するといった具合である。

◉「倭寇」を装う明の商人

「密貿易」商人は沿海地域で商品を隠密裡に調達し、「密貿易品」として売りさばいた。例えば有名な「密貿易商人」の王直は、浙江の餘姚《よちょう》の商人、謝氏を協力者とする。両者は最初はウィンウィンの関係にあったが、やがて価格を巡って諍《いさか》いが起こり、謝氏は役所に密告しようとする。それを知った「密貿易商人」が外国商人とともに謝氏の家を夜襲して、略奪を働くとともに男女数名を殺害した。この事件を餘姚県の役人が「倭寇」と報告。それを受けて後に述べる浙江巡撫、朱紈《しゅがん》は「密貿易商人」を海賊と断じて捕縛を命じた。そうしたことがあって、「密貿易商人」が倭寇」とみなされるようになる。

日本では東アジアの海域経済を復活させた担い手として明の「密貿易商人」が、概して肯定的にとらえられている。それに対し中国では「密貿易商人」を「嘉靖《かせい》倭寇（後期倭寇）」のイメージ

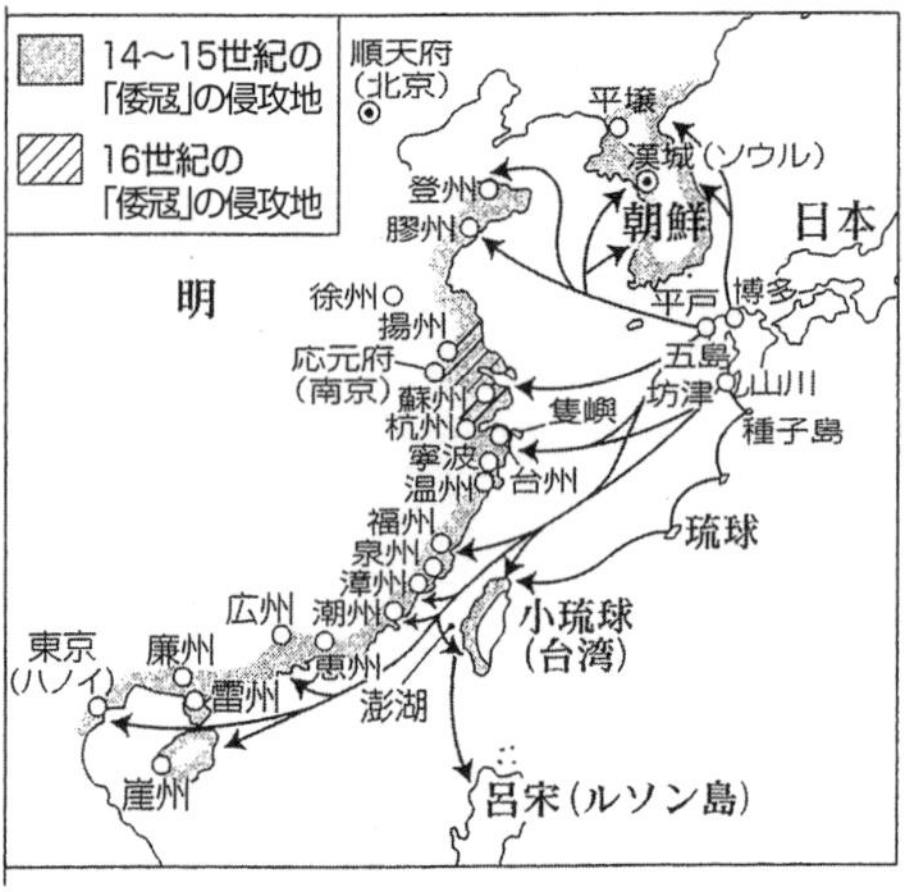

「倭寇」の侵攻地

で「海賊」として否定的に評価する考え方が主流である。「密貿易商人」の活動が「資本主義の萌芽」につながるとする見方もあることはあるが、少数派である。しかし「密貿易商人」をどう評価するかにより、東アジアの海の歴史は全く違った様相を呈する。

二〇〇一年四月、五島列島の福江市（当時）の商工会議所が安徽省黄山県拓林村にある著名な「密貿易商人」王直（後述する）の荒れ果てた墓を整備し、日中友好の先駆者としての顕賞碑を建てた。ところが二〇〇五年一月に、南京師範大学の教員など二名が、墓碑の王直の名と顕賞碑の一部を削り取るという事件が起こった。その教師は、王直は日本の武士、商人と結託して、中国の東南沿海を荒らし回った漢奸《かんかん》（売国奴）であるからと自己の行為を説明し、中国のネットなどではそうした行為が愛国的として評価されたという。

しかしナショナリズムという現在の価値認識で過去を断罪するのは、健康な歴史的認識とはとても言えない。言うまでもないことだが、歴史はリアリストの目で多面的に史的事実を検証することから始まる。さらに全体史としての世界史では、諸々の価値認識を相対化することが欠かせない。王直に代表される「密貿易商人」を「倭寇」として簡単に否定してしまう歴史観では、海域世界の経済の成長のプロセスを把握することはできないように思われる。

中国が改革・解放の道を歩もうとしていた一九八〇年代には、林仁川氏の『明末清初私人海上貿易』（華東師範大学出版社）という「密貿易商人」を海禁に抗して海上交易を進捗させた勢力として実証的に検証する優れた歴史研究もあった。大義により色分けするのではなく、鳥瞰的な視点からの実証研究が大切になる。

国法に反する「密貿易商人」というとらえ方は、東アジア交易の成長を歴史の前進とみなす歴史評価とは異なる見方であり、「倭寇」という呼称にも権力に抗する者はすべて「賊」と見なすという体制的な歴史観が投影されている。適切な呼び名が見つからないために止む無く「密貿易商人」という言葉を使うが、明朝からするならば博多商人もポルトガル商人も、明との民間交易を望む諸国の商人も、そのすべてが密貿易商人ということになってしまう。それでは、世界史の叙述は不可能になる。

◉密貿易に参入したポルトガル人

この時期に、「大航海時代」がからんでくる。アフリカ沿海を南下し喜望峰を迂回したポルトガル船がインド、東南アジアを経由して明にまで航線を延ばしたが、勘合貿易への参入は認めてもらえず、結局、東アジア海域の「密貿易ネットワーク」と結びつくことになる。世界史の拡張が、海禁を巡る明政府と「密貿易商人」の対立を、明政府と中国・日本・ヨーロッパ商人の対立に変えていく。それに、後述するような大量の銀、鉄砲がからみ、明は対応に苦慮（「南倭」）。結局妥協を余儀なくされることになる。

それではまず、ポルトガル商人が東アジア海域に至る過程をざっと見ておくことにする。スペイン（カスティリャ）に周囲を囲まれ食料の自給もままならないポルトガルのエンリケ航海王子（一三九四～一四六〇）は、アフリカ内陸部に存在すると考えられた大キリスト教国、「聖ヨハネの国（プレスター・ジョンの国）」と提携してモロッコのイスラーム教徒から土地を奪うこと、豊かな黄金を産出する西スーダンとの黄金取引に海から参入することを目指し、一四一五年以降にアフリカ西岸の組織的な探検を進めた。

エンリケは、イスラーム帆船ダウの三角帆を取り入れたカラベル船を採用することで、探検を軌道に乗せ、海が沸騰して航行不能になると考えられていたボジャドール岬の沖合を忠実な臣下に通過させて心理的障壁を取り払って西スーダンのギニヤに達し、黄金貿易、奴隷貿易により大きな富を得た。エンリケ航海王子の死後も航路は南に伸び続け、探検が開始された七三年後の一四八八年、バルトロメオ・ディアス（一四五〇頃～一五〇〇）が、アフリカ南端の喜望峰に到達した。大西洋とインド洋が直接に結び付いたのである。

その一〇年後、ヴァスコ・ダ・ガマ（一四六九頃～一五二四）の艦隊が喜望峰を越え、一四九八年、インド西岸のコショウの集散地カリカットに到達した。乗組員の三分の二を失う苛酷な航海だったが、インドからもたらされた産地直送のコショウは、航海費用の六〇倍の富をポルトガル王室にもたらした。ポルトガル王は、香辛料貿易を国営にする。

ポルトガル人は一五一一年、東南アジアの交易の拠点マラッカを征服。そこで琉球、日本、明の情報を得て、「南シナ海」・「東シナ海」への進出に乗り出した。

ポルトガル国王マヌエル一世（在位一四九五～一五二一）は東アジアへの進出に熱心で、マラッカの使節と偽って広州に七隻の船からなる使節団を派遣。使節は明の正徳帝との謁見を成功させた。

しかし、マレー半島の最南部のジョホールに亡命していたマラッカ王の使節団に、武力によりマラッカを征服した事実がスッパ抜かれ、ポルトガル人の勘合貿易への参入は失敗に終わった。明はポルトガル船を広州から撃退し、一〇〇隻の軍船により守りを固める。そこでポルトガル人はやむなく北上し、明の沿岸で急速に成長していた「密貿易」に参入していくのである。

ポルトガルのドミニコ会士ガスパール・ダ・クルス（生年不詳～一五七〇）は、ポルトガル人が舟山列島を拠点とする「密貿易商人」と結び付くに至る過程を、次のように記している。少し長くなるが、興味深いので引用してみることにする。

シナ国外に住みポルトガル人といっしょに帰港してくるシナ人たちは、フェルナンン・ペレス・アンドラーデ（シマンの誤り）の醜聞以来、ポルトガル人がリャンポー（舟山列島の双嶼港）

へ交易に赴くよう、その水先案内を始めた。かの諸地方には沿岸にたくさんの大集落がある以外、城壁に囲まれた市も町もないことに眼をつけたのである。そこに住む貧しい人々はポルトガル人をたいへん歓迎していた。彼らへ食糧を売って金儲けができたからである。

ポルトガル人と航海をともにしてきたシナ商人たちはこれらの集落へ帰ればお互いに親戚同士であった。しかも（そこでは）連中はよく顔を知られていたから、地元の人々は彼らのためによりいっそうポルトガル人を歓迎してやった。やがて彼らを仲介者として、地元商人たちがポルトガル人へ売るべき商品を持ち寄るという話がまとまった。ポルトガル人に混じって活動していたくだんのシナ人たちは売買にさいしてはポルトガル人と地元商人との仲介者にほかならなかったから、この仕事からはきわめて大きな利益を収めることができた。

海沿いの下級ロウティア（下級役人）たちもまたこの通商から非常に大きな利益を得ていた。双方の商人たちが交易するのを許し、かつ商品を運びいれ運び出すのをほうっておくことの見返りとして、いずれの側からもおびただしい賄賂をせしめていたからだ。彼らの内々で行われていたこのような通商が長いあいだ国王及びチェキアン（浙江）省の上級ロウティアたちに対してはひた隠しにされたゆえんである。

リャンポーにおける交易がしばらくの間、このように人目を忍びつつ行われたのち、ポルトガル人は徐々に行動範囲を広げ、チンチェオやカンタン（広東）の諸島嶼へ交易に赴き始めた。その他のロウティアたちも賄賂によって、いまやあらゆる地方で交易を認めつつあった。
ポルトガル人がリャンポーの諸島嶼において越冬し始めるというかたちで商取引は行われた。彼らはそこにしっかりと定着し、しかも大幅な行動の自由に恵まれるという事態が生じた。絞首台と罪人公示台以外、彼らに不足するものなど何ひとつないくらいであった。

（日埜博司訳『一六世紀華南事物誌』）

ポルトガル人の貿易商人メンデス・ピント（一五〇九？〜一五八三）の『東洋遍歴記』は、ポルトガル商人が拠点とした舟山列島の双嶼港について、大略次のように記している。

①リャンポーには三〇〇〇人が居住。うち一二〇〇人がポルトガル人、他はさまざまな国のキリスト教徒である。
②ポルトガル人の取り引きの大部分は二年前に発見された日本の銀であり、どんな商品を日本に持っていっても三、四倍の利益が得られる。
③リャンポーで多数のポルトガル人が越冬。最近マラッカ、スンダ、シャム、パタニから新たなポルトガル人が到着、商売している。

一六世紀になると、台湾海峡に面した福建の厦門湾の奥に位置する月港や舟山列島の双嶼港を拠点とする密貿易が一挙に拡大する。

「密貿易」ネットワークは、福建と広東の境界部の南澳島、広州湾のタマウ（上川島）、ランパカオ（浪白澳）と南シナ海方面につながった。ポルトガル商人は、最初台湾海峡に面した厦門湾の奥の密貿易港、月港を活動の拠点にしていたが、やがて経済の中心地、長江デルタに進出。一五四二年、長江河口の沖合の舟山列島の密貿易港の双嶼港（リャンポー）を拠点とするようになる。そこで、ポルトガル商人は、博多商人との結び付きも強める。

◉密貿易のセンター双嶼港と月港

舟山列島は水路が入り組んでいたために官憲の目を逃れやすく多くの密貿易港が散在していたが、六横島の西岸に位置する双嶼港はその中心的存在で、東西に山が向かい合い、南北に小山に隠れるように水路が開け、その奥に外界から遮断された二〇余里の入り江が隠されていた。もともと明朝の「棄地」とされる不毛の土地であったことも、双嶼港が密貿易港として成長する好条件になった。

双嶼港が浙江海域の中心港になったのは、一五二六年に脱獄した福建の「密貿易商人」が番夷（外国商人）を導き入れて密貿易を始めて以降とされる。一五四〇年には、「許氏の一党がポルトガル人（仏郎機国夷人）を導いた」「倭が巣くう」というような記述も現れるようになり、シャムなどの船も入港して、密貿易の国際センターのような様相を呈した。

一五四五年、王直（生年不詳～一五五七）が、博多商人、助才門（助左衛門か）など三人を同港に伴ったとも、一五四七年に首領の胡霖《こりん》が「日本商人（倭夷）」を同港に伴ったとも言われるが、その時期から日本との貿易が広がる。

世界的な銀産地で購買力のある日本は、「密貿易商人」やポルトガル人から大きな市場として評価されていた。「密貿易」ネットワークと「倭寇」を理由に明から締め出されていた日本人の結び付きが強くなっていく。メンデス・ピントは、「リャンポーでは多数のポルトガル人が越冬する。マラッカ、スンダ、シャム、パタニから最近別のポルトガル人が到着し、彼らもそこで平和裏に商売している」と、ポルトガル商人が南シナ海の貿易から利益のあがる対日貿易にシフトし直していることに言及している。一五四四年に来日したペロ・ディエスは、日本は金が少なく銀・銅が豊富であり、インド西岸のマラバール地方のコショウの販売により二〇〇倍の利益をあげることができたと述べている。

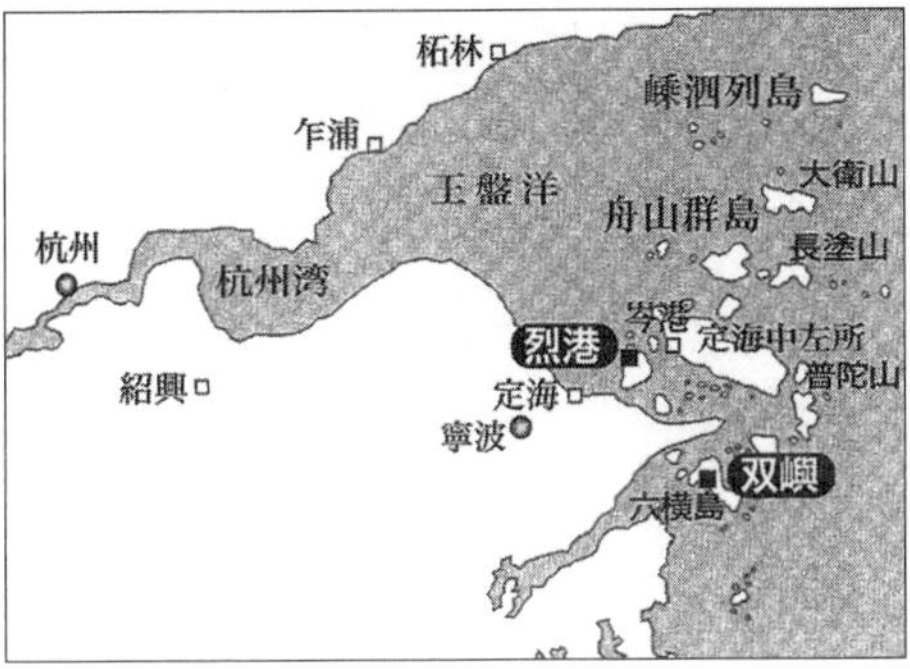

舟山列島の密貿易港

もうひとつの密貿易の拠点港が、福建の月港だった。厦門湾の奥に位置する月港は、外洋につながる湾口部に鎮海府と金門府のふたつの衛所が設けられており、湾内の要所にも監視にあたる巡司が配置されていたために密貿易はかなり難しかった。月港からは複数の小船に曳航され、一潮半で厦門にやっとたどり着けたという。

しかし月港は、山、湿地などの自然の障害に囲まれて周囲から隔絶されており、土地が瘦せているため、海外貿易で生計を補う風潮が昔から強かった。密貿易は一航海で一〇倍にも及ぶ収入が得られたために、成化・弘治年間（一四六五〜一五〇五）には地域の有力者が密貿易に乗り出すようになる。その結果、月港は民家数万を数えるようになり、日本、琉球、シャム、マレー半島のパハンなどを交易圏とする福建南部の最大の港として「小蘇杭《しょうそこう》（小さな蘇州、杭州）」と呼ばれるように殷賑を極めた。地方の役所も賄賂をとって、「密貿易」を黙許したのである。

◉火薬商人王直の商売上手

東アジア海域の「密貿易」は、当然に銀ラッシュの日本列島にも及んだ。従来の日本史教科書では余りとりあげられていないが、ポルトガル人と「密貿易商人」の活動は連動していた。鉄砲の伝来については諸説があるが、「密貿易商人」の頭目、王直が見え隠れする。

まずポルトガルの文献から見て行くことにする。ポルトガル人の種子島来航に関しては、ポルトガル側の一五四二年説、日本側の一五四三年説の二説がある。ちなみにザビエルが国王ジョアン三世から植民地体制の再建を委ねられてリスボンを出港するのが、一五四一年のことである。

シャムのアユタヤから脱走したポルトガル人が舟山列島のリャンポー（双嶼港）に向かう途中で嵐にあい種子島に漂着したことについて、アントニオ・ガルヴァンの『諸国新旧発見記』（一五六二）は、「一五四二年ディエゴ・デ・フレイタスがシャムのトドラ市に一隻の船のカピタンとして滞在していた時、その船から三人のポルトガル人（アントニオ・ダ・モッタ、フランシスコ・ゼイモト、アントニオ・ペイショット）が一隻のジャンクで脱走しシナに向かった。……北方三〇度余に位置するリャンポー（双嶼港）を目指して航海したが、非常な暴風雨が襲来して船を陸地から遠ざけた。数日洋上を漂った後、東方三二度の位置に一島を発見した。その島は人々がジャポンエスと呼びならわし、古書がその財宝について記しているジャパンガス（ジパング）のようである。この諸島には、黄金、銀その他の財宝がある」と記している。

ポルトガル人はマラッカ王国を征服した後、アユタヤにも大きな居留地を作っていた。この記述から、一五四二年、シャムのトドラ（アユタヤ）からリャンポーに向かう途上で嵐にあったポルトガル人が、日本列島に漂着したことが明らかになる。

他方、鉄砲が伝来した六〇年後の一六〇六年に、薩摩の禅僧、南浦文之《なんぽぶんし》（一五五五〜一六二〇）が種子島藩主の時尭《ときたか》（一五二八〜一五七九）の鉄砲の入手、製造を顕賞するために書いた『鉄炮記』では、鉄砲の種子島伝来が一五四三年と記されている。

『鉄炮記』は、天文一二（一五四三）年八月二五日、種子島の西海岸の西村小浦に奇妙な風体をした百余人の乗組員を乗せた大船が入港。そのなかに「五峰」と名乗る明の儒生がおり、村役人の織部丞と杖で浜の砂上で筆談し、彼ら異国人が「西南蛮種の胡賈（外国商人）」であることを明らかにしたとする。その「西南蛮種」こそが、ポルトガル人である。

ここで登場してくる「五峰」という人物については、鄭舜功《ていしゅんこう》（生没年不詳）の『日本一鑑』に「王直即五峰」とあり、嘉靖三九（一五六〇）年に編纂された『寧波府志』にも「王直即五峰」とあることから、先に述べた「密貿易商人」の頭目、王直であろうと推測される。文之が『鉄炮記』を著した時には、一五五九年に杭州で処刑された「密貿易商人」の頭目、王直の名が九州に鳴り響いていたと思われる。

しかし明の「密貿易商人」のジャンクがアユタヤ港からポルトガル人を密貿易港のリャンポー（双嶼港）に帯同した部分は、アントニオ・ガルヴァンの記述と一致しており、鉄砲の伝来が明の「密貿易商業圏」と深くかかわっていたと推測できる。

既に大砲、鉄砲については、ポルトガル人がインド洋、東南アジアに持ち込んでおり、アユタヤ朝では鉄砲を操るポルトガル人が傭兵として利用されていたという。アユタヤ王の傭兵として知られる山田長政も鉄砲を使っている。

ただ種子島では鉄砲が大量に販売されたわけではなく、製法を教えて日本の鍛冶職人に量産させたという点が注目される。それは王直の狙いが鉄砲の販売にではなく、外にあったことを示している。王直は、銀産国の日本に火薬の原料の硝石を売りつけようとしたのではないかという推論には説得力がある。王直はポルトガル商人と組んで鉄砲の製法を日本人に教え、次に述べるようにアユタヤで産出される火薬の主原料の硝石の大量販売に成功して財をなしたのである。

◉硝石の独占による大儲け

翌一五四四年、ポルトガル商人と「密貿易商人」が再度種子島の熊野浦に至った時に、時尭は鉄砲が暴発しないための鉄砲筒の底の塞ぎ方、つまり尾栓のねじ切り技術をジャンクに乗っていた鉄匠から学ばせ、お抱えの刀鍛冶に同じものを作らせたという話は有名である。具体的な船の記述はないが、二度目のポルトガル商人の来訪が南シナ海の航路を熟知していた王直のジャンクだった可能性は高い。

その後鉄砲の製造技術は、紀州の根来、和泉の堺から、畿内、関東に急速に広がった。鉄砲が、ごく短期間に威力のある新兵器として普及する。この時期には明でも朝鮮王朝でも鉄砲は普及しておらず、日本が明、朝鮮に先んじて鉄砲を武器として普及させたのである。

明で鉄砲が使用されるようになったのは、リャンポー（双嶼港）が破壊された一五四八年以降とされており、鉄砲のない朝鮮王朝は文禄・慶長の役（秀吉の朝鮮出兵）で豊臣軍の鉄砲を使う攻撃に対抗できなかった。朝鮮王朝での鉄砲の普及は、日本より約半世紀遅れることになる。

鉄砲には、火薬の原料となる木炭、硫黄、硝石、銃弾の原料の鉛、火縄の原料の綿糸が必要だった。そのうち日本列島で自給できたのは木炭、硫黄だけで、外は「密貿易商人」からの輸入に依存した。王直が密貿易で扱った商品のうち、硝石、硫黄が大きな比重を占めていた。明では硝石、硫黄は禁制品であり、硝石の主産地はアユタヤ、硫黄の主産地は鹿児島の硫黄島だった。明で禁制品の鉄砲を作るのは危険であり、日本には豊富な銀がある。

そうであるならば日本で鉄砲を普及させ硝石の市場にすれば、比較的安全に大きな利益が確保できる。鉄砲の製法を教えて急速に普及させ、硝石を高く売り付けるというのは敏腕な商人の考えそうな商売法である。

硝石は明の四川、山東、山西でも産出されたが禁制品とされていて、扱うことは危険だった。また「密貿易商人」が大量の鉄砲を製造し日本列島に持ち込むことは一層危険であり、鉄砲をもっぱら日本人に製造させ、硝石を売り込む商売が選択されたと考えられる。

傍証になるかどうかは分からないが、嘉靖『浙江通志』巻六〇經武志に収められた王直略伝には、王直と葉宗満《ようそうまん》などの密貿易の頭目が広東で船を建造し、硝石、生糸などを日本、暹羅《せんら》（シャム）、西洋諸国などで五、六年間販売して財をなし、夷人も大いに心服するようになり、「五峯船主」と呼んだと記している。

文禄の役と慶長の役の間の一五九四年、関白豊臣秀次は、弾薬の原料となる鉛と硝石を輸入するために、蔵米一万三〇〇〇石を石見銀山に送り、購入した銀を長崎に送っている。

アユタヤの硝石は、朱印船貿易の時代になっても重要な商品だった。例えば一六〇八年、家康（一五四三～一六一六）は本多正純《ほんだまさずみ》（一五六五～一六三七）に命じてシャムに書・武具を送り、鉄砲と火薬を求めている。日本でも馬小屋などで糞尿が土に混ざってできる硝酸カリウムを取り出す方法が普及し、加賀や飛驒で「サク」という草を使い硝石を得る方法が開発されたが、それは後のことである。

鉄砲は最初、戦国大名の間で贈答品として使われたが、薩摩の島津氏、豊後の大友氏、安芸の毛利氏などの手で実戦に投入された。一五七五年五月、長篠の戦いで織田信長軍が武田軍に対して三〇〇〇挺（一説には一〇〇〇挺）の鉄砲を使ったのが最初の本格的使用例とされる。翌七六年、ポルトガル商人は、大友義鎮に大砲を献上している。

2　貿易商人 対 明帝国

◉密貿易センター双嶼港の破壊

博多などの商人は、手持ちの大量の銀により朝鮮から綿布、中国から生糸、「密貿易商人」から硝石を購入し、東アジア海域の貿易を活性化させた。

一五三三年以降、日本の石見銀山で大量の銀が産出され、東アジアは未曾有のシルバー・ラッシュの時代に入る。小葉田淳氏は、一七世紀に丁銀（純度約八〇パーセント）にして年間四〇〇万両から五〇〇万両（約一五〇トンから一九〇トン）の銀が日本から輸出され、多様な経路をたどって明に流れ込んだとしている。シルバー・ラッシュにより貿易量が増し、東アジアの海の経済が一挙に膨張することになる。石見の銀は、「海国」日本を誕生させる一大転機にもなったのである。

「密貿易」が急速に拡大して明が座視できなくなった背景には、日本からの銀輸出やポルトガル人の進出と結び付いた「密貿易」の急成長があった。明の海禁と朝貢による貿易の抑制が、「密貿易」ひいては「倭寇」の活動を活発化させたのである。

日本でも戦国大名と結び付く豪商が、力を伸ばした。豪商のなかには、貿易・海運業・倉庫業・鉱山経営・鉄砲製造などを営む総合商社的性格をもつ者も現れたが、明の内部の商業は「密貿易商人」に委ねるしかなかった。しかし明からみるならば、海外貿易に従事する明人、日本人、ポルトガル人は、いずれも法を犯し帝国の面子を損なう存在であり、貿易の活性化の抑制が必要になった。ねじれながら海外貿易が復活していく。

「密貿易商人」の沿岸貿易が公然化すると、嘉靖帝《かせいてい》（在位一五二一〜一五六六）は明の祖法である「海禁」を守るために、一五四七年、清廉潔白なことで知られていた朱紈《しゆがん》（一四九二〜一五四九）を福建軍務提督を兼ねる浙江巡撫に任命して密輸の根絶を図った。朱紈は字を子純といい、蘇州府長洲県の出身で、一五二一年に進士に及第。地方官吏として治績をあげていた。朱紈は福建の月港に入って「密貿易」の実態をつぶさに調査し、皇帝に逐一報告する。彼は最初、慰撫政策により「密貿易」を抑えようとしたが、実態が明らかになるにつれて強行策をとらなければ「密貿易」の根絶はできないと考えるようになった。

一五四八年、朱紈は、福建、浙江の兵船を動員して密貿易の拠点、双嶼港を包囲攻撃し、許棟などの密貿易の頭目、大商人を捕縛。港を徹底的に破壊した。攻撃は軍船により島を取り囲み、五時間の攻撃で町を破壊し焼き払うという徹底したものだった。双嶼港の入り口は木石で封鎖され、港の使用が不能になった。しかし、双嶼港が閉鎖されて四〇日以上が経過しても一日に一二九〇隻の船が同海域を航行していたというから、「密貿易」の動きそのものは手がつけられない状況にあった。

港に三〇数隻の船を放置して辛くも逃れた「密貿易商人」とポルトガル人は福建の月港に拠点を移そうとするが明軍に追撃されて果たせず、一五四九年初頭、福建と広東の省境に位置する走馬渓で壊滅させられ、九六人が斬刑に処された。

王直の像（長崎県平戸市）

◉平戸に拠点を移す王直

双嶼港を失うことで、「密貿易商人」は一時的に勢力を後退させた。そのなかでリーダーとして頭角を現したのが、許棟の下で、最初は財務、次いで軍事を担当した徽州《きしゅう》の大商人、王直（生年不詳～一五五七）だった。

徽州商人は宋代の行政区に基づき新安商人とも呼ばれるが、黄山の麓の徽州盆地は大商人を輩出する商業の盛んな地域だった。日本で言えば、さしずめ近江商人ということになる。王直はもともとは塩商だったが商売がうまくいかず、海禁が緩むという情報を得て、いち早く「密貿易」に転じた機敏な判断力を持つ商人だった。アウトローが多い「密貿易商人」のなかで、王直は的確な判断力、知略、義理・人情などで人望を得ていた。一癖も二癖もある「密貿易商人」を束ねるには、余程の力量と人望が必要になる。

双嶼港が破壊された後、王直は、舟山列島の烈港に拠点を移して密貿易商人団を再編。海賊の平定などで地方の役所ともちつもたれつの関係を築きながら、何とか密貿易の黙許を得ようと努めたが果たせなかった。しかし、物資の調達で協力を得ていた寧波の豪商や地方の一部官憲を従え、「海上ついに二賊なし」と言われるような地位にのし上がっていく。

王直は明軍に追われて各地を転々とした後、「密貿易圏」の南東の外れに位置する五島列島に本拠を移し、舟山列島と博多をつなぐ東アジアの商業ルートの再編を図った。

話は少しそれるが、日本で一番島が多い県は東シナ海に面した長崎県であり、九七一を数える。その数は瀬戸内海の七二七よりも大分多い。そのなかでも大きな島が、五島列島の福江島である。当時は既に日本の港に一〇〇〇人を超える明の商人が移住しており、一〇〇〇人を超える「密貿易商人」が活動していたが、長崎の島々は明と日本列島との中継地として位置づけられていた。

浙江、福建、広東など沿海地方の有力者（郷紳）、賄賂を得て「密貿易商人」と結託していた地方官僚は、強行派の朱紈がとった措置は職権乱用であるとして告発し、追い落としに成功した。官職を奪われて北京に送還された朱は、「もし天子が私を殺さないとしても、福建と浙江の人は必ず私を殺すだろう」と言って毒を飲んで自殺したと『明史』が記している。中央政府と沿海の地方政権の利害が激しく対立し、力ずくの「海禁」ではもはや社会を逆戻りさせられなくなっていたのである。

王直は福江島の深江（現在の江川町）への居住を許され、「唐人町」と呼ばれる「密貿易商人」の居留地を作った。現在、江川町には王直が掘らせたと言い伝えられる六角井戸が残されている。

やがて王直は平戸藩主の松浦隆信（道可。在位一五四一〜一五六八）の勧めを受け入れ、博多に近てく便がよい平戸島に二〇〇〇人の部下とともに移住した。松浦氏は、古くから松浦半島を拠点にして活躍していた海の豪族である。

王直は、勝尾岳の麓の平戸湾を見下ろす、「印山寺屋敷」と呼ばれる地に唐風の豪華な居館を建てる。また三〇〇人を乗せる大船により明の各地と交易し、平戸は「密貿易」の新拠点になった。平戸には、東シナ海・南シナ海の「密貿易商人」、博多など各地の商人が集まり、一五五〇年以降、ポルトガル船、イギリス船も入港するようになった。

王直は「徽《き》（王直の出身地の安徽省徽州府に由来）王」と称して、常に贅沢な緞子《どんす》を身につけていたという。平戸城主、松浦氏の家に伝えられる『大曲記』は、「平戸の港へ大唐より五峯という人が到着し、今の印山寺屋敷に中国風の屋形を建てて居住すると、それを仲立ちとして明船も絶え間なく来航し、さらには南蛮の黒船も初めて平戸の港に到来するようになった。明や南蛮の珍物は、毎年あふれんばかりだったため、京・堺の商人などが諸国より集まるようになり、西の都とも人々から呼ばれるようになった」と、平戸の繁栄ぶりを今に伝えている。

薩摩を拠点とする徐海《じょかい》も、明の有力な「密貿易」の首領だった。彼は叔父の徐惟学《じょいがく》が大隅《おおすみ》の領主から借りた銀の担保として一五五一年に大隅に移り、浙江・江蘇との交易をすすめた。その後徐海は、大隅の新五郎と組んで薩南、種子島などから集めた二万人の海賊を率いて浙江地方を荒らし回るが、明軍に捕らえられて処刑された。

◉王直の武装貿易

明代後期の貿易は、「密貿易商人」により膨大な量の日本の銀が生糸、絹などと交換されるものであり、朝貢とは異なる民間貿易が新しいトレンドになった。明は海禁に固執し、民間の経済活動の高まりを抑えようとするが、後に述べるように一六世紀後半の日本の銀産は世界の三分の一に及んでおり、日本の商人が求める生糸、絹織物、綿布、磁器、脂粉、工芸品などの量は尋常でなく、浙江沿岸部での商品の大量購入が必要になった。

王直に商品を提供する在地商人とのネットワークが浙江に広がったが、平常時での大量の商品の買い入れは官憲に摘発されやすい。そこで、沿海部で騒乱を起こし、混乱の陰に隠れて大量の商品を買い付ける方法がとられた。

そうした「密貿易商人団」が大量取り引きを隠蔽するために組織した沿海部での騒乱が、一六世紀中頃の「後期倭寇（嘉靖大倭寇）」である。薩摩、松浦地方などの日本人（「倭寇」）は「密貿易商人」に雇われた用心棒ともいうべき存在であり、騒乱を起こしたのは沿岸地帯の奸人《かんじん》、窮民だった。浙江の仁和の人、張瀚《ちようかん》（一五一〇〜一五九三）の『松窗夢語《しようそうぼうご》』東倭紀は、倭寇の大多数は華人であり、「倭奴」は一〇人のうち一、二に過ぎないと記している。

また『東倭考』は、嘉靖期にそれまで宦官が牛耳っていた市舶司が撤廃されて海外貿易の利権が民間の有力者の操るところとなったが、明が日本との間の貿易を断ち切ったことに対する恨みが広がり、王直などの「大奸」はそうした動きを組織して沿海部を犯し、彼らが日本人の服装や旗をまねて侵略活動を展開したのだと記している。

嘉靖期の倭寇（後期倭寇）は明の貿易統制に反発する武装貿易の動きであり、当然のことながらメンバーの七〜八割は「密貿易商人」に与する明人だった。『明世宗実録』嘉靖三二（一五五三）年壬寅の条も、「倭寇」のうち七割は浙江、福建、広東の沿海住民であると述べており、『明世宗実録』嘉靖三四（一五五五）年五月壬寅の条に引かれた南京湖広道御使の屠仲律《とちゆうりつ》の「倭御五事」の第一条はもっと直接的に、「海賊」は乱に名を借りた交易者であり、「倭寇」を称するものも実際には福建・浙江の編戸（平民）が大多数を占め、海上の豪勢（有力者）が賊の腹心となり、旗幟を立てながら陰で交易を行ったと指摘している。

実際のところ「密貿易商人」との取り引きで利益を得た地方の有力者、商人、地方役人は建前は別にして「倭寇」に協力的であり、明の支配の行き詰まりで貧窮し、役賦に苦しみ、飢えに瀕した民衆も、乱に加わった。「倭寇」がやってきたと聞くと窮乏した民衆が「楽しんで従った」とされる。一五五五年、王直の配下の徐海の二万人の「倭寇」が明軍と戦っているが、その半分

『倭寇図巻』より水上の戦闘

は沿海の窮民だったとされる。明軍の弱体も、倭寇の勢いに火を付けたのである。

この時期の日本は応仁の乱の後で、室町幕府の第一三代将軍、足利義輝（在職一五四六～一五六五）の時代だったが、将軍の権威は地に堕ち、地方では戦国大名が争い合っていた。民衆の間で飢餓が蔓延していたのである。九州と瀬戸内海の広い範囲から、飢餓や戦乱に苦しめられていた沿岸住民が傭い兵（雑兵）として「倭寇」に参加したが、彼らはあくまでも出稼ぎだった。

「倭寇」の名が殊更に広がったのは、「密貿易」に関わる内・外の商人が弾圧を避けるために「倭」を強調したからであり、さらには混乱を鎮定できない軍が責任逃れをするための方策でもあった。当時は海賊が日本人の服装をして海岸地帯を荒らし回るというような事態も起こっていた。

博多を主な交易先とする王直が平戸に拠点を構えたのに対し、徐海、陳東は、堺商人の寄港地がある大隅、薩摩に拠点を設けた。フランシスコ・ザビエル（一五〇六頃～一五五二）

を鹿児島に誘った熱心なキリシタンのアンジロウ（ヤジロウ）はポルトガル商人を薩摩に招き入れようとした武士、或いは商人であり、ザビエルが鹿児島から平戸に去った後に「海賊になりシナで戦死」とルイス・フロイス（一五三二～一五九七）の『日本史』は記している。

後期「倭寇」の回数を田中健夫氏が作成した一覧表により確認してみると、一五五一年までは毎年一件から二件だったものが、五二年から六三年にかけて激増する。その状況は、以下のようになる。ちなみに王直が平戸に移住したのが、一五五〇年である。

一五五三年	一三回	一五五三年	六四回	一五五四年	九一回
一五五五年	一〇一回	一五五六年	六八回	一五五七年	二五回
一五五八年	三三回	一五五九年	五六回	一五六〇年	一五回
一五六一年	二三回	一五六二年	二〇回	一五六三年	一八回

「倭寇」の活動が浙江、直隷（江蘇）、福建の広域に広がると、地域ごとに細分化されていた従来の軍事体制ではとても対処できなくなった。明は、一五五三年に江南・江北・浙江・山東・福建を統括する浙江総督を設置して「倭寇」に対応する。

◉王直の捕縛と処刑

主戦派の初代浙直総督の張経が死罪になった後に総督になった胡宗憲《こそうけん》（生年不詳〜一五六五）は気骨ある人物として知られていたが、王直と同郷の徽州府《きしゅうふ》の出身だったこともあって、王直を懐柔して何とか「倭寇」を終息させようとした。胡は反徒の一族として獄につながれていた王直の母、妻、子を出獄させ、一五五六年、母親に書かせた手紙を携えたふたりの役人（生員）を王直の下に送った。

事態が急変することを予測できず、郷里に母と妻子を残してきたことは、王直にとっては一生の不覚であった。胡宗憲はその泣き所をついたのである。もともと商人として交易の自由を求めていた王直は、胡の「必ず互市（貿易）」を許可するという約束に心を動かした。

当時の官界には膨大な銀の流れからみて民間貿易を容認せざるを得ないとする動きがあり、沿海地方の有力者、役所、大商人は言うまでもなく貿易の拡大を求めていた。体面にこだわり続けて、経済の成長を抑えることは馬鹿げたことである。刑部主事の唐枢《とうすう》（一四九七〜一五七四）さえ、「華夷は同体であって有無を通じあうのはむしろ当然であり、両者の関係を絶つことはできない」として、暗に開港の必然性を主張している。

胡の提案を受けた王直は腹心の部下と対応を協議し、派遣されてきた役人のひとりを人質に取って部下の三名を胡の下に送り、ひとまず彼の本心を確かめることにした。

胡は、王直が派遣してきた三人を海賊の鎮定に参加させ、海賊を鎮定できれば互市（交易）を許可すると約束した。王直は胡を信用して一〇〇〇名の部下を引き連れて平戸を後にし、一五五七年、舟山列島の岑港《しんこう》に移った。

王直が岑港に入ると官界の意見は当然のことながら、「互市（交易の自由）」を許可するか、王直を捕らえるかに二分された。現実を見る眼を持つ胡は「互市」はもはや避けられないと考えていたが、結局、反徒王直の要求を受け入れれば王朝の体面が保てないという面子論が大勢を占めた。いつの時代もそうなのだが、形式論を操り現実を見ようともしない役人が多い。前例・慣行を主張してさえいれば、余分なリスクを負わなくて済むからである。胡は、結局官界の意に押されて配下の軍を岑港に派遣し、王直を捕縛した。

王直は二年の間獄に繋がれた後、一五五九年、反逆罪に問われて杭州で斬殺された。その後、重罪人とされた王直の首は、寧波の定海関に晒されている。

王直が明に戻ったことにより浙江の「倭寇」は下火になったが、南シナ海と結び付く福建では逆に「倭寇」の勢いが強くなった。一五六一年、九都の商人の張維《ちょうい》などの二四人が倭寇、海賊に食料や商品を販売したとして官憲の追及をうけたことに抗して蜂起し、一時的に九都を占領した。「月港二二将の乱」である。一五六四年、張維が処刑されると福建の「倭寇」も、勢いを失っていく。

明に向けての銀の流れは、七〇年代には新大陸で産出される三分の一の銀が加わることで無視できないものになった。そこで特定の港でだけ一定の条件の下に民間商人の貿易を許そうという

「特区構想」が実行に移され、「倭寇」は終息していく。それについては次章で述べることにする。

3　東アジア海域のなかの博多・堺

◉揺らぐ室町幕府と応仁の乱

話はかなりさかのぼるが、モンゴル人の台頭により明が脅かされるようになった時期に、室町幕府も動揺の度を強めていた。

四代将軍の義持は、息子の義量《よしかず》（在職一四二三〜一四二五）に将軍職を譲るが、義量は酒の過飲のために一九歳で早逝。返り咲いた義持も、三年後の一四二八年に四三歳で没した。一四二〇（応永二七）年は異常気象による未曾有の大飢饉の年で、翌年の春にかけて京には地方の飢民が大挙して押しかけ、疫病が流行した。一五世紀の中頃から一六世紀は、地球規模で寒冷化が広がった時期だったのである。

そうしたこともあって将軍のなり手がなく、次の将軍はクジ引きの結果、義持の四人の弟のひとり、義教《よしのり》（在職一四二八〜一四四一）に決まった。義教は即位するとすぐ、金融業者に借金の棒引きを求めたが（私徳政）、正長の土一揆が近畿一円に広がってしまう。『大乗院日記目録』は、「日本開闢以来」の民衆による武装蜂起と記している。やがて義教は、播磨の武将、赤松満祐《あかまつみつすけ》（一三八一〜一四四一）に騙し討ちされてしまう。政権が、揺らぎ続けたのである。

室町幕府は言ってみれば守護の連合政権だったが、守護たちは京都で政務につき、守護代や国人領主に、実質的な領国の経営をまかせていた。それが下克上を頻発させることになり、戦国時代に移行する大きな流れを生み出していく。

戦国時代は新秩序に向けての過渡期といえるが、一四六七年以降一一年間続いた応仁の乱が、その幕明けとなった。応仁の乱は、将軍家の跡継ぎ問題がきっかけになっている。室町幕府では、将軍家は代々有力な日野氏から正妻を迎えるしきたりがあった。八代将軍の足利義政（在職一四四九〜一四七三）も、そうした慣行にのっとって、二〇歳の時に一六歳の日野富子を娶ったものの、なかなか男子が生まれなかった。

そこでやむなく義政は、仏門に入っていた弟の義視《よしみ》にあとを継がせることを決意する。ところが、思いがけないことに、結婚一〇年目に富子が男子（義尚）を出産する。

わが子を何としても将軍にしたい富子は、義政を説得して義尚《よしひさ》を後継者にしたものの、義視がそれを納得せず、兄弟の間で溝が深まった。そこで富子は、幕府の実力者の山名持豊（宗全。一四〇四〜一四七三）に接近し、義視は元の管領《かんれい》の細川勝元（一四三〇〜一四七三）を頼る。何ともドロドロとした権力争いである。

ところがそうした対立に、斯波氏、畠山氏などの有力な守護大名の家督争いが加わり、騒乱が広がった。弾みというのは、何とも恐ろしいものである。当時の家督は、長男が継ぐものとは決まっておらず、幕府の承認が必要とされていた。そうした慣習が、家督相続を巡る争いを数多く引き起こす遠因になったのである。

一四六七（応仁元）年、細川勝元が率いる二四カ国一六万人の東軍と山名持豊が率いる二〇カ国一一万人の西軍が、京都を主戦場として戦いの火ぶたを切って落とした。ところが、細川勝元と山名持豊が相次いで世を去ると、勝敗が決まらないままに諸将が国に引き上げる七七年までの一〇年余りの間京都を舞台とする戦乱が続き、京都は完全に焼け野原となった。

戦乱により京都が荒れ果てることで室町幕府の統率力は弱まり、貴族・社寺の荘園支配も崩れ去り、在国の守護代や国人が領地を支配しようと立ち上がる動きが強まった。長期の戦乱で室町幕府がメルトダウンするなかで、実権が地方の大名により掌握され、覇権を目指す戦国大名の争いが激化することになった。経済の動脈、瀬戸内海では海賊が跋扈《ばっこ》する。

●博多の復興に努めた大友義鎮

明の「密貿易商人」のネットワークとリンクした日本の港が、博多と堺だった。特に宋の商人の居住以来中国との結び付きが強かった博多は舟山列島の双嶼港に近かっただけではなく、薩摩、琉球、対馬、朝鮮、赤間関、兵庫というような広範な地域とのネットワークをもっていた。

博多は大内氏と大友氏の支配権争いにより一時的に荒廃。一五五一年、大内義隆（一五〇七〜一五五一）が重臣の陶隆房《すえたかふさ》（晴賢。一五二一〜一五五五）の謀反を受けて自害。大内氏は滅亡した（大内氏の滅亡により、勘合貿易は途絶えた)。豊後の大友義鎮《おおともよししげ》(宗麟。一五三〇〜一五八七)は陶隆房(当時は晴賢と改名)の申し出を受けると、弟を大内家の当主として送りこみ、博多は実質的に大友義鎮の支配下に入った。その後博多は急速に復興。戦いの直後に二〇軒に減少していた家宅が、一〇年で七〇〇〇軒を超えるという復興ぶりを示した。

一五四〇年代、豊後にも「密貿易商人」の船、ポルトガル船が入港するようになった。一五五一年、ザビエルは豊後からゴアに戻るが、その際に義鎮は臣下をザビエルに付き従わせ、ポルトガルのインド副王への書簡を届けさせている。一五五四年、義鎮はポルトガル人との間の貿易に便宜を図り、イエズス会に教会堂を建設する用地を与えた。義鎮は洗礼を受けた最初の大名である。

一五五六年、山口のキリスト教会が焼失した後、豊後の府内がイエズス会の日本布教の本拠地になった。五七年王直が胡宗憲の説得を受け入れて平戸から明に帰還した際には、大友義鎮が使節として派遣した僧侶、善妙など四人、「倭寇」に捕らえられたなどの理由により居住していた明人六〇〇人が付き従った。

後にルイス・フロイスは、「博多は商人の町で、九州で最も富裕な町であり、有力な商人を中心とする自治が行われていた。」と記している。そこには、「海国」日本の芽生えがあった。

明の「密貿易商人」と博多の間の交易の記録は当然のことながら残されていないが、朝鮮との正式な貿易の回数は、一五七二年に六三回、一五七三年に七八回、一五七四年に八〇回、一五八〇年に一〇九回に達した。博多はやがて豊臣秀吉の支配下に入り、朝鮮出兵の物資補給基地としての役割を担わされることになる。

◉薩摩と結んだ堺

平清盛の時代以降、瀬戸内海航路の起点になったのが兵庫だった。足利義満もそれを継承している。それに対して明と朝鮮王朝との新たな航路を拓こうとする大内義弘は新たに堺に拠点を設けるが、義満により堺は焼き討ちにされた。応仁の乱の後になると、細川氏が堺を拠点にして明との貿易に乗り出す。しかし、多くの島々、水路が入り組む瀬戸内海には中小の海賊（海の領主）がおり、海域ごとに「関立《せきだち》」と呼ばれる通行料の支払いを強要された。細川氏は鞆の浦（広島県福山市）までの海域での主導権を握ったものの、その西は大内氏の勢力圏だった。

そのため細川氏は、先に述べた寧波の乱の後、室戸岬、四国沖から日向灘、薩摩に至る航路を拓き、島津氏に警護を依頼した。それにより薩摩、琉球を結ぶ航路が新たに拓かれた。土佐沖の航路は、瀬戸内海、博多、五島列島を経由するルートより距離も短かく、「関立」も必要がなった。日向海岸の外ノ浦、油之津が堺のネットワークとつながるようになり、薩摩半島では坊ノ津が栄えた。

後にアンジロウにより薩摩に導かれたザビエルが、その書簡で堺は日本で最も殷賑《いんしん》を極めた町であり、全国の金・銀の大部分が集まると述べているように、ザビエルもポルトガル商人も薩摩との結び付きが強い堺に、大きな期待を抱いていた。

一五六九年に、堺は織田信長（一五三四～一五八二）の矢銭二万貫の供出の命に応じることにより信長の直轄地になり、自立性を失っていった。一五八三年、大坂城が築城された後、堺の町衆は城下町大坂への移住を命ぜられ、堺は東アジアの「密貿易」と結び付く繁栄の歴史にピリオドを打つことになる。

第8章

「大航海時代」と東アジアのシルバー・ラッシュ

1 ポルトガル人を引き付けた日本列島の安価な銀

◉石見と新大陸の銀

一五三〇年代、石見銀山で大量に銀が産出され、四〇年代にはペルーのポトシ銀山とメキシコのサカテカス銀山で銀が大量に掘り出されて、ヨーロッパに「価格革命」が広がった。南シナ海・東シナ海でも太平洋を横断してマニラに運ばれた新大陸の銀と列島の石見銀山の銀が大量に流通する「シルバー・ラッシュの時代」に入った。

明で産出された絹、陶磁器などが、ポルトガル人、スペイン人のルートをたどってヨーロッパに運ばれ、東アジアでは銀産国の日本の銀も大量に流通した。一六世紀後半から一七世紀に、世界は「銀」によりひとつながりになったのである。

東シナ海の入り口に位置する日本列島は石見での膨大な銀産で初期のシルバー・ラッシュの中心になり、喜望峰を越えて東回りでアジアに進出したポルトガル人を引き付けた。一五六五年、メキシコの老航海士ウルダーネタが黒潮に乗り日本列島に沿って北上し、三陸沖から偏西風に乗りメキシコに戻るという長大な航路を拓くと、メキシコのアカプルコとフィリピンのマニラを結ぶ貿易（マニラ・ガレオン貿易）が定期化された。アジアの銀の三分の一の安価な新大陸の銀が、東アジアに大量に流れ込むようになる。

新大陸の銀を運ぶメキシコ・ルートが帰路にマニラから黒潮に乗って三陸沖を経由することから、スペイン人も日本列島と関わりをもつようになった。後発のオランダ人も日本列島に進出し、家康との結び付きを強めていく。

信長、秀吉、家康は、いずれも海の世界に強い関心を持ち、銀を武器にして海外勢力を利用した。「大航海時代」に日本が東アジアの海の世界で特別なポジションを得てヨーロッパ勢力と接触できたことは、日本の歴史を特徴づける大きな出来事となった。

海の世界との接点の拡大が日本と内陸的な中華帝国とそれに組する朝鮮王朝の違いを拡大させた。海からの強烈なインパクトを受けて「大きな世界」との接触を強めた日本と、伝統的なユーラシアの「小さな世界」から抜け出せない明、朝鮮王朝という対比である。明は、帝国の創始者、朱元璋の「海禁」を国是として頑なに維持し、海外交易の抑圧を続けたために東アジアのシルバー・ラッシュを活用できなかったのである。

明の朝貢体制の下での「密貿易」は「大航海時代」とパラレルな関係に立ち、「密貿易」を「倭寇」として抑圧した明は、世界史のトレンドに乗り損なうことになった。先に述べた「遊牧民の爆発の時代」に中華帝国と朝鮮半島が動乱に組み込まれたのに対して日本が影響を余り受けなかったのとは対照的に、「大航海時代」にはポジションが逆転した。内陸の国と「海国」の違いである。日本と中国・朝鮮の歴史に大きな隔たりが生じるのは明治期ではなく、「大航海時代」なのである。世界遺産で見れば、「富岡製糸工場」の前に「石見銀山」があったということになる。

◉世界遺産は当然の石見銀山

一五二六年、博多の銅商人、神谷寿禎《かみやじゅてい》は、明に送るための銅の仕入れに出雲に出向く途中で、海上から大内氏が銀の採掘を中止していた石見の大森銀山を再発見。一五三三年、博多の朝鮮人の吹工《ふきこう》宗丹、桂寿を移住させ、鉛に鉱石を溶けこませて、そこから金を抽出する灰吹法《はいふきほう》という方法の導入で画期的な増産に成功した。

石見銀山の灰吹銀はソーマ銀（岩見の大森銀山の旧名が佐摩だったことに由来）と呼ばれて、東アジアに広がった。新大陸の銀の流入に先立って、東アジアでソーマ銀のシルバー・ラッシュが巻き起こったのである。明で「密貿易」が一挙に拡大した背景にも、量産された石見の銀があった。

一七世紀初頭、岩見銀山の年間の銀産量は四〇トン弱に及び、当時の世界の銀産の三分の一に及んだと言われる。ポルトガル人、明の「密貿易商人」、博多商人、対馬の宗氏などは、「東洋のポトシ銀山」ともいうべき石見の銀で、明の生糸、絹織物、銅銭、薬材、朝鮮の綿布を日本に還流させ、東アジアにシルバー時代をもたらした。新大陸の銀が流入する以前のヨーロッパの銀の年産量が約三〇トンと言われるので、石見の銀産量の多さが理解できる。石見銀山が世界遺産として認定されたのは、世界史的に見ると当たり前のことなのである。

日明貿易の利益は通常一〇倍程度とされたが、銀がからむことで時に一〇〇倍にも達したとされる。明が武力でこうした儲けの大きな貿易を禁止しようとすれば、商人も武力で抵抗することになり、後期「倭寇」の規模が大きくなったのは当然のことだった。

博多の貿易を支配する大内氏は、石見銀山も支配下におき巨富を掌中に収めた。石見銀山の外港の仁摩（現在の大田市鞆ケ浦）、沖泊（現在の温泉津町）は、銀を求めて来航する明、高麗、東南アジアの貿易船で賑わった。豊富な銀産が、日本海と東シナ海、南シナ海をひとつに結び付けたのである。リャンポーのポルトガル商人も、石見の銀に引き付けられたのである。

バルトロメウ・ヴェリョが一五六一年にリスボンで作製した『西太平洋図』では、日本島（IAPAM）が南北に細長い島として描かれ、ポルトガル語でMimonoxeque（下関）と記された部分の北にminas da prata（銀鉱山）として岩見が記されている。また一五六八年にポルトガルで作られたドラードの地図も、石見を「銀鉱山王国」（R. AS MINAS DAS PRATA）と記入している。

一七世紀初頭の日本の銀の輸出量について、小葉田淳氏は、丁銀（純度約八〇パーセント）で年間四〇〇万両から五〇〇万両（約一五〇トンから一九〇トン）と推定しているが、永積洋子氏の『朱印船』は、一六〇四年から三九年の間の日本からの銀の推定輸出量は約二〇六六トンに及ぶとし、ポルトガル船が約三割、明船が約一割七分、オランダ船が約一割一分、他の四割以上を朱印船が運んだとしている。

◉ザビエルはなぜ来日したのか

ポルトガル商人の活動の中心だった密貿易港リャンポー（双嶼港）が破壊された翌一五四九年、イエズス会の宣教師フランシスコ・ザビエル（一五〇六〜一五五二）がマラッカで出会った薩摩出身の謎の人物アンジロウ（ヤジロウ）の導きで、明の「密貿易商人」アヴァンのジャンクに乗り鹿児島を訪れた。

ザビエルがなぜ一五四九年という年に来日したのかについては余り論及されていないが、来日はポルトガル商人が明の貿易拠点を失った翌年であり、ポルトガル商人の日本に貿易拠点を建設したいという思惑が背景にあった。

アンジロウをザビエルのもとに派遣した薩摩にも、堺と組んでポルトガル商人との貿易拠点を薩摩に築く野望があった。先に述べたように、堺の商人は土佐沖に航路を拓いて大隅半島、薩摩半島に交易港を拓いており、ポルトガル商人を薩摩に誘致することで利益を確保したいと考えていた。博多商人の拠点でもあった双嶼港の破壊は、堺商人にとって巻き返しのチャンスだったのである。

ザビエルが所属したイエズス会が一五三四年にポルトガル王が財政支援していたパリ大学のカレッジから誕生したこともあり、ポルトガル王室と密接な関係を持っていた。ポルトガル王は、ザビエルとイエズス会に対日貿易のエージェントの役割を期待していたのである。ちなみにザビエルにより熱心で賢いクリスチャンと評価されたアンジロウは、誤って人を殺してポルトガル船に逃げこんだとされるが、謎の多い人物である。薩摩の上級武士あるいは商人と言われるが、はっきりしない。

ザビエルは数カ月間薩摩に滞在したが、「密貿易」の頭目、王直が五島を経て平戸島に拠点を設けると、薩摩を引き払って平戸に拠点を移した。明に多様な「密貿易」ネットワークを持つ王直と組まなければ、商品の調達が難しかったからである。

ザビエルは貿易の利益を得ようとする西国大名の思惑もあって、二年間という短期の滞在にもかかわらず平戸、山口、大分などに布教の基盤を築いた。その後一時、インドのゴアに戻るが、明での布教の可能性が拡大しているとの情報を得、活動の場を明に移す。ザビエルは広州湾の上川島に入り、明の「密貿易商人」の手引きで入明を果たそうとするが果たせず、一五五二年一二月、風邪を悪化させて四七歳の生涯を閉じた。一一月一三日に書かれたザビエル最後の書簡には、「生きていることを念願した時代はもう過ぎ去った」と寂しい。

この頃、ポルトガル王は、利益の上がる対日貿易も王室の管理下に置いた。一五五〇年頃、ゴア総督が国家に功績のあったポルトガル人に領地、年金を与える代わりに、南シナ海、東シナ海、日本への独占的航海権を与えるカピタン・モール（海の長官）制を開始する。この制度により、王室の名の下にゴア総督が私商人が開拓した東アジア海域に支配を及ぼすことになった。カピタン・モールは、東アジア航路を往来する商人に船を貸すという名目で、交易利益の一部分とりたてるようになる。この制度の正確な開始年代は、明確になっていない。

イエズス会の宣教師の布教、ポルトガル船の定期的航行により九州では貿易の利を求める大名の意向を受けてカトリック信者が増加した。信者の数は、一時数十万人にも及んだとされる。

◉ポルトガル船の誘致を競った九州諸大名

貿易船を海外に派遣するノウハウを持たない九州の大名は、自領へのポルトガル船の寄港を大歓迎した。ポルトガル船は最初、九州各地の有力大名領の港に入港していたが、一五〇年に王直が東シナ海の交易の要衝、平戸に拠点を築くと、平戸の大名松浦隆信と深いかかわりをもつに至った。それと対抗したのが、イエズス会士との結び付きを強めた豊後の大友義鎮である。

一五六一年、平戸で松浦藩士とポルトガル人の間の紛争（宮の前事件）が起こり、ポルトガル船の船長が殺害されたほか、双方で一四名の死者が出ると、翌年、肥前の大名、大村純忠《おおむらすみただ》（一五三三～一五八七）は自領に横瀬浦を開港。その半分をイエズス会に提供するとしてポルトガル船を呼び寄せ、平戸から大村領にポルトガル船の寄港地が移った。翌年、さらに大村純忠は重臣二五名とともにキリスト教に改宗。純忠の策に不満を強めた家臣の手で横瀬浦が焼き打ちにされると、稲佐山《いなさやま》の麓の東シナ海に面する福田を新たな停泊地として提供した。

しかし福田は外洋（東シナ海）に面しているために港としては不適であり、ポルトガル人はその裏手の入り江、長崎に目を付けた。後述するようにスペインがマニラに政庁を置いた一五七一年、イエズス会は長崎の建設に着手。七九年には四〇〇戸の家が立ち並び、リスボンやゴア、マカオと同じように丘の斜面を生かした町づくりが進んだ。

一五八〇年、大村純忠の低湿地、長崎の寄進の申し出を受け、長崎がイエズス会領となった。大村純忠は長崎への進出を目指す佐賀藩主の龍造寺隆信（一五二九～一五八四）の策動を封じ、同時にポルトガル船の有馬領への移動を抑えようとしたのである。

その後長崎は、一五八六年、薩摩の島津義久（一五三三～一六一一）の軍に占領され、翌年には秀吉（一五三七～一五九八）の直轄領とされた。しかし長崎はポルトガル船の交易港として成長を続け、一五九〇年には人口約五〇〇〇人、一六〇〇年には人口約一万五〇〇〇人というように成長を続けた。一六〇〇年には明の船も入港するようになる。

一五六〇年代から一六一〇年代までが、ポルトガル人の東アジア貿易の最盛期だった。ポルトガル人は、ゴアを四月か五月に出帆。マラッカ経由で七月か八月にマカオに入った。広州で生糸、絹を購入し、翌年の七月から八月に次の季節風を利用して日本に至り、手っ取り早い取り引きを終えた後、一一月以降の季節風を利用してマカオに戻った。取り引きに手間取り翌年の二月以降に出港することになると一年帰港が遅れたからである。首尾よく日本を出港できた船は、翌年の一月頃までにマカオを出て、四月頃にゴアに戻った。順調にいっても、二年間の航海だった。

ポルトガルの拠点マカオには、インド洋海域、東南アジアからコショウ、蘇木、象牙などが運ばれ、マカオからは生糸、絹織物、陶磁器、綿布、麝香、大黄、甘草、黄金、水銀などが平戸、長崎に運ばれ、日本からは大量の銀が運ばれた。一五八〇年から九〇年代に毎年ゴアに運ばれた生糸が平均三〇〇〇余担、銀は二四万両だったのが、一六三五年には生糸六〇〇〇担、銀四八万両に倍増している。

マカオと長崎を結ぶ貿易ルートは、ポルトガル人のドル箱であり、先に述べたように一、二年毎に艦隊を率いてマカオ経由で日本との貿易に当たるカピタン・モールが支配した。一五八五年、マカオを訪れたスペイン人、フライ・フランシス・マンリッケは、一五八〇年にポルトガルを併合していたスペイン王宛の書簡で、「当マカオの市にては行政府の欠如により損害を受けるところがある。その理由は毎年の日本と交易を行うカピタンが、統治を行うことにある。

しかも国王陛下が功績のある者以外は任命しないカピタン職が（実際には）売買されている。そのためカピタン・モール（海のカピタン）は、マカオの秩序を乱している。陛下はマカオにカピタンまたは司法官を置き、日本との貿易にあたるカピタン・モールは、航海の指揮を執るだけでマカオの政治には関与しないようにすることが必要である」と述べている。オランダの進出に頭を悩ませていたスペイン王室はその提言を受け入れ、翌年にはマカオを自治都市に変えた。

ポルトガル商人が広州付近で買い入れた主商品は生糸で、金がそれに次いだ。当時の日本は生糸の自給ができず、西陣織の生糸も明からの輸入品だった。ポルトガル人の長崎貿易が下火になった一六三七年、長崎に運ばれた生糸の総額は一四七万六〇〇〇両。総商品に占める生糸の割合は、約六八・四パーセントだった。

日本では銀が安く金が高かったため、金も主力商品になった。広州では金一両が銀五両半から七両、ゴアでは九両だったのに対して、日本では一二から一三両であり、十分に鞘を稼げたのである。

日本からマカオに運ばれたのは、言うまでもなく豊富に産出された銀だった。一五八五年から一六三〇年の四五年間に長崎からマカオに運ばれた銀の総量は一四八九万九〇〇〇両、年平均一三五万四四四五四両とされる。中国の経済史家の全漢昇（一九一二～二〇〇一）は、一六世紀の最後の四分の一世紀に日本から輸出された銀の大部分はマカオのポルトガル人が運んだとし、その量を毎年、約五〇万両から六〇万両、一七世紀初めの三〇年間には激増して、毎年、約百数万両、時には二〇〇から三〇〇万両に達したと計算している。

それらの膨大な量の銀は生糸などの商品の購入に充てられたが、マカオのポルトガル商人は長崎での取り引きで二倍以上、時には三倍から四倍の利益をあげたとされる。

一五七八年以降、ポルトガル人は広州での春秋二回の「市」への参加を認められるようになったが、絶対量が全く足りず、ポルトガルは「コンプラドール」という福建人の買弁商人を雇い入れて生糸の購入に当たらせ、「密貿易」商人とも提携せざるを得なかった。

2　海の新トレンドに目を向けた列島のリーダーたち

◉海洋世界から学んだ信長

応仁の乱の後幕府の力が弱まり、戦国時代に入った。列島西部では九州の大友宗麟、中国地方の毛利輝元（一五五三〜一六二五）が、東部では武田信玄（一五二一〜一五七三）、上杉謙信（一五三〇〜一五七八）が争い合ったが、その中間の東海地方から勢力を伸ばしたのが織田信長（一五三四〜一五八二）だった。信長は琵琶湖の水運と日本海の海運、伊勢湾の海運、瀬戸内海の海運を結び付け、京都を中心とする経済網を掌握した。

信長はやがて、ポルトガル商人が種子島にもたらした鉄砲の破壊力に目を付け、実戦に組み込んでいく。彼は、摂津の堺鍛冶、近江の国友鍛冶に鉄砲を量産させ、「馬廻り」などと呼ばれる七、八〇〇人の親衛隊を、鉄砲隊、鑓《やり》隊などに組織（『信長公記』一五五六年頃）し、戦争の方法を全面的に変更した。

鉄砲による集団戦法の優位性を明らかにした戦争が、一五七五年に織田信長が武田信玄の息子、勝頼（一五四六〜一五八二）が率いる騎馬隊が主力の一万五〇〇〇人の大軍を銃三〇〇〇丁（一説には一〇〇〇丁）の足軽鉄砲隊で撃退した、長篠の戦いである。鉄砲隊がまず敵軍を混乱させ、その後長さ約六メートルの長柄鑓隊《ながえやりたい》が穂先を揃えて敵軍に向け突進したのである。信長が組織した新

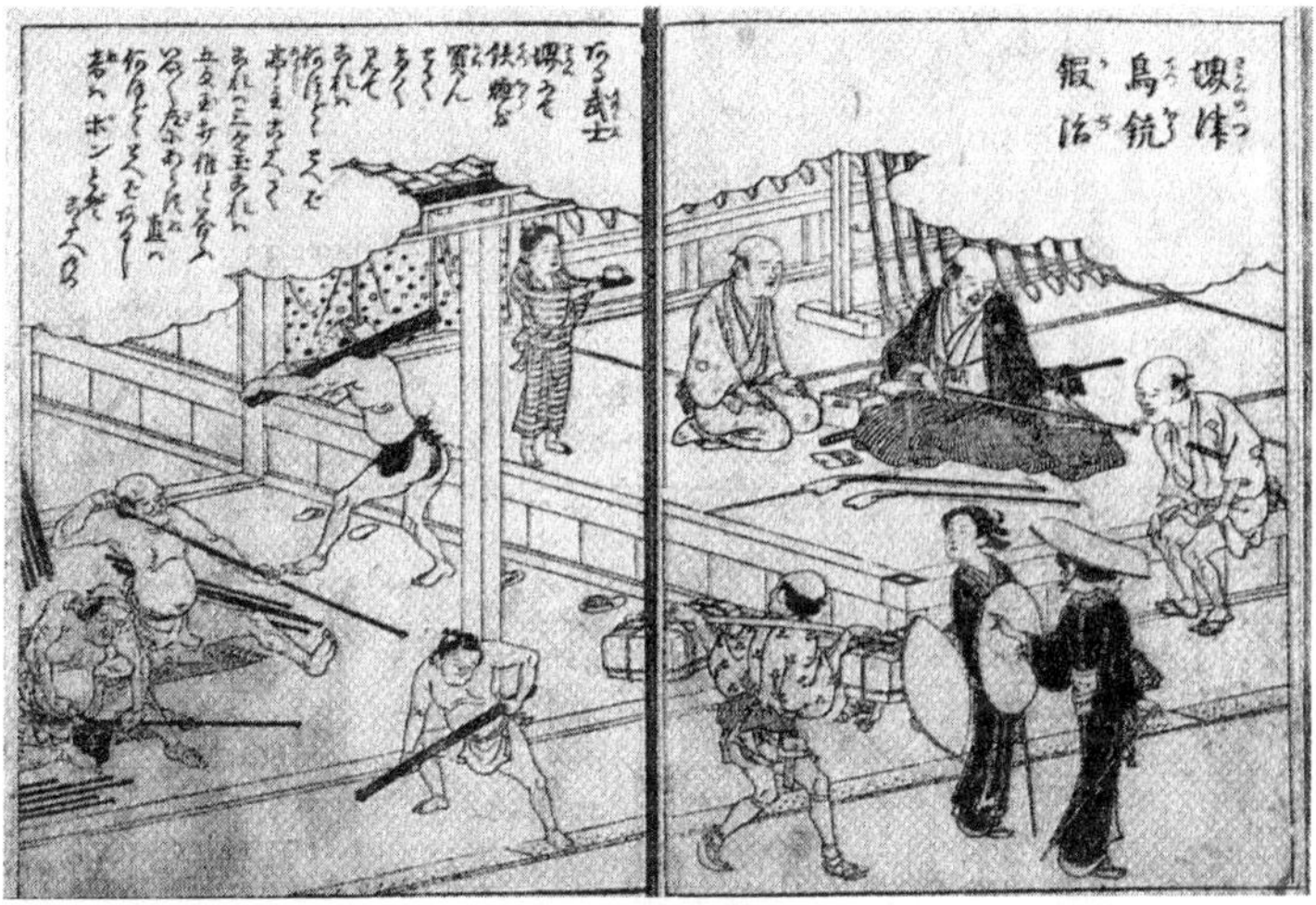

『和泉名所図会』による堺の鉄砲鍛冶の様子（国立公文書館蔵）

しい軍隊は、ヨーロッパの絶対主義時代の常備軍に類似している。

鉄砲出現以前、戦国大名は平地の城（平城《ひらしろ》）で領国の管理を行い、敵が来襲した時には堅固な山城に籠もって戦った。しかし、強力な火器・鉄砲が出現すると防御がしやすくなり、平地の城が城郭化した。平城が軍事・政治・経済の拠点となり、城下町が築かれることになる。鉄砲と大砲が社会のかたちを変えたのである。

平城では、ヨーロッパ人の宣教師により伝えられた西洋式築城術（一説には明の様式）が取り入れられ、大名を権威づけるための壮麗な「天守閣」が建てられるようになった。最初に本格的な天守閣が築かれたのが、信長の安土城である。安土城の二五メートルの石垣の上に建てられた五層の天守閣は内部が七階になっており、全体で六〇メートルにも達する当時としては目を見張るばかりの大建造物だった。しかし、残念なことに、一五八二年の本能寺の変により安土城は焼失した。安土には、キリスト教の教会、キリスト教の初等教育機関のセミナリヨも建設されていた。

信長は南蛮文化に引かれ、南蛮人の格好をしたり、巡察師ヴァリニャーノ（一五三九〜一六〇六）が引き連れていた東アフリカのモザンビークの黒人を家臣にし、鉄砲、天守閣などの新文化を積極的に取り入れた。なかでも鉄砲に目をつけ、堺や近江の国友村を直轄地として鉄砲を大量に生産させて、足軽鉄砲隊を組織した。軍事改革が、彼の勢力拡大に寄与している。

信長は、経済の重要性もよく理解していた。本州最大の経済都市の堺、京都というような重要な都市を直轄地にし、楽市・楽座令を出して経済の自由を縛る「しきたり」を廃止し、関所の撤廃、道路の修復、架橋などにより交通網を整備し、経済の活性化を図っている。

世界と日本が直結する「大航海時代」に活躍した信長は、宣教師から世界情勢を学び、明にまで勢力を拡げることを考えていた。ルイス・フロイス（一五三二〜一五九七）の『日本史』は、「毛利家を征服して日本の全六六か国の領主になったら、中国に出兵して中国を従える」ことを信長が考えていたと述べている。

◉東アジア再編を視野に入れた秀吉

秀吉は、豊富な銀産を背景にして日本独自の通貨体制の整備に努めた。それまで明の銅銭を通貨として使用してきた日本が、独自通貨により明の経済からの自立を果たしていく。また大友宗麟が「奇特神変」「三国無双」と驚嘆した大坂城、伏見城の築城、京都・大坂の町づくりなどの大土木事業を次々に行い、経済の時代への転換に貢献した。

一五八七年、九州出兵に際して、秀吉は、突然に博多でバテレン（宣教師）追放令を発し、宣教師の国外追放と布教禁止を命じ、一五八〇年以降イエズス会領となっていた長崎を直轄地に変えた。大名のキリスト教信仰が禁止され、信仰を捨てなかった明石城主の高山右近の領地は没収された。他方で、一五九二年に最初の朱印状を発給し、マニラ、アユタヤ、パタニなどに貿易船を派遣する。東アジアの海に、独自の経済圏づくりが目ざされるようになる。

一五九六年、マニラを出港してメキシコのアカプルコに向かうスペインのガレオン船サン・フェリペ号が台風に遭遇して土佐沖に漂着。秀吉は都にいたポルトガル人の進言に基づき、スペイン人はペルー、メキシコ、フィリピンを武力征服しており、日本も征服しようとして測量に訪れたと決めつけ、積み荷と船員の所持品を没収した。

それに対して都に上ったスペイン船の船長は、スペイン系のフランシスコ会の宣教師に交渉の仲介を依頼した。しかし、宣教師たちは捕縛され交渉は不発に終わった。この事件を機に長崎で、二六人の宣教師・信徒の処刑（二六聖人の殉教）がなされ、秀吉のキリシタン弾圧の姿勢が明確になった。処刑されたのは六人のヨーロッパ人のフランシスコ会士、三人の日本人イエズス会士、一七人の日本人キリシタンだった。

サン・フェリペ号そのものは修理され、翌年マニラに戻った。マニラ総督は秀吉に使節を派遣し、象を大坂城に贈り届けた。秀吉は象を珍しがって、自らエサを与えるなどしたという。象を連れてきた一行の目的は宣教師の遺骨の引き取りだったが、その目的は果たせなかった。

膨大な銀産を背景に東アジア海域世界を見据えていた秀吉は、鼻息が荒かった。彼はマニラのスペイン政庁（一五九一〜九二年）に、台湾に存在すると考えられていた高山国（一五九三年）に使節を送って朝貢を求めた。しかし、高山国は所在地がわからず朝貢させることはできなかった。

秀吉は急速に弱体化していた明を鉄砲で打倒し、東シナ海の中心港、寧波を都として東アジアに覇を唱えるという野心を燃やした。一五八八年、秀吉は対馬の宗氏に明を征服する軍隊を通過させるための道を借りたい旨を朝鮮王朝に申し入れさせたが、朝鮮王朝は拒絶。一五九一年、秀吉は玄界灘に面した肥前の名護屋（現在の唐津市）に、朝鮮出兵の前線基地として大坂城に匹敵する五層の天守閣をもつ名護屋城を築き、半径三キロの範囲には諸大名の陣屋を設けさせた。全国の大名が、名護屋に集結させられたのである。出兵のために三〇万石の糧米が集められたという。秀吉は、大名を総動員して延べ三〇万の最新の鉄砲で武装した軍隊を派遣し、朝鮮王朝、明帝国を服属させようとしたのである。

一五九二（文禄元）年、九軍に分かれた約一六万人の軍が、秀吉の命を受けて朝鮮半島に侵攻（文禄の役）。二〇日後に朝鮮王朝の首都、漢城は陥落した。秀吉はこの年に朱印状を京都、堺、長崎の富商に与え、東アジア貿易を統制下に置いている。『長崎志』は、「文禄の初年より長崎、京都、堺の者、御朱印を頂戴して広南、東京、占城、東埔寨、六昆《りくこん》、太泥《たいに》、暹羅《せんら》、台湾、呂宋、阿媽《あま》港、等に商賈を為し、渡海する事、御免之有り」とあり、末次平蔵が二隻など長崎五隻、京都三隻、堺一隻の交易が許された旨を記している。こうした朱印状による貿易は、家康に引き継がれた。家康の朱印状は、一六〇四（慶長九）年に始まる。

話は変わるが、文禄の役が行われていた一五九三年、海路、本営が置かれた名護屋にやってきた蝦夷島（「狄《てき》の千島」、北海道）の領主、蠣崎慶広《かきざきよしひろ》（一五四八〜一六一六）は、派手な蝦夷錦《えぞにしき》の陣羽織を纏い秀吉や徳川家康の目を奪った。蝦夷錦は、ダッタン、カラフトから北回りに伝えられた明の豪華な絹織物である。そこで蝦夷からカラフト、オランカイ（ダッタン）を経由すれば、明を背後からつけると考えた秀吉は、蝦夷島に興味を持った。蠣崎慶広は、一五九九年に松前慶広と改名して初代、松前藩主の座についた。

朝鮮半島に侵攻した秀吉軍は、いまだ鉄砲がなかった朝鮮王朝の軍隊を圧倒したが、兵糧不足、明軍の来援、李舜臣《りしゅんしん》（一五四五〜一五九八）の水軍による兵站線の攪乱などで結局撤退を余儀なくされた。一五九七年、秀吉は、再度一四万人の軍を朝鮮半島に派遣するが、秀吉の死を機に全軍が撤退した。慶長の役である。

朝鮮王朝は投降した日本人から鉄砲や火薬を学び、捕獲品の鉄砲を研究して、日本から約半世紀遅れて鉄砲の時代に入った。秀吉の朝鮮出兵は、援軍を派遣した明の財政を圧迫し、その衰退を早めた。軍事費を捻出するための重税にあえぐ農民を組織した李自成の農民軍が明を滅ぼすのが、一六四四年である。日本では、膨大な費用をかけた朝鮮出兵のダメージが豊臣氏の失墜をもたらし、「東国」の徳川家康が権力を掌握するチャンスとなった。

意外なことだが、朝鮮出兵の際の軍船が払い下げられて、江戸幕府の下での民間交易船として利用されたという。古田良一氏は、『東京諸問屋沿革志』の「慶長二丁酉年朝鮮征討の挙あり、兵器廻送の為め数多の船舶を製造す、其形波浪を防ぐ為め悉く菱形の囲を設けたり、既に征討の役終わりし後、該船舶の払下げあり、之を以て商人専ら航海の道を開けり、爾後徳川氏開府以来、江戸、大阪両地の商人、協同数多の船舶を製造し、海路運輸の便倍々盛大に趣けり」という文章を引用し、朝鮮出兵後の船舶の払い下げが、上方の海運の発展の一因になったことを指摘している。意外なところに朝鮮出兵の余波が及んでいるのである。

◉第二の「長崎」の建設を模索した家康

メキシコの要港アカプルコとマニラを結ぶスペインのガレオン船が毎年日本近海を北上するなかで、東日本ではスペイン系のフランシスコ会の宣教師の布教活動が強まった。フランシスコ会は、ポルトガル人のエージェントの役割を果たしたイエズス会と対抗関係にある。東シナ海、南シナ海貿易圏から遠く隔たっていることから外国貿易の利を得られなかった「東国」の大名は、スペイン人、スペイン人と結び付くフランシスコ会を利用して、関東・東北の太平洋岸にマニラと直結する港を開こうとした。それまで西国の大名、商人が独占していた対外貿易を、関東で行うチャンスと考えたのである。

徳川家康は、北条氏の二大水軍基地のひとつだった三浦半島の突端の浦川（現在の浦賀）に目をつけ、そこをメキシコに戻るスペイン船の寄港地、つまり「第二の長崎」にしようと画策した。一五九〇年、家康は、浦川を直轄地に組み入れる。

家康は、「二六聖人殉教事件」の後に畿内に潜伏していたフランシスコ会の宣教師フェリペ・デ・ヘススに目をつけた。一五九八年、家康はヘススを仲介人にして自らの要望をフィリピン総督に伝え、浦川への来航を求めた。一六〇七年のスペイン枢密会議の国王フェリペ三世宛の報告書は、「（日本の）皇帝は三年前からこのかた、自領とフィリピンとの間に通商を望んでおり、毎年船一隻がフィリピンから関東領にシナ商品及びフィリピンの余剰物資を積んで赴き、復路には日本国王に豊富にある多量の銀や小麦、乾し肉、船具用麻製品、鉄、鋼、火薬、柄つき武器、その他のフィリピンの食糧問題と管理に大層必要な品を沢山持ち帰ったこと、フィリピンにとり、日本との通商関係に入り、これを維持することが重要と思われるのは、右にあげた商品の補充という意味の外に、通商関係を通し日本と友好関係を結ぶことが有利であるから」と記している。

家康の申し出は、マニラで六カ月分の水と食糧を積み込むガレオン船にとっては魅力的であり、スペイン側もかなり乗り気だった。しかし、黒潮の流れが強すぎた。当時の帆走技術では黒潮の強い流れを横切って浦川に入港するのが不可能であり、結局「第二の長崎」構想はお蔵入りになった。

他方、仙台の伊達《だて》政宗《まさむね》（一五六七～一六三六）もスペイン船との密接な関係を築こうとしていた。

伊達政宗が、一六一三（慶長一八）年、フランシスコ会の宣教師ソテロ（一五七四～一六二四）を正使とし支倉常長《はせくらつねなが》（一五七一～一六二二）を副使とするスペイン・教皇庁への使節（慶長遣欧使節）を、自領の月浦から太平洋、メキシコ、大西洋経由でヨーロッパに派遣したのは、そうした意欲の表れだった。

支倉常長の一行は太平洋を横断し、メキシコ経由でスペイン、イタリアのローマに至った。メキシコのアカプルコ、ローマの外港チベタベキアには、支倉常長の銅像が建てられている。対外貿易の分厚い既得権を持つ西国大名とその恩恵に浴さない東国大名の争いが、ポルトガル、スペインの勢力争いと重なって展開されたのである。

3　保守的な明帝国を揺るがしたシルバー・ラッシュ

◉マニラに流れ込んだ新大陸の銀

「大航海時代」には、ヨーロッパと新大陸をつなぐ大西洋の銀貿易がアジアにまで広がった。新大陸を太平洋経由で東アジアに結び付けたのがスペインで、フィリピン群島のマニラとメキシコの太平洋岸の良港アカプルコを結ぶ銀貿易が活性化した。日本列島の南に位置するフィリピン群島が新大陸との貿易の窓口になったことは、メキシコ原産のサツマイモが、フィリピン、福建、琉球、薩摩を経て日本列島に普及していることで明らかになる。

「世界周航」の後、スペインは航海途上で死亡したマゼラン（一四八〇～一五二一）を引き継いで世界周航を成功させたエルカーノ（一四七六～一五二六）に命じ、太平洋への唯一の入口マゼラン海峡を経て太平洋を横断しモルッカ（香料）諸島に至る貿易ルートの定期化を目指したが、横断に三カ月以上かかる太平洋の広さがそれを阻んだ。エルカーノは太平洋上で壊血病により命を落とす。

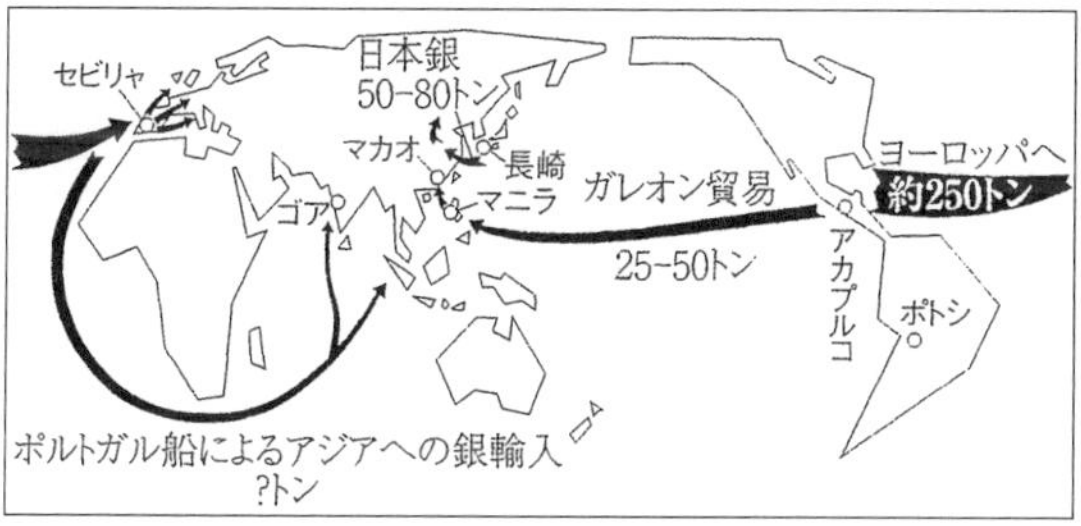

1600年前後の銀の世界規模的な移動［岸本美緒『東アジアの「近世」』山川出版社 1998年より］

そこで、スペイン王はヌエバ・エスパーニャ（メキシコ）の太平洋岸から季節風を利用するアジア航路の開発に転換した。それを可能にしたのがレガスピである。一五六四年、レガスピは五隻の船団を率いメキシコのナヴィダード港を出港。北東モンスーン（季節風）を追い風にして四〇日近い航海の末にフィリピン群島に到着した。しかし、フィリピン群島からメキシコに向かうモンスーンの力が弱く、帰りの航路の発見が大きな課題になった。そこでレガスピは、孫を船長としアウグスチヌス修道会士ウルダネタ（一七八八～一八四五）を助言者とする船にメキシコへの帰路の探索を命じた。

ウルダネータは、スペイン北部のバスク地方出身の船乗りで、

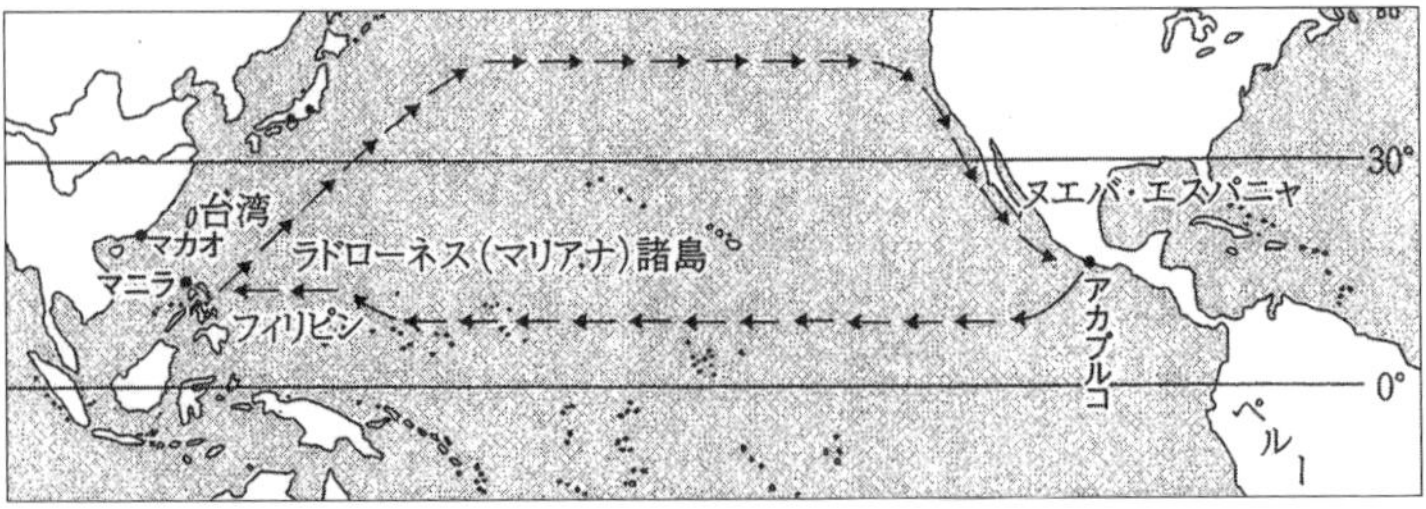

マニラ・アカプルコ間の航路（モルガ『フィリピン諸島誌』岩波書店 1966年）

先述したエル・カーノの航海に参加。辛くも一命を取り留めた後、海の世界から引退しアウグスチヌス修道会の修道士になっていたが、レガスピの遠征への参加を命じられていた。

ウルダーネタは、セブ島を発して、ルソン島とサマール島の間の海峡を通過して太平洋に出た後、黒潮を利用して日本の沿岸を北上。三陸沖で偏西風に乗ってメキシコに戻る航路を発見した。黒潮に乗って北緯三九度まで北上し、その後偏西風に乗ってメキシコのアカプルコに戻る帰路の航路が確定されて、スペイン人のメキシコとフィリピン群島を結ぶ航海が可能になった。ウルダーネタは、「太平洋のコロンブス」と言ってよいかも知れない。

一五六九年、レガスピはルソン島の商業港マニラをイスラーム教徒の先住民モロ人から奪い取って城砦を築いた。巨大帆船ガレオンを使うメキシコのアカプルコ港とマニラを結ぶマニラ・ガレオン貿易が始まる。スペインはマニラに拠点を設けて、新大陸と南シナ海を結んだのである。ペルーのポトシ銀山、メキシコのサカテカス銀山で掘り出された安価な銀の三分の一がマニラに運ばれて、東アジアの貿易を活性化させた。日本の石見の銀と新大陸の銀が、南シナ海、東シナ海を「銀の海」に変えたのである。

◉銀に殺到した福建商人

マニラから大量の銀が、明に流れる。一五七〇年代、第二代フィリピン総督ラヴェサリス（任一五七二～七五）の時期に、マニラと福建の月港との間の銀貿易が始まった。月港は厦門《アモイ》湾の奥の密貿易港であり、福建商人はそこから台湾海峡を渡って一五日から二〇日でルソン島に渡った。

一六一七年、月港の文人、張燮《ちようしよう》（一五七四～一六四〇）が県令の求めに応じて書いた『東西洋考』は、月港からマニラに至る航路を、月港―台湾海峡の澎湖《ほうこ》諸島―沙馬頭澳《さまとうおう》（台湾最南端の猫鼻角）―大港（ルソン島北部）―密雁港（ルソン島西北部）―玳瑁《たいまい》港（ルソン島のリンガイェン港）―マニラと記している。台湾海峡から台湾を経て、南シナ海を横断する航路である。

福建船は、毎年三月に北東のモンスーンを利用して月港からマニラに至り、台風の季節に入る前に戻った。宋代以降、南シナ海を「縦断」してスマトラ島のパレンバンに至る航路が開発されていたが、明末には南シナ海を「横断」してマニラに至る航路が、地球規模のシルバー・ロードの一部分に組み込まれたのである。

フィリピン総督ラヴェサリスは、「我々は、この地に到着して以来、常にシナ人を出来る限り優遇することに努めたので、彼ら商船隊の来航は益々盛んになり、かくして我々がこの島に於いて過ごした二年の間に、彼らは逐年その数を増し、来航も次第に多数となった。彼らは以前よりも早く渡航し来《きた》るようになり、従って彼らとの貿易も次第に確実なものとなってきた」と述べている。

一五七二年には二隻のジャンクがマニラに来航し、五隻がフィリピン群島の他の島々で交易した。それ以後のマニラへの福建船の来航は、ほぼ次のようになる。その大部分は二〇〇トン前後のジャンクだった。

一五七四年　六隻　　一五七五年　一二～一五隻　　一五八〇年　四〇～五〇隻
一五八四年　二五～三〇隻　　一五八七年　三〇隻　　一五八八年　三〇隻
一五八九年　一一～一二隻　　一五九一年　二〇～三〇隻

一五八九年、第三代フィリピン総督サンチャゴ・デ・ヴェラ（任一五八四～九〇）は、「本年中多数のシナ船が当国、特にマニラに来航せるが、その船数は積載量頗る大なる船三〇隻以上、その乗り組み来れるシナ人の数は三〇〇〇人を超え、多量の商品、馬、牛を満載して来着せり、小官は彼らを大いに優遇し手厚き歓待を与えたり」と記している。

一六世紀末にはマニラの植民地当局が得る関税の約半分を明船が担ったが、福建商人の銀貿易が増すにつれて一七世紀初頭には八割、一七世紀中頃には九割強と明船の割合が増大した。スペイン人はマニラから集められた膨大な絹、陶磁器を太平洋、メキシコ、カリブ海、大西洋経由でスペインのセヴィーリャに送り、ヨーロッパで売りさばいた。新大陸の銀は当時のアジアの銀の三分の一程度の価格だったことから、ほぼ世界一周してヨーロッパに送られた明の産品は、十分に逆回りでポルトガル人がもたらす商品に対抗できた。新大陸の銀は、現在のグローバル経済の前提となる地球規模の海のネットワークを作りあげたのである。

◉海禁の放棄と月港の開港

明末の「倭寇」については前章で述べたが、銀貿易の拡大に即応しなければ「倭寇」の行動を押さえ切れないと判断した福建巡撫の塗沢民《とたくみん》は、一五六七年に福建の密貿易港、月港に一定の条件付きで対外貿易を認めることになった。「倭寇」の元凶とされた日本を除く東南アジア諸国との貿易が、条件付きで許されたのである。海禁が緩められた。

改革に乗り出した塗沢民の狙いは、財政危機の打開にあった。貿易船に課税することで海防費を捻り出そうとしたのである。当時は「倭寇」対策として福建の五〇余カ所に城寨が設けられ一〇万人以上の兵が配備されたことで財政が逼迫しており、政策の転換が求められていたのである。

塗沢民は明政府から見捨てられていた荒撫地のなかの密貿易港、月港を県城とする海澄県を新設し、六七年には月港を海禁の除外地とした。今流に言えば「特区」にしたのである。そして、①貿易先を東洋・西洋に限定、②日本との貿易は旧来通りに禁止、③火薬の原料となる硝石・硫黄・銅・鉄の「違禁の品」の輸出禁止、という条件の下で、外国船の月港への入港を許可し、船船税（水餉）と輸入税（陸餉）を負担させるという条件で貿易を許した。

ここでの「東洋」はフィリピン群島からボルネオ方面に南下する航路であり、新大陸に直結するマニラが主たる渡航先だった。他方「西洋」はインドシナ半島、マレー半島を南下しスマトラ島、ジャワ島に至る東南アジアの香辛料、香木、薬材などを入手する航路だった。

月港が開港された時期は、ポルトガル人の東アジア貿易の最盛期であり、スペイン人がマニラを中心として南シナ海の交易を活性化させる時期にあたっていた。ポルトガル人がマカオの居住権を得たのが一五五七年、スペインのフィリピン総督レガスピ（一五〇二〜一五七二）がルソン島のマニラに支配の拠点を築いたのが一五七一年である。

一五七五年になると、明は役所に登録された商船に対し対外貿易を管理する海防官が発行する貿易許可証（商引）を得ることを条件として海外貿易を認めた。商引の発行は、当初は年に五〇隻だけだったが、八九年に八八隻、九二年に一〇〇隻、九七年には一三七隻と増加されていった。商引は、日本でいえば朱印状にあたる。

許孚遠《きょふえん》は、一五八九年に商引を発行された八八隻の船のうち、マニラ（ルソン、呂宋）に赴いた船が一六隻で圧倒的に多く、下港（バンダン）、暹羅（シャム）、旧港（パレンバン）、交趾（コチン）が各四隻と記している。しかし、銀の産地日本での貿易がルソン島での貿易の倍の利益をもたらしたため、商引を獲得した商人が指定された交易先ではなく日本に赴いて貿易を行うケースが多かった。

明は民間商人の貿易を半ば認め管理下に置くことで、一定の譲歩をしながら「密貿易商人」を体制に取り込むことに成功した。以後、後期「倭寇」は急速に収束する。商引を得ずに海外と密かに交易する船が多かったことは、言うまでもない。近年、月港周辺の海岸で大きな錨、大船の帆柱が発掘されているが、そのなかには長さ二メートル余りの鉄製の錨もあったという。かなりの大型ジャンクが使用されていたことが分かる。

◉帝国統治に取り込まれた膨大な銀

福建商人が大挙してマニラに押し寄せた理由は、アジアの銀の三分の一程度の安い値段で新大陸産の良質な銀（墨銀、メキシコ銀）が入手できたためだった。新たなシルバー・ラッシュが、民間貿易を高揚させたのである。

木村正弘氏の『鎖国とシルバーロード』は、①一五九〇年当時のマカオにおける中国絹の価格がバレンシア産のスペイン絹の価格の三分の一以下であり、ペルーでは中国絹がスペイン絹の価格の八分の一以下だったこと、②新大陸を含むスペイン圏の金銀交換比率が一対一三だったのに対し、中国圏の交換比率が約一対七であったことを指摘している。

福建商人がマニラにもたらしたのは、九割以上が生糸、絹であり、それに次ぐのが陶磁器だった。そうした状況は、スペイン人が中国人の市場を「生糸市場」の意味をもつ〝Atcaiceria〟の名で呼んでいたことでも明らかになる。明に向かってマニラでの貿易の対価として、一六〇〇年前後には年間二五トンから五〇トンの新大陸産の銀が流入した。日本から明に流入した五〇トンから八〇トンの銀、ポルトガル人が運んできた銀を加えれば、年間一〇〇トンから一五〇トンの銀が明に流入したと推定される。一六世紀後半に新大陸からスペインに送られた銀が年間二〇〇トンと言われるので、それに迫ろうとする量であった。

明では銀は馬蹄銀という馬蹄型の銀塊に加工され、秤量《ひょうりょう》貨幣として使用された。一五世紀から一六世紀にかけて長さ二四〇〇キロに及ぶ現存の万里の長城を建設した明は、モンゴル高原の覇者となったアルタン・ハーンとの戦闘、長城の建設などに、年間一五〇トン程度の銀が必要だったとされている。明は海上の民間商人の活動を「密貿易」や「倭寇」の名の下に抑圧したが、実際には海の世界でのシルバー・ラッシュが明を守ったことになる。「北虜・南倭」として、シルバー・ラッシュをマイナス評価するのは、歪んだ歴史理解と言わざるを得ない。

明の官僚は租税として集めた穀物の輸送に手間がかかることから、大量に流入した銀の利便性に目を付けた。農民に穀物を商人に売らせ、土地税と人頭税を一括して銀で納付させる一条鞭法が広まる。銀による税の納付は一六世紀末までに全国化し、銀による納税は地丁銀として清にも引き継がれた。一九世紀にイギリスがアヘンを大量に持ち込み銀が国外に流出すると銀価が高騰して農民の税負担が倍加し、中華帝国の統治システムは一挙に崩壊した。紅茶需要の増大に悩んだイギリスの窮余の策、アヘンの密輸が、期せずして根底から清帝国の経済を崩壊させる。清は、銀の大量流出によりイギリスに敗れたのである。

マニラ・ガレオン貿易は、メキシコからの往路が八八日から九〇日、復路が五カ月前後（場合により六カ月以上）かかる壮大な貿易だったが、ヌエバ・エスパーニャ（メキシコ）副王とそれに従属するフィリピン副王の間で行われた帝国内貿易だった。ヌエバ・エスパーニャ副王がガレオン船の乗組員を任命して運行に責任をもち、副王により管理された王室金庫から経費が捻出された。フィリピン植民地に対する貿易許可証の発給権も、ヌエバ・エスパーニャ副王が掌握していたのである。

ガレオン貿易への参加はフィリピン在住のスペイン人の特権だったが、マニラ永住を希望するスペイン人はほとんどおらず、メキシコ在住商人の代理人、仲介者としてマニラに駐在する者が多かった。メキシコ在住の商人は、マニラの代理人に多額の銀を送って独占的に中国商品を買い占めたのである。

◉マニラで増加する福建商人

銀貿易が盛んになると、マニラに居住する福建人の数が激増した。そうしたマニラの華僑は、南洋華僑のはしりである。

マニラ市当局はスペイン人の居住が少なかったこともあり、一五八二年、華僑居住区を設けるとともに華僑人口の上限を六〇〇〇人に制限した。スペインはカトリック化により華僑を同化させようとするが、流入する福建人の数が多すぎて効果が上がらなかった。その数は、やがて数万

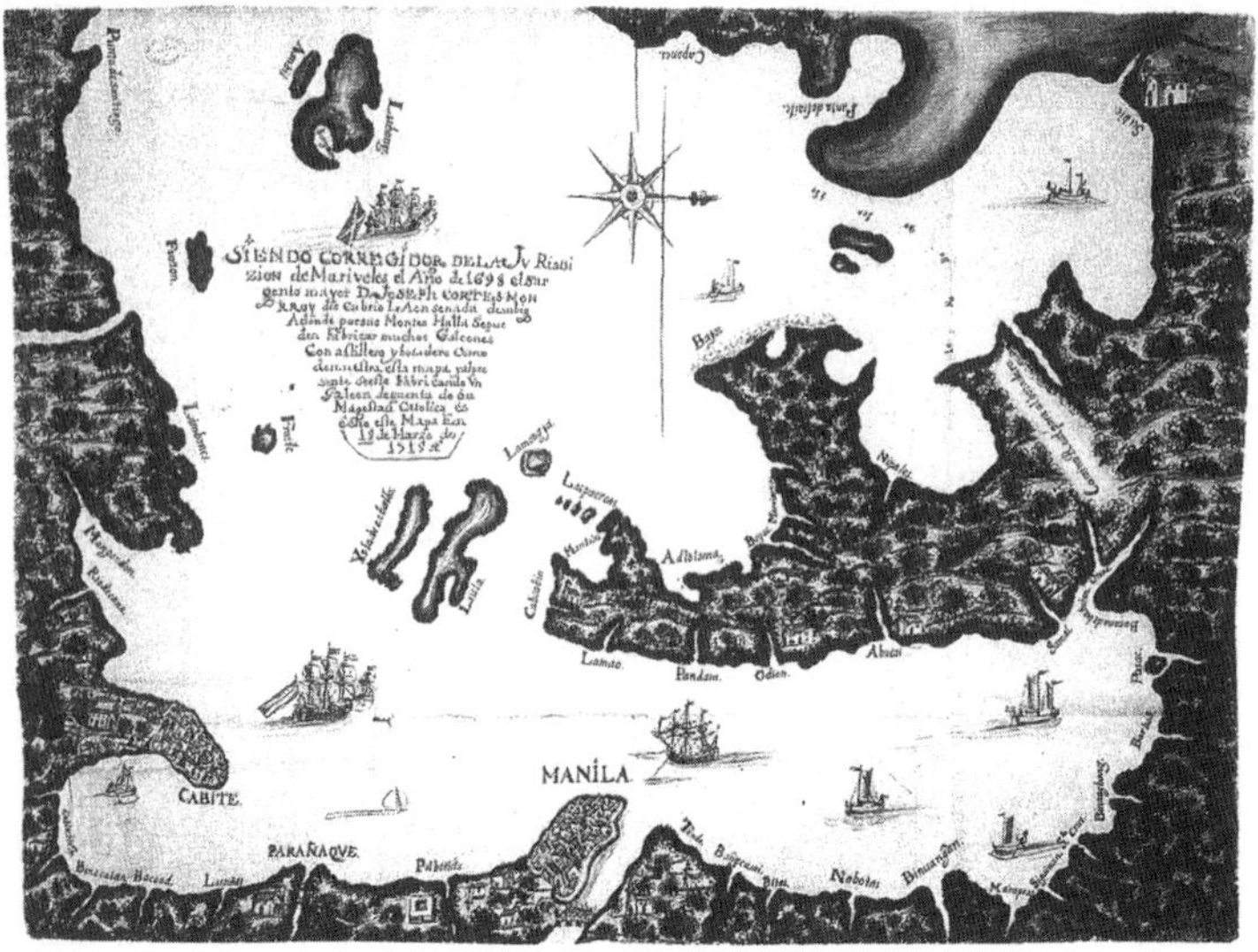

1715年当時のマニラ湾周辺の様子

人に達する。平戸をはるかに上回る明人のコロニーがマニラに築かれたのである。

一六〇三年、二万人の福建人が秘密結社による活動を理由にスペイン人に殺害された。福建人は一時的に減少したものの、すぐに回復。やがてマニラ在住福建人の数はスペイン人を凌ぐようになり、治安の維持と食糧の確保の両面でマニラの大問題になった。

一六三九年、マニラ近郊のカランバ・ラグーンの干拓に使役されていた中国人労働者の暴動がきっかけになって、群島全体で二万三〇〇〇人の中国人が殺害される事件が起こった。死者の八割が月港を県城とする海澄県の住民だったという。

◉マニラの安価な銀を求めたポルトガル人

一五七一年、新大陸と直結するマニラが開港されると、マカオのポルトガル商人が日本から持ち帰る銀が大幅に値下がりした。そこでマカオのポルトガル商人も、マニラで安価な銀を調達せざるを得なくなった。ポルトガル船は、モンスーンを利用して六、七月にマカオからマニラに向かい、翌年の一月にマカオに帰港する航路をひらいた。一五八〇年から一六二四年の間にマカオからマニラに赴いたポルトガル船は、六四隻以上に達する。

一五八七年から一六四〇年の間にマニラからマカオに流れた銀は、マニラから明に流入した銀の六八・九パーセントを占めたと言われる。抜け目のないポルトガル商人は、福建商人と対抗しながら、新大陸の銀を明に運ぶ貿易でも大儲けをしたのである。

ポルトガルは一五八〇年にスペインに併合されたが、東アジアの海で大きな既得権をもつマカオ商人は、スペイン人のシャム、明、日本との貿易を妨げた。そのため、フィリピンのスペイン商人が明で貿易をすることは、認められなかった。

マカオの人口は一五五五年にはわずか四〇〇人に過ぎなかったが、一五六三年、五〇〇〇人（うちポルトガル人は九〇〇人）、一五八〇年、二万人、一六四〇年、四万人（うち明人が二万人、ポルトガル人は六〇〇〇人）と増加し、マニラと並ぶ一大貿易港に成長した。

●日本商人もマニラを利用した

マニラに福建商人の大コロニーができると、「倭寇」を口実に明への出入りを禁止されていた日本の商人も、マニラに赴くようになった。日本列島から距離的に近いマニラに大市場が出現したことは、明への入国を拒否されていた日本商人にとってはラッキーだった。日本商人はマニラに石見の銀を運び、明人から直接生糸などを購入するようになる。

一五九一年、銀貿易と深いかかわりを持つ豊臣秀吉が、長崎商人、原田孫七郎（ガスパル原田、生没年不詳）を通じてフィリピン総督に朝貢を強要する事件が起こる。秀吉はフィリピン在住のスペイン人の数が少ないことを見透かし、支配下におこうと画策したのである。

一五九九年七月一〇日付けのフィリピン総督フランシスコ・テリョ・デ・グスマン（任一五九六〜一六〇二）の国王宛の事務報告書には、「日本人がマニラの視界内に来始めたが、以前は通常二、三隻の来航に過ぎなかったのが、今年は海賊船が七隻も現れて危害を加えた。商船は四カ月に九隻も来航した」と記されている。一六世紀末になると、マニラに居住する日本人の数は一〇〇〇人に達している。

日本船がマニラで生糸を大量に購入するようになると、当然のことながらマニラの生糸の価格が暴騰した。スペイン人の商売を妨げる要因になったのである。そこでマニラ当局は、一六〇二年、日本船の来航を年六隻、一六〇八年、年四隻に制限。一六〇九年には、日本船のマニラ来航を禁止した。しかし、一六二四年に朱印船貿易が中止されるまで、銀を積んだ日本船のマニラ往来は断続的に続けられた。

第9章　東アジア商業圏の活性化

1　台湾海峡に着目したオランダ

◉海運大国オランダの登場

ヨーロッパでは、教皇庁を中心とする南ヨーロッパの支配から北ヨーロッパが自立する動きが「宗教改革」という装いの下に進んだ。ドイツ、ネーデルラント、イギリス、フランス、北欧などに新教（プロテスタント）が広がると、一六世紀後半から一七世紀中頃にかけ一連の宗教戦争が起こった。宗教戦争のなかで、カトリック国のスペイン、ポルトガルが没落し、新興のオランダ、イギリスがヨーロッパ経済を主導するようになるが、そうした変化は南シナ海・東シナ海にも変化を及ぼした。

一六世紀のネーデルラント（現オランダ・ベルギー）は大国スペインの植民地であり、一万人のスペイン軍が駐留して重税（スペインの税収の約四割）が課され、商工業者の多数を占める新教徒が弾圧された。宗教審問所が設置され八〇〇〇人が処刑されると、一〇万人のオランダ人が国外に逃亡し、八〇年間も断続的に続くオランダ独立戦争（一五八六～一六四八）が始まった。オランダ人はイギリス人と提携し、「太陽が没することのない国」と言われる大国スペインと各地で戦争をくりひろげながら世界の海に進出し、スペインの覇権を切り崩していった。オランダの覇権は、効率的な造船と大商船団によりもたらされている。

オランダ経済の成長は、北海で行われたニシンの流し網漁によった。塩漬けニシンは、肉食が禁止された復活祭前の「四旬節」のタンパク源として全ヨーロッパ向けに販売された。オランダは旺盛なニシン需要に応えるために、一八人から三〇人の乗組員が乗り組み五週間から八週間の漁を可能にするニシン漁船を量産した。一六二〇年、オランダは二〇〇〇隻もの七〇トンから一〇〇トン程度の漁船を持ち、約二万人の漁業従事者を抱えていたという。一六六九年、オランダでニシン漁とその加工に関わる者は四五万人に達していた。

荒れた海での操業で損耗が激しい漁船を補給するために、オランダの造船所は風力製材機、クレーンなどにより機械化され、イギリスの四割から五割も安い価格で船を建造できるようになった。結果としてオランダはヨーロッパの商船の約半分を所有し、他国の半分の運賃で商品を運ぶことができた。「世界の運搬人」と言われる程の海運大国になったのである。ニシン漁船が常日ごろ偏西風が吹き募る北海で操業していたために、オランダの船乗りは荒れた海に強かった。そうした諸条件を活かしてオランダは、ポルトガル・スペインの時代の「点と線の貿易」を「面の貿易」に切り替えていく。オランダは一六世紀末になると喜望峰から「吠える四〇度」と言われる南緯四〇度以南の荒れる海域をそのまま東に向かう直行航路（「四〇度の轟き」）を拓き、ジャワ島のバタビア（現ジャカルタ）を拠点にして東アジアの海の勢力図を塗り替えていく。

◉ウィリアム・アダムズとヤン・ヨーステン

話を日本国内に転じるが、時代も少しさかのぼる。

関ヶ原の戦いの二年前の一五九八年、高価なチョウジ・ニクズクを産出するモルッカ諸島への航路の開発を目指し、オランダのロッテルダムからロッテルダム・マゼラン海峡会社のリーフデ号など五隻の船が出港した。

船団は、マゼラン海峡を越えて太平洋を横断し東アジアの海域を目指したが、暴風に遭遇して三〇〇トンのリーフデ号一隻のみとなり、一六〇〇年四月一九日、惨憺たる状況で豊後の臼杵に近い佐志生《さしう》に漂着した。

出航時に一一〇人だった乗組員も、わずか二四人に減少した。到着後に六人が死亡したので残された人員は一八人。辛うじて歩行できたのは六人のみだった。西国大名に対外貿易の利権を握られていた家康にとっては、それは願ってもないチャンスとなった。彼は、「オランダ人は海賊、不逞の輩」というポルトガル人の讒言を退け、リーフデ号を堺に回航させるとともに、船の代表を大坂に呼び寄せた。

しかし船長のクッケルナックは歩くこともできない程に衰弱しきっており、航海長のイギリス人航海士ウィリアム・アダムズを引見することになった。アダムズは四二日間大坂城の牢に投ぜられ、その間に三回にわたって家康に、ヨーロッパでのポルトガル、スペインのカトリック国と、オランダ、イギリスなどの新教国との戦いについて話し信任を得た。それが、布教と貿易を切り離すオランダ人、イギリス人の日本への進出のきっかけになった。

リーフデ号は、その後江戸に回航。船長クッケルナックは船を修理し、東南アジア経由で帰国することを希望したが家康は許可を与えず、船長クッケルナック、航海長のイギリス人、ウィリアム・アダムズ、航海士のオランダ人、ヤン・ヨーステンに、家康の相談役として江戸に滞留することを求めた。船に積載されていた一八門の大砲は関ヶ原の戦いで使用されたと言われる。

ウィリアム・アダムズは日本橋に邸宅を与えられ、旗本の待遇で家康に仕えた。日本橋の安針町は、その邸宅があった場所である。後にアダムズは家康から相模国三浦郡逸見村（現在の横須賀）に二五〇石の知行地を与えられ、羅針盤から転じて水先案内人の意味になった「按針」の名で呼ばれた。

ロンドンに近い港町ライムハウスの造船所で一二年間徒弟として働いた経験のあるアダムズは、伊豆の伊東で八〇トン、次いで一二〇トンのヨーロッパ型の帆船を建造し、その船を操縦して江戸と京都の間を航行したとされる。

そのうち隅田川の河口に係留されていた一二〇トンの帆船（後のサン・ボナペチュラ号）は、一六〇九年に千葉県岩和田（現御宿）でマニラからアカプルコに向かうスペインのマニラ・ガレオン船が嵐に遭遇して座礁した際に、同船に乗っていた前フィリピン臨時総督ドン・ロドリゴ・ビベロがアカプルコに帰る際に貸与された。後にメキシコが、その船を買い上げているが、詳しいデータは残っていない。ウィリアム・アダムズは、スペイン船の座礁の現場に派遣されて通訳にあたっている。

アダムズは、一六一三年に日本への航路を開拓するためのイギリス船、グローブ号が平戸に入ると駿府から平戸に赴き、商館長、六名の英人、三名の日本人通訳、二名の下僕からなるイギリス商館に年俸一〇〇ポンドで雇われた。彼は、長崎で購入したシー・アドヴェンチャー号で三度のシャム渡航を試み、二度の航海に成功して大きな利益を上げた。

一六一六年、家康が逝去。その後を追うように、アダムズも一六二〇年、平戸で世を去った。アダムズに与えられた逸見の地は、息子のジョセフが相続している。

リーフデ号のオランダ人航海士ヤン・ヨーステンも、家康に仕えた。彼の屋敷は、耶揚子河岸と呼ばれたが、それが、現在の東京駅八重洲口の起源になる。

ヤン・ヨーステンも家康の庇護を受けて東南アジア交易に従事した。一六一二年、一三年には朱印状を得てシャム（暹羅）と交易。その後も、東南アジアで活躍した。

船長クッケルナックはひとりの船員とともに、一六〇五年、家康から帰国を許され朱印状を与

東京都中央区八重洲通りにある日蘭修好380周年を記念したヤン・ヨーステンのレリーフ

えられた今屋宗中の船に乗って太泥（パタニ）に至った。一六〇六年、オランダ東インド会社の旗艦の操舵士長に任じられたが、ポルトガル領マラッカの攻撃の際に戦死した。

◉ポルトガル人に代わったオランダ人

オランダ人は一六〇二年、喜望峰からマゼラン海峡に至る海域の貿易、植民、軍事の独占権を持つ連合東インド会社（資本金は約五〇万ポンド、英東インド会社の一〇倍）を設立した。

会社は、南アフリカの喜望峰を経由して「吠える四〇度」と呼ばれる荒れた海域を真っすぐ東に航海する新たな航路（四〇度の轟き）を拓き、ジャワ島のジャカルタに拠点を築いて、バタヴィアと命名した。

一六〇五年に東インド会社の船がマレー半島のパタニに至り商館が設立されたとの情報が伝えられると、家康はリーフデ号の元乗組員二名を派遣した。船を用意したのは貿易の拡大を求める平戸藩主、松浦隆信と叔父の鎮信だった。

彼らはジョホールでオランダ艦隊と遭遇。日本貿易が有望であるとの情報を伝えた。その情報は本社に伝えられ、一六〇九年になると使節を乗せた二隻のオランダ船が平戸に来航。松浦隆信は、家康の通商許可を得るための仲介の労をとった。オランダ使節は、駿府でリーフデ号の元乗組員サントフォールトを通訳として家康と会見。通商許可の朱印状を得た。同年、平戸にオランダ東インド会社の商館が設立され、一一年には倉庫、社宅などが建設された。その後オランダ人は、東アジアの体制づくりに平戸貿易を活用する。刀、鉄砲、武具、要塞建設用の木材、工具、鉄製品を日本から積み出しただけではなく、傭兵の調達も行った。

一六三四年には長崎で出島の建設が始まり、二年後に完成するとポルトガル人が収容された。オランダ人は、島原の乱の鎮圧の際に幕府に力を貸すなど、宗教と経済を切り離す商法でポルトガル人を追い落とし、一六三九年にポルトガル人の長崎居住が禁止され出島が空き家になると、四〇年に平戸の商館を破壊、翌年に商館を出島に移し、対日貿易を独占した。世界情勢の変化が、日本列島にも及んだのである。

一六六〇年頃が、オランダのアジア貿易の全盛期になる。オランダ船が、長崎に入港する度ごとに長崎奉行に提出することになった「オランダ風説書」は、ヨーロッパ・インド・中国という三地域に分けて海外事情を箇条書きにしたものであり、幕府が世界を知るための重要な手掛かりになった。

◉南シナ海と朱印船貿易

徳川家康は江戸に幕府を開設すると、秀吉が一五九二年に始めた商人への朱印状（海外渡航許可書）の発給を引き継ぎ、一六〇一年以後、安南（ベトナム）、マニラ（呂宋）、カンボジャ、シャム、マレー半島中央部のパタニなどに使者を派遣して外交関係を樹立した。東アジア海域にオランダ人が進出し始めた時期のことである。

家康は、一六〇四年に朱印船貿易を開始して以降、朱印状を大名・大商人、「密貿易商人」李旦（鄭芝龍はその配下）、ウィリアム・アダムズ、ヤン・ヨーステンなどに発給した。商人で朱印状の発給を受けた者は京都の角倉了以、茶屋四郎次郎、大坂の末吉孫左衛門などの六五名、大名は島津、松浦、有馬、細川、鍋島など一〇名、明の「密貿易商人」は一一名、オランダ人・イギリス人・ポルトガル人は一二名、長崎代官の村山等安、末次平蔵、堺・大坂などの武士計四名だった。いってみれば、日本の「大航海時代」である。朱印状は幕府公認の交易船であることを証明する書状だったが、航海は明の「密貿易」ネットワークを基盤に組織された。

朱印船を操る航海士としては、主に明人、ポルトガル人、オランダ人、イギリス人が雇われた。朱印船は長崎から出港し、長崎に帰港すると定められていた。一六三五年に日本人の海外渡航が禁止されるまでの三〇余年の間に、三五五通の異国渡海を許可する朱印状が発給されている。年平均一一隻、多い年では二〇隻の船が、南シナ海での貿易に従事したのである。

朱印船は、ジャンクにヨーロッパ風、和風の造船技術を取り入れた五〇〇トンから七五〇トン

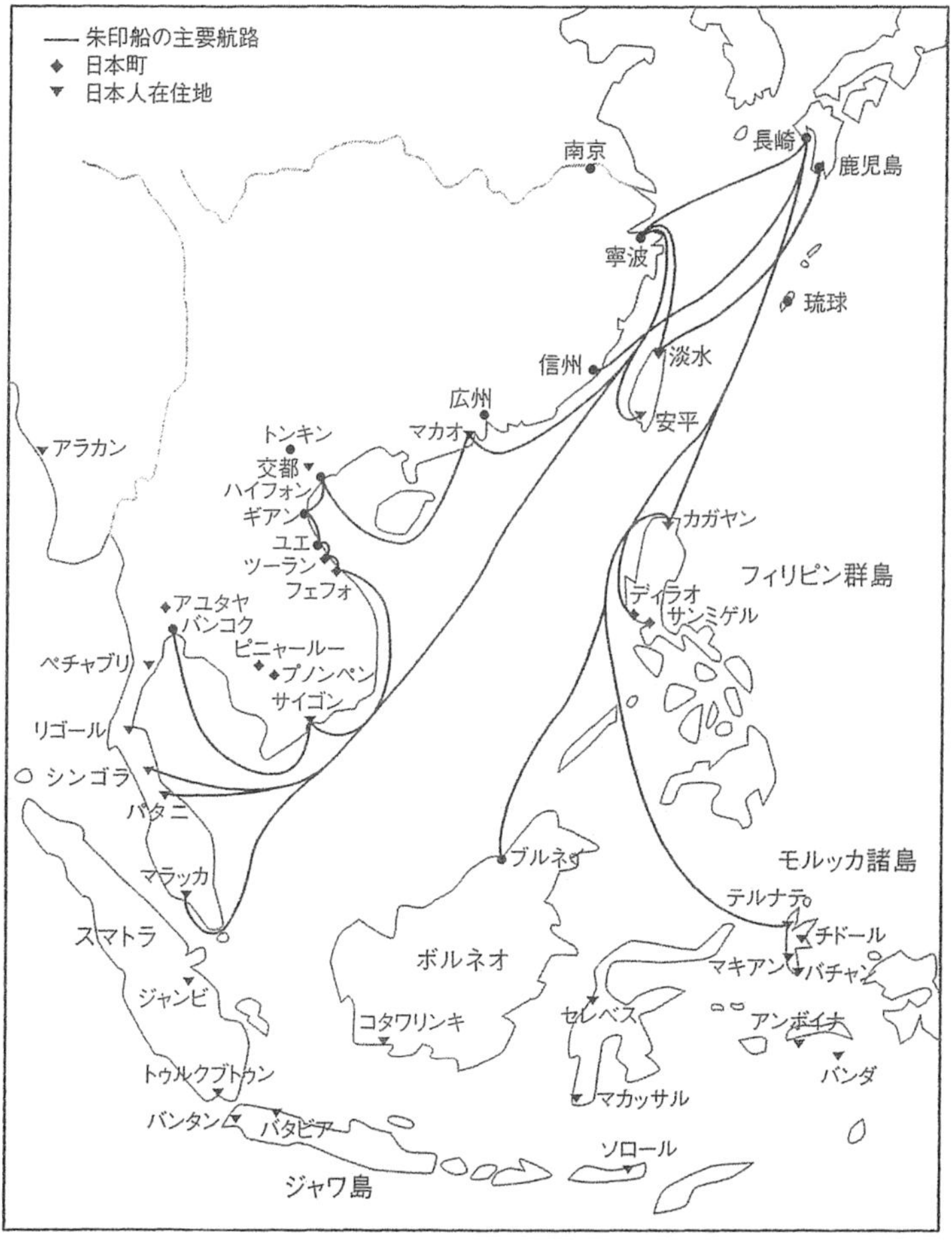
朱印船の主要航路
日本町
日本人在住地
長崎
鹿児島
南京
寧波
琉球
淡水
信州
安平
広州
マカオ
トンキン
交都
ハイフォン
ギアン
ユエ
ツーラン
フェフォ
アラカン
アユタヤ
バンコク
ピニャールー
ペチャブリ
プノンペン
サイゴン
リゴール
シンゴラ
パタニ
マラッカ
スマトラ
ジャンビ
トゥルクブトゥン
バンタン
バタビア
ジャワ島
カガヤン
フィリピン群島
ディラオ
サンミゲル
ブルネイ
ボルネオ
コタワリンキ
セレベス
マカッサル
ソロール
モルッカ諸島
テルナテ
チドール
マキアン
バチャン
アンボイナ
バンダ

朱印船航路と日本町

の船で、二〇〇人程度が乗り組んだ。長さ約五〇メートルの末次船、荒木船などの朱印船は堂々たる外洋船である。

「倭寇」と秀吉の朝鮮出兵で明が日本船の来航を禁止していたこともあり、明の目が届かない台湾（高砂）・マカオ・安南（ベトナムのハノイ）・交趾（ベトナム中部のホイアン）・占城・カンボジャ・パタニ・アユタヤ・呂宋（ルソン島）・ボルネオなどの南シナ海及びその周辺海域が朱印船の主たる交易先になり、明の「密貿易商人」との出会い貿易が行われた。朱印船の渡航回数は、交趾が七三回、アユタヤが五五回、呂宋が五四回、安南が四七回であり、ベトナム、タイ、フィリピンのルソン島が主たる商いの場となった。朱印船を出した日本の商人が求めたものは生糸、絹などの明の物産であり、日本からは銀、銅、硫黄などが輸出された。

そうしたなかで、ベトナムのホイアン、シャムのアユタヤなどには日本町が作られた。例えばシャムの都アユタヤの日本町には、一五〇〇人から一六〇〇人の日本人が居住したといわれ、山田長政のようにアユタヤ朝に重用される人物も現れた。

◉内向きになる幕府の貿易政策

一六〇三年、長崎を直轄地とした幕府は、翌年に糸割符《いとわっぷ》仲間を組織して広州湾のマカオからポルトガル船がもたらす明の生糸（白糸）の一括購入を開始した。年間の貿易額を銀換算で、オランダ船が三〇〇〇貫、明船が六〇〇〇貫に制限している。

一六〇九年、オランダ人が、一六一三年、イギリスが平戸に商館を設置すると、ポルトガル人の生糸貿易（南蛮貿易）は大打撃を受けた。幕府は一六一六年、西国大名の経済力を抑制するために、明船以外の外国船の寄港地を長崎・平戸に制限する。一六〇九年、薩摩藩が琉球を征服すると、幕府は琉球を介して「倭寇」を口実に日本との貿易を拒絶してきた明との交易を開始した。

対日貿易で後発のオランダ人は、貿易と布教を一体化させたポルトガル・スペインの弱点を徹底的につき、キリシタンの恐ろしさの吹聴に努めた。幕府は、一九年から二三年までの間に、京都で五二人、長崎で五五人、江戸で五〇人のキリシタンを処刑。二四年になるとスペイン船の来航を禁止し、二九年頃から長崎で「踏み絵」を開始した。

幕府の貿易政策は、一六一六年に開明的な家康が逝去して以後、保守化の一途をたどった。三一年には、朱印船制度が奉書船制度に切り替えられた。将軍が発給する朱印状の海外持ち出しを禁止し、老中が出す「奉書」を携行させたのである。朱印船がトラブルに巻き込まれ、将軍の権威が損なわれるのを防ぐのがその理由だった。

三三年、老中が発行する奉書船以外の船が海外に渡航することが禁止された。幕府による対外貿易の独占である。三五年には海禁が一層徹底され、外国船の入港が長崎に限定され、海外在住の日本人の帰国、日本船の海外渡航が全面的に禁止された。その結果、それまで使用されてきた朱印船の使い道がなくなり、海外の日本町で誕生した混血児の帰国の道は閉ざされてしまった。

一六三六年、六〇年間続いていたポルトガル人の長崎市中での散居が禁止され、先に述べたように埋立地の出島（三九六九坪、約一三ヘクタール）に居住が制限された。対外貿易に関係のない二八七人のポルトガル人とその妻子二八七人はマカオに追放される。この年、四隻のポルトガル船によりマカオに運ばれた銀は二三五万両に過ぎず、最盛期の四七〇万両と比較すると大きな後退がみられた。

翌年、キリシタンが多い島原半島・天草諸島で一揆が起こった。餓死者を多数出した島原藩主、松倉重政の酷政が背景にあった。一揆勢力は一時三万人に膨れ上がり、弱冠一六歳の益田時貞（天草四郎）を中心に島原の原城に立て籠もった。それに対し、幕府側は老中の松平信綱を派遣。一二万人の軍勢で、翌年二月にやっとのことで原城を陥落させた。その際に長崎の五隻の朱印船がオランダ船とともに大砲で原城に砲撃を加えた。

島原の一揆が、キリシタンが幕府を転覆する可能性を持つという認識を江戸幕府に与えた。幕府は、三九年、七〇年間続いたポルトガルとの貿易を断ち、ポルトガル船の来航を禁止。ポルトガル人の出島での居住は三年間でピリオドを打った。四一年、ヨーロッパ諸国で唯一通商が許されることになるオランダの商館を出島に移し、「鎖国」（海禁）が完成した。

幕府が天領の長崎に開港場を限定したことは、それまで東シナ海・南シナ海のネットワークにより経済力を強めてきた西国大名の力を抑制し、幕府が貿易の利益を独占する狙いだった。東シナ海・南シナ海のネットワークが日本列島の「西」を通り越して「東」の江戸幕府に結び付けられるという奇妙な状況が、幕府の権力により生み出されたのである。「海国」日本が、一気にしぼんでいく。ちなみに「鎖国」の語は、オランダ商館の医師ケンペルの著書『日本誌』を翻訳した長崎のオランダ通詞志筑忠雄が使ったのが最初で、幕府による厳しい通商規制を指した。この語は、「開国」と対比されるかたちで幕末に一般化した。

幕府は、「南」では長崎の出島、唐人屋敷に交易の場を制限して交易を統制し、「北」では松前藩を通じて蝦夷地の貿易を押さえた。

しかし釜山には草梁倭館という長崎の唐人屋敷の一〇倍の日本人の居留地が設けられ、常時約五〇〇人の対馬藩の役人・商人が滞在。中国産生糸、高麗ニンジンの輸入にあたった。朝鮮王朝との窓口を、対馬藩が独占したのである。また薩摩藩は、清に朝貢する琉球を通じて東シナ海の交易ルートを押さえた。対馬と琉球は健在だったのである。

唐人屋敷（「唐館図」長崎歴史文化博物館蔵。『唐館図蘭館図会巻』より））

◉オランダの台湾海峡進出

一六二二年四月、バタヴィア総督府の命を受けて、一六隻のオランダ船がマカオを攻撃した。それが失敗に終わると、オランダ東インド会社は、月港とマニラを結ぶ台湾海峡に位置する澎湖諸島を占領して拠点を築いた。

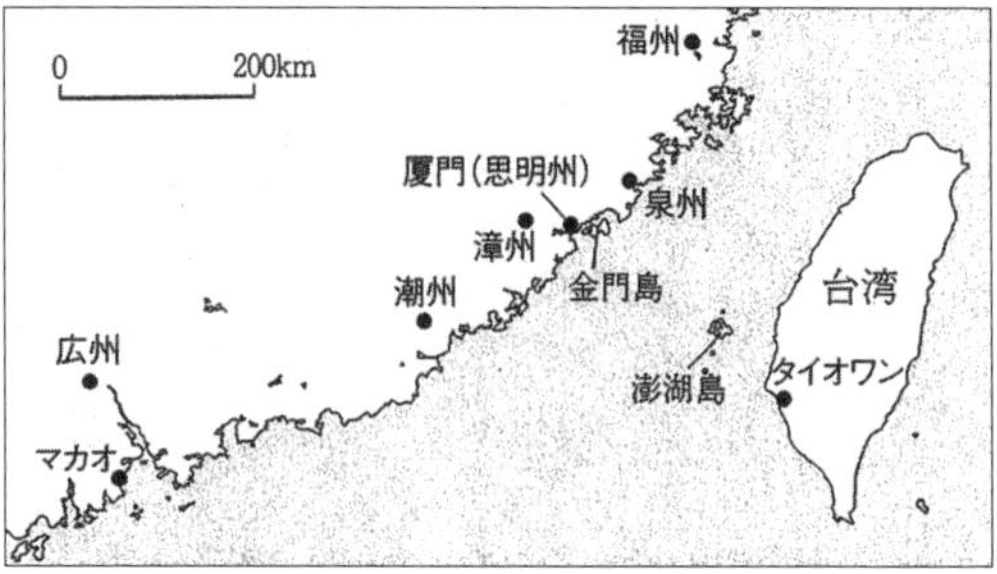

台湾海峡と澎湖島周辺

オランダ東インド会社の狙いは、マニラ・ガレオン貿易により新大陸の銀が集まるスマトラと福建の厦門、月港の間の航路、ポルトガルのマカオと長崎の間の航路が交差する台湾海峡でともに遮断し、東アジア貿易の主導権を握ることにあった。台湾海峡は、南シナ海と東シナ海の接点に位置する戦略的要地だったのである。しかし明は台湾海峡の澎湖島を自領と見なしており、軍隊を派遣してオランダ人を澎湖島から追い出した。

この年、モルッカ（香料）諸島ではアンボイナ事件が起こり、オランダ東インド会社はイギリス人をモルッカ諸島から締め出した。事件の際に陰謀の嫌疑をかけられて一〇余名のイギリス人とともに三〇余名の日本人も殺害された。アジアにおける勢力の交替期だったといえる。

話は元に戻るが明軍と戦って澎湖諸島から撤退したオランダ人は、一六二四年、海峡に面した台南付近の小島に城塞を兼ねた商館のタイオワン館（後のゼーランディア城）を築き、台湾海峡での足場を固めた。衰退期の明が台湾を自領とはみなしていなかったこともあり、オランダ人の占拠が黙認された。オランダ東インド会社の台湾総督は、一六二六年、日本に滞在する明の商人の台湾での通商を禁止し、日本商人がもたらす商品に一割の税を課すとした。

一六二八年、末次平蔵の朱印船二隻が台湾に入港すると、台湾長官ヌイツ（在職一六二七～二九）が抑留。それに対して船長の浜田弥兵衛《はまだやひょうえ》（生没年不詳）がゼーランディア城を攻撃。オランダ船、オランダ人を連行して長崎に帰港するという事件が起こった。翌年、幕府は報復として平戸のオランダ商館を閉鎖。オランダ船四隻を抑留した。困惑したオランダ東インド会社は二九年、使節ヤンスゾーンを平戸に派遣。三二年、やっと紛争が解決し、ヤンスゾーンはバタビアに帰還した。

ポルトガルのマカオと長崎を結ぶ貿易がオランダ船の攻撃により困難になると、ポルトガルは、船足の速い船を使う、積み荷を分散するなどの方法で、利幅の大きい貿易の継続を計った。オランダにマカオが攻撃された翌年、ポルトガルはマカオ総督を新たに設けてマカオの守りを固めた。先に述べたカピタン・モール（海の総督）は、マカオの市政には関わらず、東アジアの海上の交易にのみ従事するようになる。

2　台湾に商人国家を樹立した鄭成功

◉王直の流れを汲む鄭芝竜

一七世紀の中頃、東シナ海・南シナ海に、明の滅亡の余波が広がった。北の女真人が、李自成（一六〇六～一六四五）の農民反乱軍の北京占領という大混乱に乗じて明を征服したのである。豊臣秀吉の出兵で危機に陥った朝鮮王朝に援軍を派遣して財政を悪化させた明は、東北地方から台頭してきた女真人の南下を押さえるための戦費も重荷となり、農民に重い付加税を課した。

過重な税負担による農民の窮乏化を背景に、「土地の均分」、「三年間の徴税免除」を求める李自成の乱が広がり、一六四四年に農民軍が北京を占領し明が滅んだ。そうした状況を利用して女真人が攻め込み、反乱を制圧して清を建国。約二〇〇万人の女真人が、数億人の漢民族を支配する清(一六四四〜一九一二)が、約三〇〇年近く続くことになる。

そうしたなかでマニラからもたらされる銀によるシルバー・ラッシュで経済成長を遂げた福建の「密貿易商人」は明の持続が商売に有利と判断し、復明(明朝の復帰)運動を支えた。明は朝貢と海禁の建て前に固執したためにシルバー・ラッシュにより急激に膨張する海上交易の利益を掌中に収めることができず、銀貿易を主導した厦門の巨商が莫大な富を蓄積し、海賊勢力を統合して大勢力になっていたのである。福建の泉州府南安出身で、厦門の武装商人団の首領、鄭芝竜《ていしりゅう》(一六〇四〜一六六一)である。

福建南部は山が海に迫っているために古くから海上貿易が盛んで、貿易圏は蘇州、杭州、平戸、長崎にまで及んでいた。福建南部で最初に頭角を現した商人は、李旦(生年不詳〜一六二五)だった。李はもともとはマニラに赴いて銀貿易に従事していたが、やがて平戸に拠点を移し日本との貿易で活躍するようになった。江戸幕府から朱印状を獲得し、トンキン、ルソン、台湾と平戸を結ぶ貿易を行っている。

福建の世界的な港、泉州に近い南安で生まれた鄭芝竜は、早く父を失ったために一八歳の時に弟ふたりとともに行商をしていた母方の叔父、黄程を頼ってポルトガル人の交易拠点マカオに赴き、「商売の道」を学んだ。マカオで学んだことで彼はポルトガル語、スペイン語を話せるようになり、カトリックの洗礼を受けニコラスという洗礼名を得た。貿易港マカオが、鄭芝竜を育てたのである。

一六二一年、鄭芝竜は、叔父の黄程に伴われて平戸に赴き王直の流れを継ぐ「密貿易」商人団の一員になった。彼は、かつての王直の部下で、江戸幕府から優遇されて事業を引き継いでいた泉州出身の商人、李旦に能力と人柄を認められ、義理の親子の関係になった。

ちなみに李旦は、先に述べたように最初はマニラでの銀貿易に従事していたが平戸に本拠を移して王直の配下となり、王直が処刑された後に元締めになった人物で、マカオとも太いパイプをもっていた。平戸は、依然として東アジアの密貿易の一大拠点だったのである。

鄭芝竜

李旦は、シナカピタンの名でオランダの『バタヴィア日誌』に登場するが、幕府から朱印状を得て一二回にわたり朱印船を東南アジアに渡航させている。

イギリス王ジェームズ一世（一五六六〜一六二五）

の命を受けて一六一三年に日本に派遣されたジョン・セーリス（一五七九～一六四三）は、家康の外交顧問になっていたウィリアム・アダムズの仲介により幕府から通商の許可を得て、平戸に商館を置いた。セーリスは李旦から借りた邸宅を商館にし、商館長コックス（一五六六～一六二四）を初めとする七人の商館員を駐在させ、アダムズを顧問にしている。イギリスは東アジアの貿易に食い込むために、李旦をビジネス・パートナーとして選んだのである。しかし、ウィリアム・アダムズの死もあって商売はうまくいかず、一六二三年のアンボイナ事件によりオランダの東南アジアでの優位が確立されると、同年末に平戸のイギリス東インド会社の商館は閉鎖された。

一六二五年になると平戸で李旦が世を去り、福建、海澄県の出身で武芸に秀でた顔思斉《がんしせい》（一五八八～一六二五）が、後継者になった。顔は官憲との間に悶着を起こして平戸に逃れ、台湾との密貿易に従事していた。顔はやがて台湾に渡ることになるが、その際に鄭芝竜も兄弟とともに台湾に渡る。

顔思斉は、風疾《ふうしつ》により間もなく台湾で病死。若い鄭芝竜が代わって「密貿易商人」集団を率いることになった。「密貿易商人」集団も中国固有の「幇《はん》」であり、擬成家族とも言うべき人的つながりを持ち、相互扶助を宗《むね》としていた。信頼関係により、すべてが動いたのである。

一六二四年、鄭芝竜は平戸で、田川七左衛門の娘マツとの間に子の田川福松（中国名は鄭森）をもうけた。その子こそ、後に活躍する鄭成功《ていせいこう》（一六二四～一六六二）である。ポルトガル語、スペイン語、オランダ語、日本語などの多言語を操る国際商人の鄭芝竜は、福松が生まれた年、台湾の南西部（現在の雲林県）を拠点とする商人団の指揮をまかされるようになる。

　ところが先に述べたように、東アジア海域でポルトガル、スペインの追い落としを狙うオランダが、台湾海峡を戦略的要地と見なして台南に築城する。後のゼーランディア城である。

●福建で覇を唱えた鄭氏集団

鄭芝竜は着々と勢力を拡大して二七年には数百隻の武装船団を動かすようになり、二八年には福建の厦門を占領した。落ち目の明は、鄭芝竜を海賊の平定に利用しようと目論み、同年海防遊撃の地位につけ、福建海域の沿岸警備にあたらせた。

鄭芝竜の本拠地、厦門

　それは、鄭芝竜にとっては願ってもないチャンスだった。明政府を後ろ盾にした鄭芝竜は、一七〇隻の船と数千人の配下を持つ劉香の海賊集団を壊滅させ、最大の軍事集団に膨れ上がった。鄭芝竜の海軍が強力だったことは、オランダ東インド会社のバタヴィア総督がアムステルダムの本社に送付した一六二八年一月付けの報告書が、「一六二七年六月には、シナ人中、我らの帆船又はジャンク船にて、台湾から漳《しょう》州（月港）の河口又は他の海岸に、敢えて渡航する者もない。併し其のシナ海賊はますます有力優勢になって、ほとんどシナ海を支配するに十分で、全海岸のジャンク船を破壊焼却し、さらに陸地にては大暴行掠奪を働いたのでほとんど四〇〇隻のジャンクと六、七万人を領有する程になった。この頭領を一官（鄭芝龍）と称し、曾て台湾に於いて会社の通訳を務め、ひそかに同地を去って海盗に投じ、瞬時にしてかくも偉大なる地歩を獲得したので、シナ官憲はその沿岸から海盗を駆逐する術を知らない程である」と記していることから理解できる。

また同年六月の『バタヴィア城日誌』には、「賊一官 Yquan（鄭芝竜）はジャンク船一〇〇〇艘を有し、しばしば陸を襲い、陸上二〇マイルの地まで住民を逐い、厦門及びハイトン Haijton（海澄か）を占領し、これを破壊焚焼し、また人を殺したれば、諸人皆彼を恐る」と記している。

話は少し飛ぶが、一六四四年、明が滅亡して清が成立すると、四五年に鄭芝竜は杭州にいた明の皇族、唐王を福建の福州で隆武帝として推戴し復明運動を起こした。清の実力が如何程なのかは、いまだ明らかではなかった。

清は各地で擁立された明王の打倒を掲げ、南京の福王（弘光帝）、福州の唐王（隆武帝）、広州の永明王（永暦帝）の討伐に乗り出した。清軍が銭塘江を越えて江南を制圧し、福建に迫る勢いを示すと、福建の政治・軍事を握っていた鄭芝竜は清への降伏の機会をうかがうようになる。鄭には自らが率いる、商人の幇《はん》を護る責任があったのである。

翌年、隆武帝が福建の汀州で清軍に捕らえられ福州に護送された後、食を断って餓死すると、鄭芝竜は清軍に降伏した。しかし鄭芝龍は、軟禁状態で北京に護送され、一四年後の一六六一年、後を継いだ鄭成功が謀反を続けている責を問われて殺害された。鄭は、政治判断を誤ったのである。

◉オランダを倒し台湾を制圧した鄭成功

隆武帝の死後、鄭氏集団はふたつに分裂。鄭のふたりの弟と息子の鄭成功は降伏に反対した。成人した鄭成功は既に鄭氏集団の有力な一員となっており、東シナ海と南シナ海を結ぶ手広い商売を行っていた。長崎、台湾のタイオワン、マニラ、バタヴィア、タイのアユタヤなどでの商売で巨利を得ていた鄭成功は、「殺父報国」の旗を船に掲げさせ、清との戦いを断固として継続した。父親を殺して、明に忠誠を誓うと言う過激な旗印である。

鄭成功の像

ちなみに鄭成功は一六四五年、隆武帝に謁見して明の国姓の朱を賜り、名を成功と改めていた。幼名は、鄭森である。そのために後に彼は、「国姓爺」と呼ばれることになる。一六四七年、当時二四歳の成功は二隻の大船を率いて広東の南澳に赴き、数千人の兵の徴募に成功。厦門湾の南西に位置する鼓浪《コロン》嶼《ス》（後に成功した華僑の町、ピアノの町として有名）島に本拠を構えた。その翌年、厦門を急襲して対立していた従兄弟ふたりを追放し、鄭氏集団の指導権を握った。

強力な海軍力を持つ鄭氏集団に手を焼く「陸の帝国」清は、鄭芝龍に降伏を呼びかけたものの果たせず、止む無く遷界令を出し、福建南部の沿海住民を大規模に沿岸から内陸部に移住させた。その結果、福建南部の海岸から数十里以内の土地は荒れ地と化し、厦門の交易は一挙に衰退してしまう。

福建南部での争いが緊迫の度を加えた一六五八年以降、鄭成功は日本に度々援助の要請を行った。鄭の援助要請は一六八六年まで十数次に及んだが、日本列島を含む東アジア海域に戦線を拡大し清と対抗しようという鄭成功の要請は、江戸幕府により黙殺された。江戸幕府は日本列島内に安住することを、望んだのである。

一六六一年、鄭成功は厦門に見切りをつけた。彼は海軍を率いてオランダ東インド会社が拠点としていた台南のゼーランディア城を陥落させ、台湾に新たな「商人国家」を築くことになる。東シナ海・南シナ海の接点に位置する戦略上の要地台湾に、鄭成功により「商人国家」建設の土台が築かれる。オランダ東インド会社は東アジアの交易ネットワークの拠点を失い、日本を除く東アジア海域から後退した。ジャワ島のバタヴィアと日本の長崎の交易が、残ったのである。

清と鄭氏が率いる海洋商人国家との戦争は、東アジア世界では未だかつて見られなかった特筆すべき出来事だった。帝国の力が圧倒的に強い東アジアではきわめて特異な、保守的な陸の帝国

オランダの艦隊と鄭成功軍の交戦

と「広い海域ネットワークで結び付く海洋商人団」の戦いである。歴史的に見れば、それは王直以来の明の「密貿易商人」の活動を引き継ぐものであり、新大陸と日本からもたらされたシルバー・ラッシュがもたらした動きでもあった。海の商人団が、帝国と対峙する程に経済・軍事的な力量を強めたのである。

◉鄭成功の急死と清との戦い

鄭成功は台湾を奪取した翌六二年に、三九歳で急死する。死因は不詳である。台湾を掌握した直後に死を迎えた鄭成功は、その後台湾の土台を築いた人物とみなされるようになる。台湾の経営は、長子の鄭経（一六四二〜一六八一）があとを継いだ。鄭経は台湾の経営を軌道に乗せ、清に服属していた明の武将たちが起こした三藩の乱（一六七三〜八一）を利用して本土反攻を図ったが、結局失敗。一六八一年、四〇歳で世を去った。

その後、後継者を巡る争いが起こり、彼の死の二年後、康熙帝（在位一六六一〜一七二二）が、台湾制圧に成功することになる。

三代二二年間、清とわたりあった福建、台湾の商人国家の敗北は、王直以来の東アジアの民間商業の興隆の時代の終焉を告げる出来事となった。海域世界が育てた民間商人の「幇」が帝国体制に組み込まれたのである。しかし、「幇」そのものは多様な形で生きながらえていくことになる。

鄭成功は母親が日本人だったこともあって、江戸時代に「国姓爺」の名前は列島に知れ渡った。

それに目をつけた近松門左衛門が和藤内（和でも藤〔唐〕でもない〔内〕の洒落）を主人公にして創作したのが『国性爺合戦』で、一七一五年に大坂の竹本座で初演され、人気を呼んで三年間の連続公演となった。最初は国姓爺合戦の演目だったが、後に全くの創作であることから「国性爺合戦」に改められた。現在も、その一部が歌舞伎の演目として残っている。東アジア海域世界の英雄は、日本でも大人気だったのである。

3　清の東アジア海域支配と長崎

◉清の台湾制圧と海洋管理

一六八三年、鄭氏の商人国家を倒して台湾を併合した康熙帝は、政治的干渉は行わないという前提の下で民間商人の懐柔に努めた。一六八四年に「海禁」が解除され、民間の商船の海外貿易が許可されることになる。懐柔は、王直から鄭氏集団につながる海の商人の帝国からの自立の動きを封じるためでもあった。

翌八五年、広州などの四カ所に海関が設置され、外国商人との貿易が許可された。海関はかつて貿易の監督と徴税を行った市舶司が変形した役所で、長官には役人があてられた。第二の鄭氏集団を出さないために民間商人の交易の自由が認められると、それまで不定期に行われていた沿岸交易が、定期化、日常化した。贅沢品の交易ではなく、日用品の大量輸送が大勢を占めるようになる。

日本で江戸と上方の海運が盛んになったように、清でも沿岸の海運が盛んになる。例えば、山が海岸に迫り慢性的にコメが不足していた福建は、長江デルタ、台湾からコメを日常的に調達するという具合である。天津の衛船、上海の沙船、寧波の寧船、福建の鳥船などによるそれぞれの海域の帆船ネットワークが結合し、清の経済の一体化が進むことになる。しかし清は海岸線が日本の三分の二に過ぎない内陸国家であり、日本経済で海運が占めるような位置は得られなかった。

一方で、広州、厦門、寧波の海関は、熾烈な縄張り争いを展開した。一八世紀半ばには経済の先進地帯の長江デルタを管轄し、長崎との貿易の拠点となった寧波が貿易の中心となり、寧波の貿易を管轄した浙海関は舟山列島の定海にヨーロッパ船の停泊港を設けた。イギリス東インド会社も定海で茶・生糸を買い付け、寧波の優位が際立った。

清は内モンゴル、青海、チベット、新疆などを征服して最大の中華帝国になると、朝貢体制を再編。東アジア海域でも徐々に統制が強化された。他方で、日本でも「鎖国」（海禁）による幕府の統制が強化される。

乾隆帝は、一七五七年、ヨーロッパ船の来航を首都から最も遠い位置にある海関、広州一港に制限した。そこで寧波と広州の二つの海関が東シナ海と南シナ海をそれぞれ縄張りとすることになり、対外貿易を管理することになる。ちなみに清では権力と結び付く特権的仲買商人（牙行《がこう》）が、貿易の管理と徴税を請け負った。広州では、公行（コーホン）と呼ばれる特権商人の組合（広東一三行）がヨーロッパ商人との茶葉などの貿易を独占する。

一八世紀後半になると、イギリス東インド会社の茶葉貿易が激増。イギリス人は、ポルトガル人が居留権を得ていたマカオに至り、貿易取引が行われる一〇月から四カ月の間に公行が管理する広州の夷館（ファクトリー）に移住。一三行のなかから清朝の役人との連絡、徴税などにあたる「保商」を選んで貿易を行った。外国商人が直接役人と交渉することは許されず、夷館での生活も厳しく制限された。外国商人は「保商」の許可を得、手数料を支払えば、一三行以外の商人との取り引きが許された。

公行は外国商人が運んできた貿易品を売却し、そのなかから海関に税金を支払った。しかし、生糸などの輸出品には量的な制限が加えられ、特定の品物の禁輸措置がとられるなど、自由貿易とは程遠かった。海関はヨーロッパ諸国を朝貢国とみなし、外国貿易を朝貢の変形と見なしたのである。そうした清の姿勢は、一七九二年、イギリスが公行による貿易独占をと貿易制限を変えようとしてマカートニーが全権大使として派遣された際に、清側が乾隆帝への三跪《さんき》九叩頭礼《きゅうこうとうれい》（三回ひざまずき九回頭を床に擦り寄せる礼）を要求したことでも明らかである。そうした王朝主導の貿易は、アヘン戦争後、広州、厦門、寧波、上海の五港がヨーロッパ船に開かれ、公行が廃止されることにより打開された。

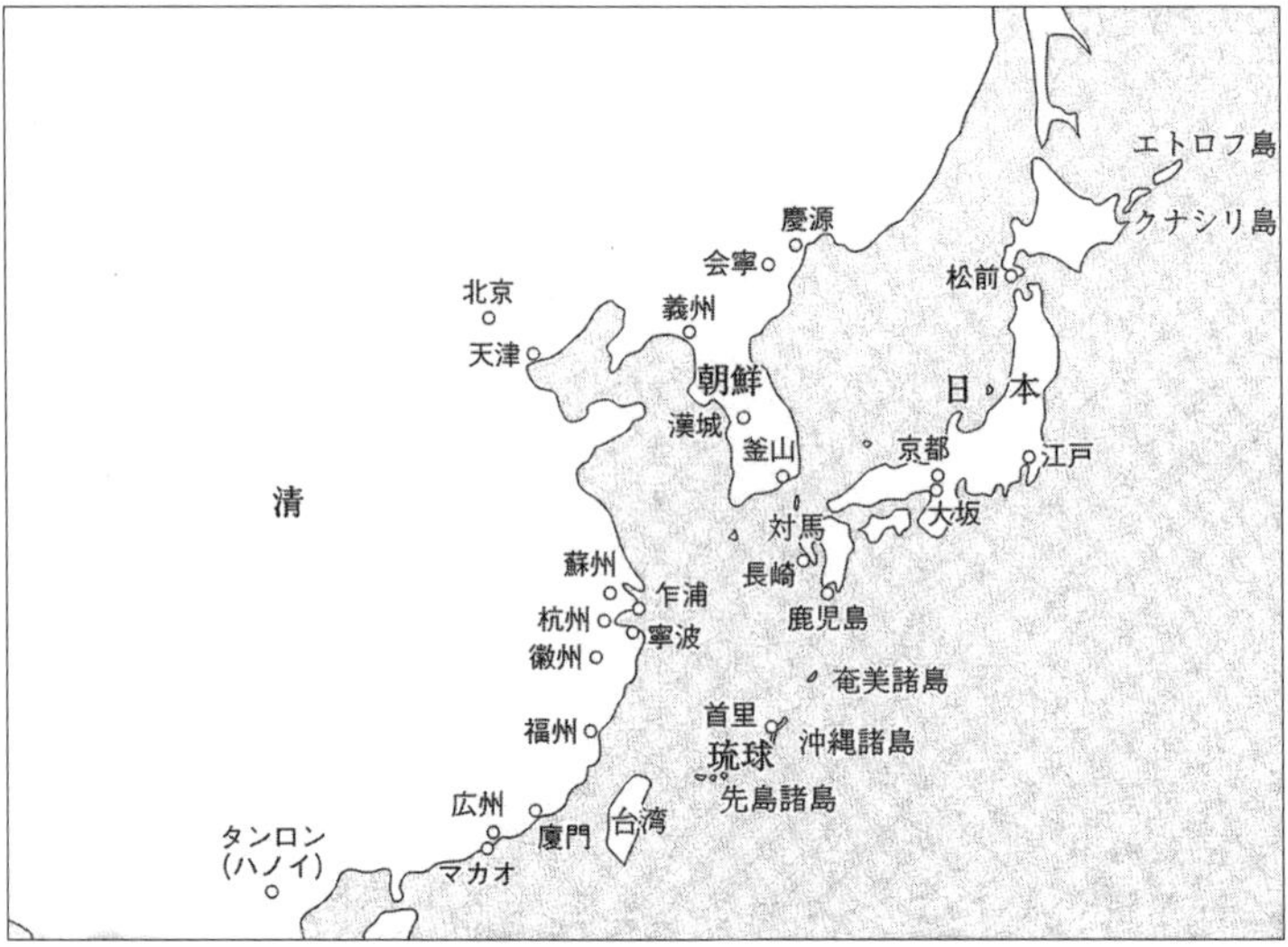

乍浦と長崎

◉乍浦《さほ》・長崎航路の定着

清が鄭氏集団のような海の商人が反旗を翻すことを恐れて民間貿易をいやいや認めると、東アジア海域の巨大きな群島、日本との貿易が重要になった。しかし日本では、先に述べたように東国の江戸幕府が西国大名の海外貿易の権限を奪取し、長崎一港に、対清・オランダ貿易を絞っていた。江戸幕府は、琉球の朝貢貿易と対馬の朝鮮貿易以外の貿易を長崎に集中させ、民間商人の自由な海外貿易を禁止していたのである。

長崎では、オランダ船が「紅毛船」と呼ばれ、それ以外の寧波の船、南京・温州などの船、廈門、広東、カンボジャ、シャム、ジャガタラなどの船が一括して「唐船《からぶね》」と呼び習わされた。オランダ船の長崎への入港数は厳しく制限されていたため、「唐船」が長崎に入港する船の大部分を占め、長崎は事実上「唐船」の港だった。ほとんどの「唐船」は舟山列島の小島、普陀山に終結し、東シナ海を横断して長崎に至るのがお決まりのルートだった。舟山列島と長崎を結ぶルートが日清間の貿易の動脈になると、清の日本向け商品は、浙江・嘉興府の港、乍浦《さほ》に集められるようになった。一八世紀中頃になると、海港の乍浦が河港の寧波に代わって台頭する。対日貿易の主たる商品の砂糖も、福建、広東から乍浦に集められるようになった。日清貿易は、乍浦と長崎間の貿易と言ってもよい状態になったのである。

◉長崎の対清貿易の推移

清初、長崎に入港した船の大部分は鄭氏集団の船だった。長崎への清船の入港数は、一六六二年から鄭氏集団が清に降伏する一六八三年までの間、年に三〇隻から四〇隻だったが、鄭氏集団が降伏すると多様な商人の参入により、交易船の数が一挙に増加した。

鄭氏集団を倒した後、康熙帝も福建の福州、厦門の役人に命じ、一三隻の砂糖を満載した商船を長崎に派遣する。清が対日貿易を重視したこともあり、八四年、七三隻もの清船が長崎に入港。貿易規模は、一挙に拡大した。しかし幕府は、マニラのガレオン貿易が下火になって新大陸からの銀の流入が減少した状況の下で銀が大量に海外に流出することを恐れ、同年、銀の輸出額を年六〇〇〇万両に制限した。ちなみに一両は約三七・三六グラムである。

しかし長崎に入港する清船は、八五年に年間八四隻、八六年に一一五隻ととめどもなく増加する。そこで銀が枯渇することを恐れた幕府は、来航する船の数そのものを絞り込む必要があると

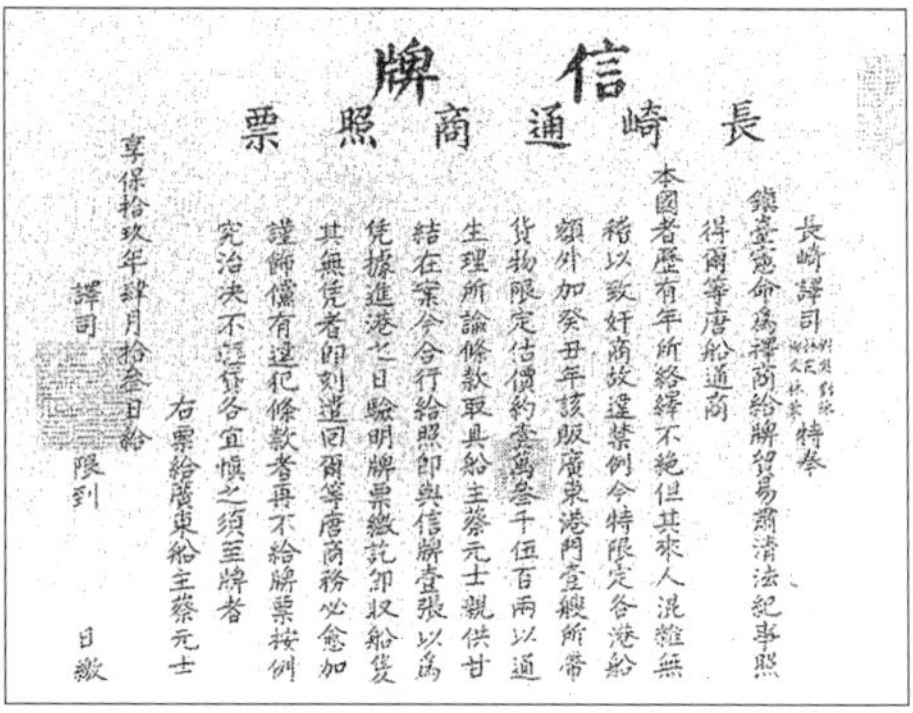

華人海商に与えた信牌（享保19年）（東京大学史料編纂所蔵）

して、八七年、唐船の入港を年に七〇隻に制限した。一七〇九年、長崎奉行所は一六四八年からの六〇年間に金二三九万六〇〇両余り、銀三七万四二二〇貫目が流出し、銅の流出量も膨大だったことから、このままでは金・銀・銅が枯渇するとして、清人向けの銀は六〇〇〇貫（一貫は三・七五キロ）、オランダ人向けの銀は三〇〇〇貫と制限を強めた。

それとの関連もあって、幕府は一七一五年に海舶互市新例を出して清船の年間入港数を三〇隻に制限。信牌を給付し、それを持参しない船の入港を拒否した。清への輸出品も、銅から「俵物」と呼ばれる海産物に替わっていく。「俵物」が主力になることで貿易の拡大は可能になったが、一度定められた幕府の貿易抑止策は変わることがなかった。東国の江戸幕府も清帝国とも、「商人の目」を持たなかったのである。

長崎に入港する船の数は一七四三年には一〇隻と極度に制限され、それ以後の年間入港数は十数隻から十隻以下に減少した。シルバー・ラッシュにより勢いを強めて以来の自由貿易は衰退していった。清も日本も、内向きな政治権力が経済の成長を抑制したのである。

しかし貿易制限の強化は、実際のニーズには合わなかった。「抜け荷（密貿易）」という名の民間貿易が恒常化していくことになる。

◉長崎という港の特異性

江戸幕府が西国大名の外国貿易を抑え、貿易の利益を独占するために利用した長崎は、イエズス会領として基盤が築かれ、交易都市として成長したこともあって、特異な構造を持っていた。長崎貿易を管轄したのが長崎奉行所、責任者が長崎奉行だったが、それに付き従う武士は五〇人以下であり、貿易実務や市政は町人身分の地役人に委託された。幕府に、貿易実務の経験の蓄積が乏しかったのである。

地役人は長崎代官、六人の町年寄、八五人の町乙名《おとな》が中心で、一八世紀の初めには一〇〇〇人を超える規模に達した。貿易の実務はオランダ商館担当のふたりの出島乙名、清人担当の唐人屋敷乙名四人が担当した。入港した商船が運んできた商品は、一七世紀末以降、長崎会所で売買された。

長崎から七里離れた野母崎には遠見番所が設けられており、「唐船」が来航した際には長崎奉行所への報告がなされた。一六三六年以降、奉行所は密貿易を防ぐために番船を派遣して入港船の「荷改め」を行い、積み荷を子細に点検した後交易品を沿海地域の土蔵に収めさせた。一七一五年、信牌制が実施された後は、入港に際して年番通事に、出発地、航海経路、乗組員の数を報告させ、信牌を持参しない船の荷揚げは許さないとされた。

「唐船」が長崎に止まれる日数は原則五〇日とされ、輸出品はすべて宿町、附町の乙名が封印して船に積み込んだ。一六八九年以降、清人を面積約三万平方メートルの唐人屋敷に居住させて、「唐人番」を置いて清人がみだりに町を出歩かないようにし、役人と遊女以外は許可なく屋敷に出入りできないようにした。唐人もオランダ人と同様に長崎の町から隔離されたのである。

幕府の貿易制限が厳しくなり、不自然に内外の需要が抑制されるようになると、先に述べたように「抜け荷」(密貿易)が増加した。幕府が対外貿易の統制を何よりも重視し、経済の趨勢を無視したからである。その理由は、内向きな幕府が西国大名が対外貿易で経済力を付けることを何よりも恐れたことにあった。幕末に琉球を支配していた薩摩、対馬を通じて朝鮮貿易に影響力を持った長州が、討幕の中心的な役割を果たしたことからみれば当然の配慮だったのかも知れない。

4　海路網がつくりあげた江戸時代の「陸地自給圏」

◉江戸と大坂を結ぶ海の経済動脈

最後に、「はじめに」で紹介した川勝平太氏が論じられている、近世の日本列島に海運で結び付く「陸地自給圏」が成立したことの意義について、簡単に述べておくことにする。

陸地自給圏を成立させた要因のひとつが、大消費都市の江戸の成長であったことは論を俟たない。家康が入城した頃の江戸は小都市に過ぎなかったが、大名・旗本が屋敷を構え、商工業者が多数移住するようになると、台地が削られて海が埋め立てられ、大都市へと急速に変貌を遂げた。「火事と喧嘩は江戸の花」という言葉があるように、木造家屋が密集する江戸は度々の大火災に襲われるが、一六五七年の「明暦の大火」は、死者が数万人、大名屋敷一六〇、旗本屋敷七七〇を初めとして、江戸の町の大半が焼失する大火災になった。火災後、市中に延焼を防ぐための、広小路、火除地、火除堤が設けられ、両国橋が架けられるなど、江戸は防災都市に姿を変えていく。この明暦の大火で、江戸の穀米が大量に不足。それ以後諸国からの江戸への船による回送が盛んになったとされる。

江戸が大都市化するなかで、江戸と上方という二大中心を結ぶ交通・交易網が発達。日本列島は山が多く、大名領に細分された陸上の交易は極めて不便であり、船の発達を背景にしてそれまで未発達だった海上ネットワークの形成が進んだ。内向きではあるが、「海国」化が一挙に進んだのである。

政治色の強い新興都市の江戸に対して、経済の中心の大坂と京都は「上方」と呼ばれ、長い間日本列島の経済をリードする。大坂には大名の蔵屋敷が設けられ、「蔵物《くらもの》」と呼ばれる大名の年貢米が集まったことから「天下の台所」となった。蔵元・掛屋などの町人が、「蔵物」の売却、売却代金の保管を引き受け、日本の米経済を動かしたのである。

大消費都市江戸が誕生すると、経済の中心の上方との間の日用品の輸送が発達。大坂と江戸は、大量の物資を輸送できる太平洋の海運により結び付きを強め、上方から雑貨を輸送する菱垣廻船《ひがきかいせん》、酒・醤油などを輸送する樽廻船が定期的に往来するようになった。菱垣廻船の開始は一六一九年で、泉州堺の商人が紀州富田浦から二五〇石積みの船を借り入れ、大坂から江戸に木綿、油、綿、酒、酢、醤油などを送ったことから始まったとされる。一六二〇年代以後になると、大坂の廻船問屋が堺の商人を圧するようになる。樽廻船は、伊丹の酒の江戸への輸送から始まった。最初は菱垣廻船も酒を他の商品と一緒に輸送していたが何かと不便であり、一七三〇年に菱垣廻船は酒以外の商品を積み、下積みには砂糖、油樽とし、酒は樽廻船ということになった。しかし、申し合わせが厳格に守られたわけではなかった。

さらに一六五〇年代には、江戸、上方の人口増に対応するための全国的な米穀輸送が必要になり、東北方面から日本海を航海して下関海峡から瀬戸内海に入り大坂に至る西廻海運、日本海から津軽海峡を経て太平洋に出て江戸に至る東廻海運のふたつの航路が生まれた。合わせて三つの航路による国内海運により日本列島のひとつの商圏としてのまとまりができあがり、幕藩体制を支えたところに、一七世紀前半から一九世紀中頃の列島経済の大きな特色がある。山により多くの土地が区切られる自然環境が、海により結びつく「海国」を必要としたのである。

◉北前船とコンブ・ロード

江戸時代には、蝦夷地（北海道）と東北、北陸、山陰、瀬戸内海を結ぶ日本海・瀬戸内海の航路（北前船）が成長し、コンブを初めとする蝦夷地の物産が広く関西で取り引きされるようになった。蝦夷地の物産は長崎に送られ、「俵物」として銀、銅に代わる清への主要な輸出産品となる。四代将軍家綱の時代、河村瑞軒により江戸と陸奥を結ぶ東廻り航路、大坂と出羽を結ぶ西廻り（北廻り）航路が整備され、やがて平らな船底材と側面の棚板を組み合わせ中央部分に一本の帆柱を立てる弁才船により、大坂を基点に港々で商売をしながら北陸、奥州、蝦夷地の松前を結ぶ北前船の日本海貿易が活性化した。北前船の主力商品になったのが、コンブなどの蝦夷地の海産物だった。コンブは、北前船により北陸、大坂に大量にもたらされ、コンブ加工業を成長させる。関東のカツオダシに対し、関西はコンブダシであり、北陸でもコンブが盛んに使

松前（北海道）に集まる北前船（北海道開拓記念館蔵）

われていることが、「コンブロード」と呼ばれる蝦夷地から関西へのコンブ輸送の盛況を物語っている。

江戸時代の清に輸出された鉱産物の中心は、銅だった。銅は最初は産地から大坂に回送され、銅吹座で精錬した後、長崎に送られた。一七六六年以後になると銅山から長崎に直送し、数量を大坂の銅座に届け出ることに改められる。しかし銅資源は次第に枯渇し、一七五〇年代に二〇〇万斤程度あった銅の輸出は、一八三〇年代には六〇万斤程度に減少した。そうしたことから俵物三品（いりなまこ、ほしあわび、ほしかいばしら）とともに大量のコンブが長崎経由で清に送られるようになった。ちなみにいりなまこの語源だが、清人がなまこを「海参《いりこ》」と記し、人参以上の薬効があるとして珍重したことによる。幕府は田沼時代の一七八八年に、和船、オランダ船、唐船を折衷した「三国丸」を建造。冬季の松前と長崎を結ぶ俵物の輸送にあてるようになった。

蝦夷地と大坂、長崎、琉球、清を結ぶコンブ・ロードは、長崎、大坂、江戸を結ぶシュガー・ロードとともに代表的な商業ルートになった。清側の俵物に対する需要は大きかったのだが、幕府は対清貿易を抑制する姿勢を変えなかった。そのために需給バランスが崩れ、密貿易が増大した。例えば薬の原料を安く手に入れるために富山から薩摩・琉球に大量の密輸コンブが清に流れ、薬材が輸入された。密輸モノの安価な薬材が、庶民に愛された富山の薬を支えたのである。商品にはなりにくい半端なコンブは沖縄で自家消費に回されたことから、コンブは沖縄地方でも主要な食材になっている。沖縄料理でコンブが多く使われているのは、富山の薬を安く作るための、コンブの密輸の副産物とも言えるのである。

◉帝国と民間交易の相克の海

長い間、世界史研究と世界史教育に携わってきて強く感じることは、枠組み作りの難しさである。近代的な国民国家の枠組みに拘泥すると「世界史」が描けないのは自明の理なのだが、鳥瞰的世界史像の形成は未だ道半ばである。日本人の「世界史」認識で大きな比重を占める東アジア史（中華帝国を中心とする歴史）が中華思想に基づく王朝交替史の静的構造を持ち続けていることが、日本人の世界史像の形成をとても難しくしている。

中華帝国は典型的な内陸帝国であり、牢固な「小世界（華夷秩序）」をつくりあげてきたために、世界史との合体が難しい。そうしたこともあって陸地を軸にして考えると、中華的世界のイメージと客観的世界の落差が違和感を増幅し、中華帝国を「世界史」の流れにうまく取り込むことができなくなる。ただ視点を海域世界に置くと、イスラーム商圏、モンゴル帝国、「大航海時代」などとの接点が明確になり、東アジア海域とともに東アジア史全体を世界史に組み込むことが可能になる。

東アジアの海域世界は、先に述べたように大きく東シナ海と南シナ海に分けられる。前者では中華思想・ミニ中華思想が根強く朝貢・海禁が繰り返されたのに対し、後者はユーラシアの「海の道」と結び付きをもつ経済世界だった。イスラーム商人の大挙しての来訪、宋船によるジャンク交易、モンゴル帝国のユーラシア円環ネットワーク（「草原の道」と「海の道」の結合）、「大航海時代」のポルトガル人、オランダ人の来訪は、いずれも南シナ海から始まっている。「朝貢」と「民間交易（自由交易）」の相克を特色とする東アジア海域世界を、トータルに把握することが必要になる。

次に本書のイメージ・テーマになる東アジア海域の巨大な群島、日本の史的イメージについてである。日本史の枠組みは、かつては王朝交替史の日本版とも言うべき状態にあったが、戦後それにマルクス主義の発展段階説が組み込まれて列島内の農業社会の歴史というイメージがより強固になった。一九九〇年代にソ連が崩壊しグローバル経済に移行して以後、新たな歴史像が模索されているが、未だなかなか新たな日本史のイメージが結べない。そこで、日本列島を取り巻く海域世界から日本の歴史の枠組みをとらえ直すとヒントが得られるのではないかと考えたことが、本書執筆の意図につながった。

世界と日本列島を結ぶ海は、列島にハイブリッド社会を作り上げ、農業、都市を移植させ、鉄、金、銀、銅などの鉱産資源、生糸、綿布などの交易ネットワークを成長させた。そして武士の台頭につながるウマ、全国統一を実現させる手段となった鉄砲のいずれもが海の世界から列島にもたらされている。海を介すると、世界史と日本史の一体的把握が容易になると考えた。本書は研究書ではないので、日本史の空間を広く設定した上で、視点をズーム・アウトさせたりズーム・インさせたりし、理解を容易にするために概説的記述も随所に取り込むなど、なるべく理解しやすくなるように考えた。

日本、中国、韓国、東南アジア諸国の経済成長が顕著になった二〇世紀末に、「二一世紀はアジア・太平洋の時代」と見なされるようになった。しかし、グローバル経済の下での「アジア・太平洋時代」を体現するには、政治優先の従来の内向きな歴史認識からの脱却が必要になる。先に述べたように世界史のなかでの日本の歴史、東アジアの歴史を考える際に、海域世界が触媒の役割を果たすことになるからである。

政治優先の朝貢と経済優先の民間交易の相克という観点から東アジア海域史を考えてみると、世界史の「大航海時代」と重なる明の時代が大きな転換期になっていることに気が付く。ユーラシア規模のモンゴル商圏に組み込まれた元の時代には南シナ海と東シナ海のふたつの海域を統合する民間貿易の動きが強まるが、元の急な滅亡で海域経済が大崩落し、失職した海運従事者による「倭寇」が渤海・黄海沿岸に広がった。

明は「海禁」によりユーラシア経済から離脱し、海域世界での「朝貢」を復活させる。さらに第三代皇帝、永楽帝は壮大な鄭和の南海遠征により、インド洋周辺にまで朝貢体制を拡げようと画策する。中華帝国の威容を海の世界に轟かせ、朝貢の地球化を図ったのである。しかし、そうした明の試みは陸の統治原理により「海の世界」を取り仕切ろうとする試みであり、イスラーム商圏、モンゴル商圏と続く民間交易の拡大を逆行させるものとなった。

一六世紀後半になると歴史は反転する。石見銀山の銀産により東アジアの「銀の時代」が始まり、マニラへの新大陸の銀の大量流入により東アジアは「経済の時代」に入った。膨大な量の銀の循環は、朝貢・海禁の下で「倭寇」・「密貿易」という歪んだかたちで明の民間商人の活動を再駆動させ、ポルトガル人、スペイン人、オランダ人、博多・堺・薩摩商人も「密貿易」のネットワークに参入した。「大航海時代」と東アジアの海域世界が、ねじれたかたちで結び付いたのである。商人の力量の強まりは、明から清への交替期に鄭成功の一族が台湾を拠点に「商人国家」を建設し、清と長期間戦ったことに如実に示されている。

鄭氏集団が清に鎮圧された後、東アジア海域は、朝貢・海禁と民間交易の相克のなかで近代を迎える。日本では、列島「東部」から台頭した江戸幕府が海禁（「鎖国」）により対外貿易を統制する。しかし、シルバー・ラッシュで培われた海の商業のエネルギーは、日本列島を海運により結びつける「陸地自給圏」へと大きく転換させることになる。「海国」日本は福岡、沖縄、瀬戸内海などの先進海域の自己認識が太平洋につながり、潜在的な海へのエネルギーが本格的に動き出すことを求めている。

東アジア海域世界は、鳥瞰的な視点から東アジアの歴史、日本の歴史を考えようとする際に、有用な史的空間である。

おわりに

「海国」には、海に囲まれた群島の国と海を活用して繁栄する国のふたつの意味があります。イギリスは地政学的条件を生かして海洋国としての繁栄を享受してきたと言えますが、果たして我が国はどうだったのか、それを東アジアの海域世界から考えようと思い、本書を書きました。従来の日本の歴史とは違って、東アジアの海の世界のトレンドの変化をふまえながら歴史の過程をたどりましたので、ちょっと変わった概説書になってしまいました。

時に視点が南シナ海に移ったり、中華帝国に移ったり、朝鮮半島に移ったりとなかなか大変ですが、最終的には日本の歴史に戻ってきます。日本群島の内部に視点を固定するのではなく、東アジアの海域世界の中に日本群島を位置づけ、海域全体の変化や他者との相互関係の推移の中で日本の歴史をとらえようとするのが本書の視点になります。

「大航海時代の唯一の遺産相続人」とされるイギリスは、発展期にさしかかる一八世紀中頃に作詩・作曲された「ルール・ブリタニア」という国民歌が示しているように積極的に世界の海に乗り出した海洋民の国なのですが、日本は「海国」としてのポテンシャルを豊富に備えているものの、歴史的に見ると潜在力が蓄積される過程をたどってきたようにも思えます。「ルール・ブリタニア」にあたる曲が出てくるのは、太平洋戦争の時期になってしまいます。

太平洋が海の砂漠になぞらえられる圧倒的な大洋であり、中華帝国の朝貢、海禁の枠組みが東アジアの海の世界の活性化を抑えたとも言えますが、戦略を持ち得なかった「海国」日本は受け身になる傾向が強く、外部状況の変化に対応する歴史が繰り返されました。そこで、①五胡の黄河中流域への進出に伴う大規模な黄海への移住、②ムスリム商人の南シナ海進出とジャンク交易の活性化、③宋での紙幣の流通に伴う銅銭の東アジア海域への流出、④元寇とそれに続いた元がユーラシアと直結する大交易時代、⑤元の大崩壊と明での海禁、朝貢の復活、⑥新大陸の銀と日本の銀の大量流通による東アジアの海の交易の活性化、などの外的変化をまず説明し、それに対応して日本がどのように変化してきたのかを記述するスタイルをとらざるをえませんでした。

そこで時期ごとに記述が海域を移動することになり、ズーム・イン、ズーム・アウトが組み合わされて、世界史と日本史を共に学ぶような感じになりました。異なる地域を結び付けるのが「海」ですので、そうならざるを得なかったとも言えます。

昨今の経済、政治を見ていると、地球的規模で諸国が相互に影響を与え合っていて孤立は難しくなっていますが、東アジア海域のような狭い世界では、昔から同じような傾向があったのです。東アジア海域の中に日本群島の歴史を位置づける発想は、グローバル経済の時代につながります。色々のスタイルの概説書がでてくることにより、歴史は、「覚える歴史」から「思考の道具としての歴史」に姿を換えると思います。

最後に、本書の編集の過程で原書房編集部の奈良原眞紀夫氏、中村剛氏のご助力をいただきました。記して感謝いたします。

二〇一六年三月一四日

宮崎 正勝

参考文献

網野善彦『東と西の語る日本の歴史』講談社学術文庫　一九九八年
網野善彦・森浩一『馬・船・常民』講談社学術文庫　一九九九年
アンソニー・リード　平野秀明・田中優子訳『大航海時代の東南アジア』（全二巻）法政大学出版局　一九九七～二〇〇二年
石井正敏『東アジア世界と古代の日本』山川出版　二〇〇三年
石原道博『国姓爺』吉川弘文館　一九五九年
石原道博『倭寇』吉川弘文館　一九六四年
上垣外憲一『倭人と韓人』講談社学術文庫　二〇〇三年
上垣外憲一『ハイブリッド日本』武田ランダムハウスジャパン　二〇一一年
上田信『シナ海域　蜃気楼王国の興亡』講談社　二〇一三年
上田正明『大和朝廷』講談社学術文庫　一九九五年
宇田川武久『鉄砲伝来――兵器が語る近世の誕生』中公新書　一九九〇年
エドウィン・O・ライシャワー　田村完誓訳『円仁　唐代中国への旅』講談社学術文庫　一九九九

九年
榎本渉『僧侶と海商たちの東シナ海』講談社　二〇一〇年
汪大淵　汪前進訳注『島夷志略』遼寧教育出版社　一九九六年
大谷光男『金印再考――倭奴国・阿曇氏・志賀島』雄山閣　二〇一四年
岡本良知『改訂増補　十六世紀日欧交通史の研究』六甲書房　一九四四年（原書房　一九七四年）
葛兆光　永田小絵訳『中国再考』岩波現代文庫　二〇一四年
川勝平太『文明の海洋史観』中央公論社　一九九七年
木宮泰彦『日華文化交流史』冨山房　一九五五年
小倉貞男『朱印船時代の日本人』中公新書　一九八九年
木村正弘『鎖国とシルバーロード』サイマル出版　一九八九年
小葉田淳『中世日支通交貿易史の研究』刀江書院　一九四一年
小葉田淳『中世南島通交貿易史』刀江書院　一九六八年
小葉田淳『金銀貿易史の研究』法政大学出版局　一九七六年
ガスパール・ダ・クルス　日埜博司訳『一六世紀華南事物誌』明石書店　一九八七年
黄啓臣『澳門歴史』澳門歴史学会出版　一九九五年
佐久間重男『日明関係史の研究』吉川弘文館　一九九二年
佐藤和夫『水軍の日本史　上・下』原書房　二〇一二年

ジャイルズ・ミルトン　築地誠子訳『さむらいウィリアム　三浦按針の生きた時代』原書房　二〇〇五年
謝方「明代漳州月港的興衰与西方殖民者的東来」（中外関係史学会『中外関係史論叢　第一輯』）世界知識出版社　一九八五年
シャルロッテ・フォン・ヴェアシュア　河内春人訳『モノが語る日本対外交易史　七〜一六世紀』藤原書店　二〇一一年
章巽主編『中国航海科技史』海洋出版社　一九九一年
鈴木峻『シュリヴィジャヤの歴史』めこん　二〇一〇年
関幸彦『武士の誕生』講談社学術文庫　二〇一三年
全漢昇「明季中国与菲律賓間的貿易」（『中国文化研究所学報』）香港中文大学　一九六八年
外山卯三郎『日葡貿易小史』若い人社　一九四二年
外山卯三郎『南蛮船貿易史』東光出版社　一九四三年
高瀬弘一郎『キリシタンの世紀』岩波書店　一九九三年
高良倉吉『琉球王国史の課題』ひるぎ社　一九八九年
高良倉吉『アジアのなかの琉球王国』吉川弘文館　一九九八年
武野要子『博多商人とその時代』葦書房　一九九〇年
田中健夫『倭寇』教育社　一九八二年

田中俊明『古代の日本と加耶』山川出版　二〇〇九年
田中史生『越境の古代史』ちくま新書　二〇〇九年
玉木俊明『近代ヨーロッパの誕生　オランダからイギリスへ』講談社　二〇〇九年
張維華『明清之際中清関係簡史』斉魯書社　一九八七年
張徳昌『明代国際貿易』学生書局　一九六八年
陳懋恒『明代倭寇考略』人民出版社　一九五七年
沈光輝『中国古代対外貿易史』広東人民出版社　一九八五年
ティモシー・ブルック　藤井美佐子訳『セルデンの中国地図』太田出版　二〇一五年
寺尾善雄『明末の風雲児　鄭成功』東方書店　一九八六年
トメ・ピレス　岡村多希子訳『東洋遍歴記　三』平凡社　一九八〇年
『長崎県史　対外交渉編』吉川弘文館　一九八六年
永積洋子『朱印船』吉川弘文館　二〇〇一年
長沼賢海『日本の海賊』至文堂　一九五五年
奈良県立橿原考古学研究所附属博物館編『海でつながる倭と中国』新泉社　二〇一三年
服部英雄『蒙古襲来』山川出版社　二〇一四年
羽田正編『東アジア海域に漕ぎ出す［1］海から見た歴史』東京大学出版会　二〇一三年
橋本雄『ＮＨＫさかのぼり日本史　外交篇［7］〝日本国王〟と勘合貿易』ＮＨＫ出版　二〇一

三年
濱下武『朝貢貿易システムと近代アジア』岩波書店　一九九七年
東野治之『遣唐使と正倉院』岩波書店　一九九二年
東野治之『遣唐使船　東アジアのなかで』朝日新聞社　一九九九年
東野治之『遣唐使』岩波新書　二〇〇七年
傅依凌『明清時代商人及商業資本』人民出版社　一九五六年
藤田豊八『東西交渉史の研究　南海篇』星文館　一九四三年
藤田元春『日支交通の研究　中近世篇』冨山房　一九三八年
藤善眞澄訳注『諸蕃誌』関西大学東西学術研究所　一九九一年
古田良一『日本海運史概説』同文書院　一九五五年
松浦章『中国の海商と海賊』山川出版社　二〇〇三年
三木栄『日暹交通史考』古今書院　一九三四年
宮崎正勝『イスラム・ネットワーク』講談社　一九九四年
宮崎正勝『鄭和の南海大遠征』中公新書　一九九七年
宮崎正勝『ジパング伝説』中公新書　二〇〇〇年
宮崎正勝『黄金の島　ジパング伝説』吉川弘文館　二〇〇七年
村井章介『世界史のなかの戦国日本』ちくま学芸文庫　二〇一二年

村井章介『NHKさかのぼり日本史　外交篇［6］富と野望の外交戦略』NHK出版　二〇一三年
村上直次郎『貿易史上の平戸』日本学術普及会　一九一八年
村上直次郎訳『バタヴィア城日誌』平凡社　東洋文庫一七〇　一九七〇年
森克己『新訂　日宋貿易の研究』国書刊行会　一九七五年
モルガ　神吉敬三・箭内健次訳『フィリピン諸島誌』岩波書店　一九六六年
李金明『明代海外貿易史』中国社会科学出版社　一九九〇年
梁方仲「明代国際貿易与銀的輸出入」（『梁方仲経済論文集』）中華書局　一九八九年
林仁川『明末清初私人海上貿易』華東師範大学出版社　一九八七年
山内晋次『NHKさかのぼり日本史　外交篇［9］外交から貿易への大転換』NHK出版　二〇一三年
山形欣哉『歴史の海を走る　中国造船技術の航跡』農文協　二〇〇四年
呼子丈太郎『倭寇史考』新人物往来社　一九七一年

宮崎正勝（みやざき・まさかつ）
1942年生まれ，東京教育大学卒。筑波大学附属高校教諭，筑波大学講師などを経て，北海道教育大学教授。2007年退官。その間，中央教育審議会専門部委員，NHK 高校講座「世界史」常勤講師（1975～88）などを歴任。現在は著述業。『モノの世界史』『文明ネットワークの世界史』『ザビエルの海』『風が変えた世界史』『北からの世界史』（原書房），『鄭和の南海大遠征』『ジパング伝説』（中公新書），『海からの世界史』『知っておきたい「食」の世界史』（角川書店），『世界史の海へ』（小学館）他著書多数。

「海国《かいこく》」日本《にほん》の歴史《れきし》
世界《せかい》の海《うみ》から見《み》る日本《にほん》

●

*2016*年 *3* 月 *31* 日 第 *1* 刷

著者………宮崎正勝《みやざきまさかつ》

装幀………佐々木正見

発行者………成瀬雅人

発行所………株式会社原書房

〒160-0022 東京都新宿区新宿1-25-13
電話・代表03(3354)0685
振替・00150-6-151594
http://www.harashobo.co.jp

印刷………新灯印刷株式会社
製本………東京美術紙工協業組合

ISBN978-4-562-05292-9 Printed in Japan

ザビエルの海　ポルトガル「海の帝国」と日本

宮崎正勝

武装艦船がインド洋周辺に点在する城塞や商館を結ぶポルトガル「海の帝国」再建へのジョアン三世の政略と、バスクからパリ、マラッカ、日本、広州湾と経巡るザビエルの志が交差する苦難と栄光の歴史絵巻。　２０００円

世界史の誕生とイスラーム

宮崎正勝

世界史を展開する上で、地中海世界やローマ帝国に多大な影響を与えたイスラーム史。著者独自の構想であり、ライフワークでもある「イスラーム・ネットワーク論」の集大成。文明と世界史の新たな視座へ！　２０００円

風が変えた世界史　モンスーン・偏西風・砂漠

宮崎正勝

「風」をキーワードに地球規模の大気循環、風と水の動きによる乾燥と湿潤の人類文明形成への影響など、文明の転換点で大きな役割を果たした「砂漠」と「太洋」を舞台とするダイナミックな世界史像を提言。　２４００円

北からの世界史　柔らかい黄金と北極海航路

宮崎正勝

柔らかい黄金――ビーバー、ラッコの毛皮交易の盛衰による北方世界の視点とバイキング、ロシア、北米、北太平洋の歴史物語から見えてくる大航海時代を経て西欧世界興隆時代への世界史ネットワークの変貌。　２４００円

日本とスペイン 文化交流の歴史　南蛮・キリシタン時代から現代まで

坂東省次、椎名浩

日本人の視点でとらえた知られざる文化往来。大航海時代から今日にいたる日本とスペインの接触・交流・相互理解の歴史を通覧する。スペインに渡った日本人、日本を動かした文化など両国文化交流史の全貌。　３５００円

（価格は税別）

ヴィジュアル版

海から見た世界史

海洋国家の地政学

シリル・P・クタンセ
樺山紘一＝日本語版監修、大塚宏子訳

海を制するものが世界を支配する！過去から現在まで海上勢力を誇った世界各国の「海上帝国」のべ23か国をとりあげ、それぞれ海とのかかわりを強くもった時代について、その経緯や背景をフルカラーの豊富な地図や図版とともに浮き彫りにする。２０１４年度フランス海事アカデミー・メダル受賞。

４８００円

（価格は税別）